開発社会学を
学ぶための60冊

援助と発展を根本から考えよう

佐藤 寛／浜本篤史／佐野麻由子／滝村卓司 編著

明石書店

はじめに——開発社会学の世界へようこそ！

　この本は、これから「開発社会学」という学問に触れてみたい、というあなたのために作られました。なぜわざわざそんな本を作ったかというと、開発社会学の仲間を増やしたいからです。なにしろ現在、日本で開発社会学者だと自称しているのは7〜8人、多く見積もっても10人に満たない研究者しかいないのです。本書で取り扱う60冊の解説およびコラムの執筆者は全部で19人いて、ほぼ全員が「社会学者」ですが、みんながみんな「開発社会学者」だというわけではありません。

　そんなに人気がないなら「開発社会学」なんて不要なんじゃない？
　ごもっともな疑問です。でもあと一息で「開発社会学」にはまってくれそうな「予備軍」がたくさんいることを我々は知っているのです。しかもそういう人たちのほとんどは、「開発社会学」というものの存在を知らないので、まだ足を踏み入れていないだけなのです。だからそんな「予備軍」のみなさんを開発社会学の入り口にいざなうために本書を作りました。

　どんな人に「開発社会学」は役に立つの？
　まず、大学に入って社会学を勉強しようと思ってはいるものの、○○社会学が多すぎて、どんなテーマの社会学が自分に向いているか探しあぐねている<u>あなた</u>。
　あるいは、社会学の基本は一通り学んだ（社会学の面白さは確認した）うえで、さらに専門性を高め、国内の過疎化や地域活性化、村おこしやまちづくりなどに貢献するための土台を作りたい<u>あなた</u>。
　それから将来、途上国の発展に役立つような仕事をしたいと思っている<u>あなた</u>。
　そしてまた、グローバルビジネスを通じて自分の新たな可能性を試してみたいと思っている<u>あなた</u>。
　そんな若いあなた方（高校生、大学生）をあわせて予備軍が約15万人はいる

はずです（日本人の 18 歳から 22 歳までの各学年の人口を約 100 万人として、あわせて 500 万人。そのうちの 100 人に 3 人くらいは上のカテゴリーにあてはまると見込んで全体の 3 ％）。

　それだけじゃありません。すでに社会人として働いているけれど、キャリアチェンジして途上国の貧困削減のために働いてみたいと思っている**あなた**。さらに、すでに開発業界に参入して、コンサルタントや団体職員、あるいはボランティアとして働いているけれど、自分のやっていることの意義がみつけられなくてモヤモヤしている**あなた**。キャリアチェンジ予備軍は 1 万人、すでにこの業界に働いている人は ODA（政府開発援助）関係だけでも 1 万人、コンサルタントや地方自治体、NGO を含めたら少なめに見積もっても 3 万人います。

　そして、途上国の問題や開発援助にこれまではあまり関心がなかった<u>日本の社会学者のみなさん</u>。日本社会学会の会員は約 3600 人なので、とりあえず 3600 人としておきましょう。

　これら、18 万 3600 人の人たちのほとんどは、これまで「開発社会学」との接点がなかったと思われます。そうした人たちに開発社会学への入り口までご案内するのが本書の目的です。

　おっと、それ以外にも、自分は直接途上国に関わる予定はないが、貧困問題や格差問題、**開発問題に関心があるというみなさん**にも、本書は役に立つはずです。

　この本、どうやって使うんだ？

　はい、お答えしましょう。本書のタイトルは、『開発社会学を学ぶための 60 冊』ですから、開発社会学を知るための基礎的な知識、モノの見方を示している代表的な本がずらりと並んでいるので、どこからでも開いていただいてよいのです。あくまでも「入り口」ですから、おもしろくなさそうだと思ったら入らなくてもよいわけです。おもしろそうだと思ったら、その文献のオリジナルにチャレンジしてください。

　本書では 60 冊を 8 つの章にわけてありますから、関心のありそうな章をまとめて読んでいただくと、オリジナル文献にあたらなくても、現在、開発社会学的にはどんなことが焦点になっているのかがおおよそ把握できるはずです。また、大学生がレポートや卒業論文を書くときに、各専門書にいったいどんな

ことが書いてあるのかを、読む前にまず調べてみるとか、あるいは、ゼミで扱う文献をこのなかからピックアップするというような使い方にも適しています。ところどころ、開発援助に関する聞き慣れない専門用語が含まれているかもしれませんが、その場合は佐藤寛監修・国際開発学会編『国際協力用語集』（2014 第4版 国際開発ジャーナル社）などを参照して補完的な知識を効率的に吸収するきっかけとしてください。

　すでに開発の実務についている人にとっては、報告書や同僚との会話のなかで出てきた社会学者の名前や社会学的用語について、少し理解を深めたいというようなときにうってつけです。

　また、それぞれの本の解説の最後には「議論の広がりと関連文献」として、その後の議論の展開や興味深い関連文献が紹介されているので、こうした文献に手を広げてみるのも知識を深めるために有効です。

この本の特色は何？

　日本語では「開発」は様々な意味に使われます。「宅地開発」は物理的な土地造成などを意味しますし、「人材開発」は教育・トレーニングなどを意味します。本書では「開発」は、（生活水準の向上等をめざして）「**社会を意図的に近代化しようとする行為、ならびにそれを支援する行為**」と捉えます。もちろん、本書第Ⅰ章、第Ⅱ章で詳しくみるように「近代化」という言葉には正負それぞれの意味づけがあります。それでも今日、世界中至るところで実際に生起している「開発」という社会現象の本質は、上の定義にあてはまるものがほとんどだと考えるからです。これが、本書の1つの特色です。

　まだ十分に確立したジャンルにはなっていませんが「開発社会学」は学術的にも実践的な意味でも、大きな発展可能性を秘めた学問分野です。開発社会学には2つの顔があることが、その潜在力の根源です。1つは開発学（development studies）の一領域として、もう1つは社会学の一領域としての顔です。このどちらも、大変魅力的な要素に満ちたチャレンジングな領域で、本書を通じて読者は「開発学」と「社会学」のそれぞれの学問の最先端の議論あるいは、最重要な古典の一部を覗くことができます。このことも本書の特色です。すこし詳しく説明しましょう。

開発学のなかの開発「社会学」

　開発学（欧米では「国際開発学」と言われ、日本では「国際協力学」と呼ばれることもあります）の入門書は日本語でもかなり出版されています。また開発経済学など分野別の入門書、教科書もあり、これらの入門書は国際開発の世界で現在流行している概念や援助の現実を解説してはくれるものの、途上国の開発問題・開発援助を歴史的・巨視的視点からみるための基礎知識についてはあまり語ってはくれません。経済開発や経済成長について理解しようとするときには、おそらく経済学の基礎知識があればたいていの議論にはついていけますが、経済に限らないより幅広い視野をもって開発現象および開発問題を理解しようと思うときには、「社会」についてのモノの見方も必要になります。

　たとえば、開発の対象となっている途上国・地域の歴史、宗教や文化など、人々が「開発」や「発展」（どちらも英語では development）をどのように捉えているのかという「社会の固有要因」に関する基礎知識などがこれにあたります。こうした知識なしに机上の空論的（あるいは one-size-fits-all 的）な「開発計画」を策定したとしても、途上国の開発問題の解決には結びつきません。これは、どんな頑固頭のエンジニアでも、開発援助の70年にわたる歴史のなかからすでに学んでいることなのです。開発援助の現場では地域研究や人類学の知見がすでに活用されはじめていますが、ここには社会学の出番がもっとあるはずです。また、社会が「発展」「進歩」「進化」「変動」「変革」するときに、どのような摩擦や矛盾が発生し、それを「社会」としていかに受容していくのかに関する理論的、通文化的な考察もまた、社会学の得意分野です。こうした社会学の知見を開発学に取り入れていくことは、開発社会学に寄せられている大きな期待なのです。

社会学のなかの「開発」社会学

　社会学には、家族社会学、政治社会学、都市社会学、環境社会学など、さらに細分化された個別専門領域がありますが、日本ではこれまで開発社会学と名乗った研究はほとんどありません。しかし、明治時代に社会学が輸入されてこのかた、日本では開発をめぐる諸現象・問題を扱った研究は非常に多く、この意味で実は日本は欧米の社会学より豊富な開発研究の蓄積を有しているといってよいくらいなのです。ただしこれらの研究は国内事例のみを対象とすること

がほとんどでした（日本自身が途上国であったのだから当然ですが）。また、逆に高度成長終焉後は「もはや開発の時代ではなくなった」との認識から、開発に光があたらなくなったという側面もあります。

ところが近年、グローバル化の影響を研究するために国際比較が求められるようになってくると、他国との比較のために日本の開発経験の捉え直しが必要になってきます。非西欧国として、また非キリスト教国として世界ではじめて近代化を果たした日本が、いかなる経験を経て現在に至っているのか。こういったことについての知見を整理・統合していくことは、世界の社会学に対する日本の社会学者の責務であるともいえましょう。

開発実務と開発社会学

欧米では開発社会学の修士号を取った人が、開発の実務者として働く機会も多いですが、日本の社会学（者）は全体として開発援助業界との接点がほとんどないままに推移してきました。日本のODAにおいては、生活改善運動、1村1品運動、道の駅など、日本の経験を取り入れる試みがおこなわれていますが、こうした歴史的事象が成立した背景などについて（社会学にはすでに学術的な蓄積があるにもかかわらず）十分な理解がないままに、途上国の現場では単に表面的な模倣に終始している例も少なくありません。地域開発や住民参加などはまさに「社会」開発の事例でありながら、社会学研究の蓄積が活用されていないのです。これは大変残念な事態であり、もったいないことだと我々は考えています。開発の実務者と社会学の研究者が「開発社会学」を媒介に相互交流を強めていけば、社会学が今日の途上国の開発問題を理解するための重要なヒントを数多く提示できるはずなのです。

どのように60冊を選んだの？

というわけで本書では、日本で数少ない開発社会学研究者が中心となり、社会学の文献を開発社会学的な視点から初学者向けに解説することにしました。こうした「ベスト・セレクション」を刊行する際には、どの作品を採用し、どの作品を外すのかの選定作業が必要となります。我々が立てた方針は以下のようなものです。

- 社会学者が執筆した単著を優先する（社会学者でない人が執筆したものでも、社会学的な意義があると判断した場合は採用）。
- １著者からは原則として１作品に限定する。
- 日本語で読むことができる文献を優先する。
- 日本の社会学者による日本の開発研究的業績も積極的に採用する（国際開発論、開発援助論には直接関連がなくても日本の近代化、開発を理解する上での重要文献といえるので）。

ただし、取り上げた文献のほとんどは「開発社会学」として執筆されたものではありません。そこで、各項目には「開発社会学的な意味」という欄を設けて、可能な限り国際開発、開発援助を考える際の示唆が得られるように心がけました。また、国際開発・開発援助論にとって重要なものは、社会学以外の文献もいくつか採録しましたが、これらについてはその社会学的な解釈および意義についても触れるようにしたので、全体として「開発社会学の視点から」理解することができるはずです。

この選書方針の結果、22冊が日本の研究者による日本語文献となりました。また、関連して紹介した文献はコラム記載分も含めて実に200冊あまりとなりました。さらに興味のあるキーワードから関連文献を探していただけるように、巻末の索引も充実させました。

本書刊行の背景

開発社会学の基礎的文献を網羅した本を作ってみたい、というアイディアが生まれたのは2009年1月、雪の舞う函館でした。それ以来、佐藤寛、浜本篤史、佐野麻由子、滝村卓司に佐藤裕、辰己佳寿子を加えた6名のメンバーが分担して基本文献を解題し、何度も合宿形式の編集作業をおこないましたが、なかなか全員のペースはそろわず、編集作業は足かけ6年に及ぶことになってしまいました（一番足を引っ張ったのは、いい出しっぺの私でしたが）。

とはいえ、この間の試行錯誤は日本における「開発社会学」構想を熟成させるために必要な過程だったのかもしれません。実際、本書の編集メンバーにより、国際開発学会の機関誌『国際開発研究』(2012) 21巻1-2号に、同誌にとっては初の社会学研究特集「開発／発展をめぐる社会学の位相」を発表する

という副産物も生まれました（ご関心のある方は是非ご一読ください）。またこの間、上記6人をメンバーとする科研費（基盤研究C 2012-2014年度）「近代化変圧器としての開発援助」（代表・佐藤寛）をいただくことで、本書をとりまとめるために必要な研究会を継続することができたので、本書は同科研費の成果でもあります。それと、忘れてはいけないのが「開発と社会学」ゼミの存在です。私が1999年からはじめた、いわばプライベート・ゼミですが、これまでに7期（1999、1999-2000、2003、2007、2009、2012、2014）の活動で延べ約250名が参加してくれました。本書で取り上げた文献には、このゼミを通じて読んだ文献も多数含まれています。

　最後に、出版事情が厳しいなか、本書の意義を認め刊行を引き受けてくださった明石書店の神野斉編集長、兼子千亜紀さんに感謝申し上げます。

　本書の出版をきっかけとして、日本における開発社会学が定着し、開発社会学をともに志す仲間が1人また1人と増えていくことを願っています。

　　編者を代表して

佐藤　寛

『開発社会学を学ぶための60冊——援助と発展を根本から考えよう』目次

はじめに——開発社会学の世界へようこそ！　3

第Ⅰ章　進化・発展・近代化をめぐる社会学

Overview　16

 1　オーギュスト・コント、ハーバート・スペンサー『コント、スペンサー』……19
 2　今西錦司『進化とはなにか』……22
 3　富永健一『近代化の理論』……25
 4　鶴見和子『内発的発展論の展開』……27
 5　町村敬志『開発主義の構造と心性』……30
 6　ジョージ・リッツア『マクドナルド化する社会』……33
 7　アンソニー・ギデンズ『第三の道』……35
 〈コラム1〉都市の明るい灯——流行歌『木綿のハンカチーフ』　38
 〈コラム2〉中国における「発展社会学」と「転型社会学」　40

第Ⅱ章　途上国の開発と援助論

Overview　42

 8　アンドレ・グンダー・フランク『従属的蓄積と低開発』……45
 9　イマニュエル・ウォーラーステイン『史的システムとしての資本主義』……48
 10　イヴァン・イリイチ『シャドウ・ワーク』……51
 11　小倉充夫『開発と発展の社会学』……54
 12　宮内泰介『開発と生活戦略の民族誌』……57
 13　佐藤寛『開発援助の社会学』……60
 14　マイケル・チェルネア編『開発は誰のために』……63
 15　ヤン・ネーデルフェーン・ピーテルス『開発理論（第2版）』……66
 16　ノーマン・ロング『開発社会学』……69
 〈コラム3〉ケアギバー——ネパールでブームの家事育児支援　72

第Ⅲ章　援助行為の本質の捉え直し

Overview　74

17　エドワード・サイード『オリエンタリズム（上・下）』　77
18　マイケル・サンデル『これからの正義の話をしよう』　80
19　マルセル・モース『贈与論』　83
20　ジェームス・ミッジリィ『社会開発の福祉学』　86
21　エドガー・シャイン『人を助けるとはどういうことか』　89
22　岡真理『彼女の「正しい」名前とは何か』　92
　〈コラム４〉ベルマーク──日本発のユニークな資金調達法　94

第Ⅳ章　押し寄せる力と押しとどめる力

Overview　96

23　福武直編『地域開発の構想と現実（Ⅰ～Ⅲ）』　99
24　舩橋晴俊・長谷川公一・畠中宗一・梶田孝道『高速文明の地域問題』　102
25　梶田孝道『テクノクラシーと社会運動』　105
26　ハーバート・ガンズ『都市の村人たち』　107
27　アラン・トゥレーヌ『声とまなざし』　110
28　マニュエル・カステル『都市とグラスルーツ』　112
29　ジェームズ・スコット『弱者の武器』　115
　〈コラム５〉ダム問題を題材とした諸メディア作品　117
　〈コラム６〉年表による問題構造の把握──『環境総合年表』の試み　119

第Ⅴ章　都市・農村の貧困の把握

Overview　122

30　松原岩五郎『最暗黒の東京』　125
31　鈴木榮太郎『日本農村社会学原理』　128
32　オスカー・ルイス『貧困の文化』　131
33　北原淳『共同体の思想』　134

- 34 新津晃一編『現代アジアのスラム』……………………………137
- 35 青木秀男『マニラの都市底辺層』……………………………140
- 36 ジグムント・バウマン『新しい貧困』…………………………143
- 37 マイク・デイヴィス『スラムの惑星』…………………………145
- 38 J. モーダック、S. ラザフォード、D. コリンズ、O. ラトフェン『最底辺のポートフォリオ』……………………………148
- 39 C. K. プラハラード『ネクスト・マーケット』………………151
- 〈コラム7〉むらの単位　154
- 〈コラム8〉シカゴ学派の都市研究　155

第Ⅵ章　差別や社会的排除を生み出すマクロ−ミクロな社会構造

Overview　158

- 40 サスキア・サッセン『グローバリゼーションの時代』………161
- 41 マリア・ミース、C. V. ヴェールホフ、V. B. トムゼン『世界システムと女性』……………………………164
- 42 アジット・バラ&フレデリック・ラペール『グローバル化と社会的排除』…167
- 43 関根政美『エスニシティの政治社会学』………………………169
- 44 ナイラ・カビール『裏返しの現実』……………………………172
- 45 ジョン・ターナー『社会集団の再発見』………………………175
- 46 アビジット・バナジー&エスター・デュフロ『貧乏人の経済学』……177
- 〈コラム9〉ランダム化比較試験（RCT）とエビデンス・ベースド・アプローチ　179
- 〈コラム10〉ジェンダーと開発　180
- 〈コラム11〉開発と海外出稼ぎの複雑な関係　181

第Ⅶ章　人々の福祉向上のための開発実践

Overview　184

- 47 松原治郎『日本の社会開発』……………………………………187
- 48 武川正吾・三重野卓編『公共政策の社会学』…………………190
- 49 佐藤嘉倫『意図的社会変動の理論』……………………………193

50 エベレット・ロジャーズ『イノベーションの普及』 196
51 ジェームズ・ファーガスン『反政治マシーン』 198
52 デイヴィッド・モス『開発を切り拓く』 201
53 ロバート・チェンバース『第三世界の農村開発』 204
54 ビル・クーク＆ウマ・コタリ編『参加』 207
55 サミュエル・ヒッキィ＆ジャイルズ・モハン編著
　　『変容する参加型開発』 210

第Ⅷ章　目にみえない資源の活用

Overview　214

56 ジェームズ・コールマン「人的資源の形成における社会関係資本」 217
57 ピエール・ブルデュー『資本主義のハビトゥス』 220
58 佐藤寛編『援助と社会関係資本』 223
59 宇沢弘文『社会的共通資本』 226
60 スチュアート・ホール編『表象』 229
　〈コラム12〉誰を開発するのか——ある大学教授のつぶやき　232

索　引（人名／地名／援助機関・研究機関など／学問領域／
　　　概念・キーワード／略語） 235

第Ⅰ章
進化・発展・近代化をめぐる社会学

▶▶ Overview

　「近代」は、いつからはじまったのか。この問いに対する答えとしては、18世紀半ば以降の英国に発した産業革命以降であるとする見方が、政治経済学的には一般的である。そしてこの産業革命は、14〜16世紀にかけてのルネサンス期を経て登場した「近代科学」の成果であることはいうまでもない（「万有引力の発見」は1665年）。また、17世紀以降の一連の市民革命を経て成立した「国民国家」によって、それぞれの国富を増大させるための方法論が求められ、ここから経済学が生まれた（アダム・スミス『諸国民の富』の出版は1776年）。つまり、物理学をはじめとする自然科学と経済学は、近代化の「エンジン」だったのだ。この時点で、社会学という学問はまだ存在していない。

　19世紀になると、西欧社会では「産業革命」と「近代化」にともない、社会がこれまでとは異なる方向に変化しつつあることが誰の目にも明らかになってきた。この未曾有の変化をどのように理解すればいいのかという知的欲求に応じて、「近代」を理解・分析するための学問としての「社会学」が生まれたのである。このように社会学はその成立過程から「近代」と不可分なのだが、本書では「開発」を「意図的に近代化を推進すること」と捉える立場を採る（5ページ参照）。この立場に立てば、「開発社会学」にとって「近代化」とは、分析する対象であるとともに操作する対象でもある。ゆえに、開発社会学を考えるための第一歩として、創始期の社会学が「近代」（modern）、「進化」（evolution）、「発展」（development）をどのように捉えていたのかを振り返る必要がある。

　なぜならば、産業革命の進展とともに西欧では、社会とは意図的に「進化」させることができるという概念が普及し、これに基づいて近代化を目指す進化レースがはじまったからである。このことがのちに「開発」という営為の端緒となる。そこで本章では「進化」とは何か、「近代化」とは何か、近代化は誰にとってどのような意味をもってきたのか、これらを知るための基本文献を紐解くことにしよう。

　まず「諸学の到達点」としての社会学を構想した「社会学の祖」コントとスペンサーの「進化」観を確認する。両者はチャールズ・ダーウィンが提唱する生物の「進化」（『種の起源』1859）と同様に、人類社会も「不可逆的に」「単線的に」進化すると定式化した。これによって西欧社会を頂点に世界中の人間社

会を序列づける枠組みが用意されることになり、社会進化論は近代化論の基礎的なパラダイムにもなった。次いで、これらの「優勝劣敗」「自然淘汰」的な論化論に対し、「棲み分け」論に基づく独自の視点から異を唱えた今西錦司『進化とはなにか』(1976)を対置してみよう。今西の立場は、今日の途上国を「遅れた社会」「淘汰されるべき劣種」と決めつける見方とは異なる視覚を与えてくれるからである。

また、遅れて近代化を開始しながらも非西欧世界ではじめて近代化に成功したとみなされている日本の事例を、「近代化論」の代表的な社会学者である富永健一『近代化の理論』(1996)からみてみよう。日本社会がいかに「西欧に追いつく」ための近代化過程をくぐり抜けたのかについての知見は、開発社会学にとっては基盤的な知識だからである。そして同じ現象をみながら、欧米中心主義・単線的発展論とは異なる解釈を試みた鶴見和子の『内発的発展論の展開』(1996)は、開発・発展概念の「西欧バイアス」を相対化する視点として重要である。その上で、高度経済成長期に日本人のあいだで「開発・発展」がどのように表象され、理解されていたかについて、「ダム」を手かがりに分析する町村敬志『開発主義の構造と心性』(2011)を取り上げる。町村の仕事は、日本における開発主義とは何だったかを考える上でも重要であり、この視点は今日の途上国にもある程度投影可能であろう。

そして今日、途上国を含む世界的なファーストフード・チェーンの隆盛を「マクドナルド化」という概念で切り取ったリッツア『マクドナルド化する社会』(1993=1999)をみる。リッツアはマクドナルド化を近代化の最先鋭過程とみているが、その分析の根源をウェーバー的な「近代化」理解においていることを確認しよう。最後に18世紀以来、近代化を主導してきた当の西欧が、今日どのようにして肥大化した「近代」と向き合うべきかを考察する代表的な社会学者ギデンズの議論、『第三の道』(1998=1999)をみておこう。ここには、「先進」「後進」、「南北」といった二項対立を越えた、これからの「開発」のあり方に関する基礎的な問題提示をみることができるだろう。

（佐藤寛）

Contents

1 オーギュスト・コント、ハーバート・スペンサー
　『コント、スペンサー』(1970) ……………………………………… 19
2 今西錦司『進化とはなにか』(1976) …………………………………… 22
3 富永健一『近代化の理論』(1996) ……………………………………… 25
4 鶴見和子『内発的発展論の展開』(1996) …………………………… 27
5 町村敬志『開発主義の構造と心性』(2011) ………………………… 30
6 ジョージ・リッツア『マクドナルド化する社会』(1993=1999) …… 33
7 アンソニー・ギデンズ『第三の道』(1988=1999) ………………… 35
　〈コラム1〉都市の明るい灯──流行歌『木綿のハンカチーフ』 38
　〈コラム2〉中国における「発展社会学」と「転型社会学」 40

1

オーギュスト・コント、ハーバート・スペンサー
『コント、スペンサー』

(1970 中央公論社、清水幾太郎責任編集／霧生和夫・清水礼子訳)

❶著者の略歴と本書の位置

　「社会学の祖」オーギュスト・コント（Auguste Comte, 1798–1857）は19世紀フランスの社会学者で「実証主義」の提唱者として知られるが、「社会進化論」の主要な理論家でもあった。『実証哲学講義』は1827年に28歳のコントがパリの自宅アパートではじめた講義であり、中断を挟んで1830年から1842年にかけて全6巻が刊行された。

　ハーバート・スペンサー（Herbert Spencer, 1820–1903）は英国の社会学者で、コントより20歳ほど若く生まれ、同時代に急速に展開した生物学の影響をうけて「社会有機体説」を唱えた。

　なお本書は1966年から1970年代前半にかけ中央公論社が刊行した『世界の名著』シリーズの1冊である。同シリーズは、主として社会科学分野の海外の有名文献を日本に紹介する目的をもった教養書であり、原書を読むことが困難な初学者や一般社会人をターゲットにしていたと思われる。それぞれの巻は特定の分野で代表的な1名（あるいは関連の深い2〜3名程度）の学者を取り上げ、その代表的な文献を抄訳するとともに、その選書と解説を日本における当該分野の第一人者と目される人が担当するシステムとなっている。企画当初の66冊（後に続編シリーズが出て計81巻となった）のうち、非西洋の作者を取り上げたものが9冊のみであるように、本シリーズ自身、日本における教養の西欧化過程の1コマであり、非西欧社会の「近代化」努力の1つを象徴的に示しているともいえる。ともあれ、同シリーズ36巻としての本書には、コントの『実証哲学講義』第4巻の一部、『社会再組織に必要な科学的作業のプラン』(1822)、『実証精神論』(1844)と、スペンサーの『科学の起源』(1854)、『進歩について』(1857)、『知識の価値』(1859)が収められている。

本書を編集し、解説を書いている清水幾太郎（1907-1988）は、20世紀における日本の思想潮流に大きな影響を与えた社会学者で、戦後は日本の民主化運動を理論的に支えるリーダー的存在であった。この清水の解説も含めて本書は開発社会学の基礎的文献として貴重である。

❷本書全体の構成と意義

　本書に収められているのは、コントとスペンサーの膨大な著作のなかから、清水が彼の興味関心に応じて選りすぐった論文であり、巻頭にある清水の解説と併読することで2人の「エッセンス」を学ぶことができる。とはいえ昭和の翻訳であって難解に感じられる読者も多いだろうから、全編を読破する必要はない。コントについては『実証哲学講義』(1839)の第4巻第51講「社会動学の根本原理、すなわち人類の自然的進歩の一般理論」（本書では「社会静学と社会動学」という章に含まれている）、スペンサーについては『進歩について〜その法則と原因』を読んでみよう。いずれも人類社会の進歩・進化についての「原則」を主張しており、それゆえ両名は「社会学の祖」といわれるのである。

　コントは人間の精神は神学的、形而上学的、実証的という三段階を経て進歩するものであり、これに対応して社会も軍事的段階、法律的段階、産業的段階の三段階で進歩するという三段階の法則（着想は1822年）を唱えた。そして実証的な精神にともなう産業的社会が人類進歩の最高段階であるとする。きわめて近代化肯定的な理論である。

　一方、スペンサーの理論は「社会有機体説」で特徴づけられる。すなわち、生物の進化が器官の複雑化、機能分化によって特徴づけられるのと同様、人間社会も「複雑化」「機能分化」することで「進歩」するという。そして同質性から多様性に変化する過程に一定の秩序を与えるのが「自然淘汰」の原理だとする。また「適者生存」(survival of the fittest)はスペンサーの造語であるという（なおダーウィンの『種の起源』が発表されるのは1859年であり、『進歩について』の方が先に出版されている）。そして適者生存の原理が人間の社会活動に適用されるためには「自由放任」の原則が必要だと主張する。

　すなわち、アダム・スミス以来の自由放任思想を批判して、社会は有機的（計画的、科学的に）に再組織されねばならないとしたコントに対して、スペンサーは「自由放任」を主張したのである。これは決定的な違いであり、スペンサー

はコントの弟子とみられるのを嫌っていたという。

❸開発社会学的な意味

　スペンサーの「社会進化論」は生物学のアナロジーがわかりやすいこともあり、同時代に明治維新・文明開化の真っただなかにいた日本のインテリにきわめて大きな影響を与え、明治10年からの20年間、スペンサーの主な著作はほとんど和訳・出版されているのである。特に「変化する環境に適応できないものは淘汰される」という「適者生存」の理論は、黒船来訪以降国家存亡の危機にある日本が、文明開化、近代化に邁進する理由づけを与えたのである。この点、開発社会学的には「途上国だった日本」がどのように外来の思想を取り入れて自らの近代化のための理論武装をしたのか、という点で興味深い。

　清水幾太郎はコント研究者だったこともあり、西欧における近代化の推進過程に大きな関心をもち、その契機としてのフランス革命と産業革命を重要視している。こうした認識を踏まえて第2次世界大戦の戦前戦中戦後を通じて清水は日本の近代化についても多くの論考を残している。開発社会学を志す人が、社会学者としての清水の論考に触れる機会は少ないだろうが、当時のインテリが日本の近代化をどのように捉えようとしていたのか、悩んでいたのかを知るサンプルとしても示唆に富んでいる。

❹議論の広がりと関連文献

　コントの三段階論にせよ、スペンサーの社会有機体説にせよ、現在ではほとんど顧みられることのない学説となっている。しかしながら、彼らの思想が今日の欧米の途上国観、援助観の基礎となっていることはたしかである。また両論文を読むと、当時はおおらかな、大風呂敷な理論をきわめて自由に語ることが許されていたことに気づく。知識、学問が専門分化し、既存研究への言及なしには論文が書けない傾向の強まる今、こうした古典に触れることの意味は小さくない。

(佐藤寛)

2

今西錦司
『進化とはなにか』

(1976 講談社)

❶著者の略歴と本書の位置

今西錦司（1902-1992）は、20世紀中葉の日本を代表する生態学者であると同時に登山家としても知られる。野外調査という手法を駆使し、京都大学を中心とする今西グループ（あるいは京都学派）とも呼ばれる生態学、人類学の知的集団のリーダーであった。生態学の分野では異なる種の「棲み分け理論」を提示、ダーウィニズム的な「競争原理」に対して、「平和共存」の可能性の根拠となる理論を提示した。さらにこれを人間社会にも適応しようとする思索の一過程で生まれたのが本書である。

❷本書全体の構成と意義

西欧の生物学、生態学の世界ではダーウィン以来の「進化論」（正確にはネオ・ダーウィニズム）と「自然淘汰」による種の進化という理解枠組みが常識として定着している。そしてこの理解枠組みを人間社会にも適用する考え方としての「社会進化論」も当然視され、今日の国際開発・開発援助の背景にもそうした世界観が潜在している。今西はこのネオ・ダーウィニズムに対抗する理論として、徹底したフィールドワークに基づく観察に根ざした「今西進化論」を提示する。

今西にとって「進化」とは、地球上における生物の「変遷」を意味し、地球の生物が1つの種として誕生してから35億年のあいだに150万種にまで増えてきた過程を指す。これに対してダーウィンにとっての「進化」とは、「変化する環境に最も適した形質をもった個体が突然変異から生まれ、その種が他の形質よりも優れていることで生き残っていく」過程であり、環境に適合的で機能的な変化を内在する概念である。

ダーウィニズムによれば、進化とは（突然変異に典型的に示されるように）個体からはじまるものだが、今西は種社会を構成しているすべての個体が（変わるべきときに）一斉に変わることで進化が起こるとした。ここでのポイントの1つは「種は構成する個々の個体から成り立ち、個々の個体の相互作用によって支えられたシステムであって、進化するかどうかは種の『主体的』な意志による」という点で、「個」ではなく「種」に、「環境」にではなく「生物」に進化の契機を見出す点にある。

❸開発社会学的な意味

突然変異と適者生存による自然淘汰を柱とするダーウィン進化論の系譜は、競争原理を自明視する。これが人類社会に適応されると、国家間の物質的な貧富の差（先進国と途上国）をそれぞれの国家間の優劣の帰結として正当化し、淘汰によって弱者、貧困者が排除されることを当然視する論理にもつながりかねない。これに対して今西進化論は競争を否定し、棲み分けによる共存を強調する。

今西は晩年、さらにヒトという種の成り立ちについても考察を進める。代表的な社会進化論者としてスペンサーを挙げ、この社会進化論は進歩至上主義であり、進化（価値中立的な変化）と進歩とを混同していると批判する。地球上の人類社会は多くの部分社会から成り立つが、それらの社会間には、物質的、経済的には明らかに差異がある。これを「棲み分け論」的に捉えるか、「自然淘汰」的に捉えるかで世界像は大きく異なる。これを「優劣」とみて、その差異を修正しようとする行為が「開発」につながる。しかし、今西理論の「同一種の個体に甲乙はない」という命題は、途上国を進化論的にみる視点に比べて、遙かに普遍主義、平等主義的な視点を提示する。

また、ダーウィニズムという西欧近代の骨格をなす理論に対して、東洋の辺境から異論を提起したこと（それゆえに西欧ではあまり注目されない）にも、近代化論的な視点からは興味深いものがある。さらに、「主体性」の強調、そして変化（進化）は種の内部に内在するという視点は、潜在能力（ケイパビリティー）論にも通底する可能性を見出せるかもしれない。

加えて、生物はそれが生きているフィールドで観察しなければならないという徹底したフィールドワーク重視の学問姿勢も、実験室的な理論化に対する痛烈な批判となっている。この点は21世紀に入って開発学がますます計量経済

学主導になりつつある現状のなかで、フィールドワークを重視する社会学・人類学に対するエールを送っているようにも思える。

❹議論の広がりと関連文献
　今西をリーダーとする京大グループは、第2次世界大戦前からアジアの高峰の登山探検隊を派遣し、その門下である民族学の梅棹忠夫は『文明の生態史観』(1967 中央公論社) を著している。これは、「進んだ西欧のあとを追う日本」という見慣れた構図ではなく、日本の文明を世界史的に西欧の文明とパラレルに位置づけるという意味で画期的な論考として注目された。さらに経済史学者の川勝平太は『日本文明と近代西洋──「鎖国」再考』(1991 日本放送出版協会) などで今西進化論や今西が晩年主張した「自然学」に着想を得ながら世界史的な近代化過程における日本の特質を論じている。　　　　　　　　　　(佐藤寛)

3

富永健一
『近代化の理論
　──近代化における西洋と東洋』
（1996 講談社）

❶著者の略歴と本書の位置

　富永健一（1931-）の専門は、理論社会学、社会学史、計量社会学（社会階層と移動）、経済社会学である。博士論文の『社会変動の理論──経済社会学的研究』（1965 岩波書店）は、日本の「高度経済成長」という社会変動がいかにして可能になったのかを社会学的に解明している。1980年代の代表的な作品は3つある。「実証主義」対「理念主義」という2つの社会科学の流れを、社会学を中心に追跡した『現代の社会科学者』（1984 講談社）、実証主義を主とし、理念主義を副として社会学理論体系を構築した『社会学原理』（1986 岩波書店）である。上記2冊の成果を投入して、原点である『社会変動の理論』に立ち返り、近代化理論を再構築したのが『社会構造と社会変動──近代化の理論』（1987 放送大学教育振興会）である。これを土台に大幅に書き直されたのが本書である。

❷本書全体の構成と意義

　本書の鍵概念の1つは「近代化と産業化」である。近代化とは、産業化をその一部として含み、政治的、社会的、文化的領域が相互に依存しあい影響を与えあうという総括概念である。一方、産業化とは、人類の生活形態をそれ以前と根本的に変えてしまった技術的・経済的な普遍的変動過程の全体を指す概念として定義づけられる。

　非西欧社会の近代化と産業化というのは、西洋からの文化伝播の受容という「西欧化」として捉えられる傾向にあるが、富永はこれに疑問符を投げかけ、以下のように主張する。文化伝播は単なる「オリジナル」の「コピー」ではなく、「選択的な受容」である。諸文化項目をもとのものとは違う文脈のなかに移植する際には、どのように適応させていくかを考えなければならない。この

過程で創発的な能力が発揮される可能性が高く、文化のアイデンティティを保つことにつながる、というのである。

文化伝播は西洋からだけでなく非西洋相互間でも起こりはじめ、繰り返されるうちにオリジナルが不明になる傾向があるため、近代化と産業化を西洋から切り離して、社会変動という一般化された社会学的概念との関連において捉えることが可能となる。ここにタルコット・パーソンズの「構造―機能理論」を発展させた富永の「構造―機能―変動理論」の意義が打ち出される。

これらを踏まえて、本書は、全7部30章で構成されている。歴史的個性の史実をこえて、近代化と産業化を普遍的な原動力として形成された社会構造と社会変動について一般化された理論を立て、それを日本や中国などの非西欧社会の分析に適応している。最後に、「ポスト××」という語が氾濫するなか、近代の終焉や超克ではなく近代化と産業化を普遍文明としてみる必要があること、そして、アジアのリージョナリズムの立場からの近代化という新しい視点をもつことの重要性が主張されている。

❸開発社会学的な意味

近代化の進展にともなって、工業化、機械化、核家族化、都市化、官僚制化などが起こる。たとえば、工業化は公害や環境破壊をもたらし、機械化・核家族化は人間疎外と結びつき、都市化はスラム化を引き起こし、官僚制化は社会を硬直化させる。したがって、「近代化」は「社会の発展」を必ずしも保証しないのである。にもかかわらず、ほとんどの場合、開発事業には暗黙のうちに「近代化」が目標として含意されている。ゆえに、「近代化」を客観的に捉えた上で「開発」を議論すべきであり、本書はそのための指南役を担ってくれるであろう。

❹議論の広がりと関連文献

富永の『社会学講義――人と社会の学』(1995 中央公論社)は、社会学の基本概念を理解するための入門書である。また、富永門下の恩田守雄は、行為・社会・生活システムを分析枠組みとして『開発社会学』(2001 ミネルヴァ書房)を体系的に構築しようとしている。同書は、開発社会学を全面的に打ち出した日本初の本である。

(辰己佳寿子)

4

鶴見和子
『内発的発展論の展開』

(1996 筑摩書房)

❶著者の略歴と本書の位置

　鶴見和子（1918-2006）は、母方の祖父に後藤新平をもつ日本の近代エリート家庭に生まれ、津田塾大学卒業後、第2次世界大戦開戦前の1939年に米国へ留学した。米国の教育学者でプラグマティズムの提唱者の一人であるジョン・デューイを、マルクス主義の立場から批判する論文で修士号を取得しコロンビア大学に進学するが、日米開戦により1942年に帰国を余儀なくされた。

　第2次世界大戦後は、「生活綴り方運動」など庶民の生活の視点からの研究を続け、1962年に44歳でプリンストン大学社会学部の大学院に進学、近代化論と社会変動論を学ぶ。1969年に上智大学に勤めはじめてから精力的に「近代化論再考」研究を開始し、1975年に英語論文ではじめて"Endogenous Development"という用語を用いた。当初、日本語では「土着的発展」の訳をあてていたが、1976年に発表された「国際関係と近代化・発展論」（武者小路公秀・蠟山道雄編『国際学』東京大学出版会に所収）以降は「内発的発展論」の用語で、この概念の展開と応用を進めていく。

　内発的発展論に言及した鶴見の論文は多いが、非西洋諸国での近代化をめぐる論考を整理して、内発的発展論の見取り図を示した論文が、本書の冒頭にある「内発的発展論に向けて」（初出は川田侃・三輪公忠編『現代国際関係論——新しい国際秩序を求めて』1980 東京大学出版会）である。

❷本書全体の構成と意義

　本書において鶴見は「開発・発展」をめぐる理論を、「近代化論」「従属論」「内発的発展論」に3分類することを試みる。近代化論は西欧モデルの近代化過程を普遍化し、これをそれ以外の地域にもあてはめる伝播論的思考様式であ

第Ⅰ章　進化・発展・近代化をめぐる社会学　27

り、単線的発展論、普遍主義的発展段階論である。これに異議を唱えて1970年代にラテンアメリカ諸国で盛り上がった従属論は、マルクス主義的な歴史観の影響を受けつつ、西欧中心の先進国の発展は同時に途上国の従属化をもたらすのであり、途上国の発展にはつながらないという解釈を提示した。

これに対して鶴見は、主に日本の近代化経験をベースにしつつ、非西欧諸国のなかでもそれぞれ固有の文脈での発展、近代化過程がありうることを主張し、こうした事実に基づいた発展理論を構築しようとする動き（これを鶴見はホモロジカル・アプローチと名づける）をひとくくりに「内発的発展論」として提示する努力を開始する。

鶴見の有名な内発的発展の定義は「目標において人類共通であり、目標達成への経路と創出すべき社会のモデルについては、多様性に富む社会変化の過程」だが、この定義の念頭には、日本や中国、タイなどのアジア諸国の事例と、従属論的な解釈を生んだラテンアメリカの事例の双方を包含するような概念の模索があった。

❸開発社会学的な意味

内発的発展論が日本の社会学、国際関係論のなかで一定の支持を得た背景には、日本の社会科学者が共有していた、ある種のコンプレックスがあると思われる。明治維新以来、欧米先進国に追いつくことを国是とするなかで、「外発的発展」（夏目漱石はこれを「外発的開化」と呼んだ）の窮屈さと、受け身であらねばならい不愉快さを感じてきた日本人に対して、西欧とは異なる近代化過程があってよい、という理論的な後ろだてを用意したことが好意的に受け止められたと考えられるからである。

非西欧社会に属しながら、自国の経済的・社会的発展のために様々な開発努力をおこなわなければならない今日の途上国の指導者層にとっても、明治日本の指導者層と同様の悩みが共有されるのであれば、「内発的発展論」は今後の開発研究・開発社会学において一定の影響力をもち続ける可能性はある。ただしそのためには、日本的な内発的発展論と、たとえば中国的な内発的発展論の異同を「日本特殊論」に陥らず説得的に説明する必要がある。また、ラテンアメリカやアフリカにおける内発的発展とはいったいどのような事象を指すのか、といった具体的な事実の指摘が必要となる。さらには「内発的発展」間の比較

の枠組みも求められるであろう。こうした点は、今後の日本の開発社会学の1つの大きな課題であると考えられる。

❹議論の広がりと関連文献

　鶴見の関心は、中国・タイ・日本の三地域の比較で内発的発展論の存在を確認することで終わっている。鶴見は晩年、内発的発展の理論化よりも、自身が関与した水俣問題の掘り下げや南方熊楠の世界観の探求に勢力を注いだため、鶴見の内発的発展を直接継承する研究者は存在していない。

　とはいえ、アジアに関しては西川潤らが「経済成長よりも人間発展を志向する」開発モデルとして、タイ、インド、フィリピン、インドネシアなどの事例を考察する『アジアの内発的発展』（2001 藤原書店）を出している。ただし内発的発展論の理論的進化には至っておらず、理論としては未完の状態といえよう。たしかに、地球規模の発展、開発についてみた場合、内発的発展論の理論の妥当性はまだ十分に検討されておらず、日本以外ではほとんど注目されていないのも事実である。これを踏まえて川勝平太は、鶴見との対談録『「内発的発展」とは何か──新しい学問に向けて』（2008 藤原書店）で鶴見の内発的発展論を新たな視点から解釈し、展開する可能性を示唆している。

　また、国際開発に関与する日本人のみならず、日本国内で地域づくりに奮闘する人たちにも内発的発展論は大きなインパクをもち続けており、特に「地元学」を提唱している人々は地域の内発性にしばしば言及している。開発社会学が、単に途上国問題に限らず日本国内の問題に意味をもつためにも、内発的発展論の一層の深化が求められているのである。

（佐藤寛）

5

町村敬志
『開発主義の構造と心性
——戦後日本がダムでみた夢と現実』
(2011 御茶の水書房)

❶著者の略歴と本書の位置
　地域社会学・都市社会学を専門とする町村敬志（1956-）は、一橋大学大学院社会学研究科教授である。東京やロサンジェルスを対象とした世界都市論やグローバリゼーション論、愛知万博を事例とする市民社会論など、具体的な空間や経験と向き合うことを通してマクロな社会変動を捉えようとしてきた。本書の関心もまたこの延長線上にある。「佐久間ダム」という１つの出来事を、ローカル・リージョナル・ナショナルといった異なるスケールから捉え、重層的なダイナミズムを分厚く描いた作品である。

❷本書全体の構成と意義
　町村によれば、開発主義とは一般に、国家が経済成長によって物質的豊かさの実現を目指す社会統合のあり方を指す。従来の議論では、特に政治経済システムとして捉える傾向が強かった。だが本書ではそれらの蓄積を踏まえつつも、膨大なアクターが「開発」を推進するように促す文化的装置としての開発主義を強調する。こうした認識にもとづき、「佐久間ダム」という出来事について実証的に論じたことが、本書の特徴であり意義だろう。
　佐久間ダムは、戦後復興期の大規模発電ダム事業であった。そして、その一連の過程は、戦後日本社会が辿った「開発」の方向性を「経路づける」歴史的位置を占めていた。つまり、日本社会が全体として政治経済、社会や文化など各方面で既存システムを再編しつつあった時期と、「佐久間ダム」という出来事とが、まさにときを同じくしていたのである。
　本書はまずⅠ部で、戦後日本の「開発」のルーツと変質との過程を辿った上で、それがどのように佐久間ダム建設へと流れ込んでいったのか、重層するスケー

ルの多様なアクター間の相互作用として描く（1～3章）。そして、2002年実施の佐久間町民意識調査の結果も引きながら、国家的事業である「佐久間ダム」が、佐久間町という地域社会に何をもたらしたのかを示している（4章）。続くⅡ部では、「佐久間ダム」がローカル・リージョナル・ナショナルへと「受容」される様相を、記録映画『佐久間ダム』を通じてつまびらかにする。ここでは『佐久間ダム』を製作から上映や評価といった一連のプロセスを含む多様な「出来事」の連鎖として捉え、それがいかに「開発映画」へと変貌し、開発実践を下支えする役割を果たしたのか、分厚く論じている（5～9章）。

　本書の探求は、歴史的社会的な構造と具体的な個人の生活世界との関わりを事例に即して露わにする。そして、本文に言及されぬ同時代の人々への想像力を喚起させてもくれる。

❸開発社会学的な意味

　現在に連なる戦後日本の「開発」は、特定の意図やイデオロギーに導かれた「上からの」動員だけで進行したのではない。町村が指摘するように、むしろその生成期にあっては無数の人々の「思考と行為からなる1つの領域」を再編するような、偶然的で個別的な出来事の束としてしか姿を現さなかった。くわえて、戦後日本の開発主義は、きわめて「淡い」イデオロギーとして存在していた。そして、その「淡さ」ゆえに様々な土着的思想や生活倫理とも融合して多様な水準のアクターの「自発的な」動員を可能にし、あらゆる地域へと浸透していった。歴史的出来事としての「佐久間ダム」を注視してなされるこれらの指摘は、開発社会学の視点として重要であろう。

　本書は、佐久間ダム竣工の年に生まれ、3・11に連なる事態に「加担」した中心的な世代（「開発世代」）であると自認する著者が、「加担」のルーツを探った試みの書でもある。震災・原発事故に直面し社会を組み直す現在にあって、われわれは「開発」「復興」のイデオロギーに「加担」し動員することを繰り返すのか、それとも――。本書がわれわれに突きつける問いは重い。

❹議論の広がりと関連文献

　ここではまず、本書の土台となっている町村敬志編『開発の時間　開発の空間――佐久間ダムと地域社会の半世紀』（2006 東京大学出版会）を挙げておきたい。

開発主義について論じた好著は少なくない。ここでは、末廣昭らによる東京大学社会科学研究所『20世紀システム〈4〉開発主義』(1998 東京大学出版会)、多彩な執筆陣によって編まれたヴォルフガング・ザックス編『脱「開発」の時代——現代社会を解読するキイワード辞典』(1992=1996 晶文社、三浦清隆他訳)などを挙げておく。また近年のものでは、現在におけるスポーツがなおも開発主義と一体となって存立することを、多様な事例から示した松村和則・石岡丈昇・村田周祐『「開発とスポーツ」の社会学——開発主義を超えて』(2014 南窓社)などがある。

（森明香）

6

ジョージ・リッツア
『マクドナルド化する社会』

(1993=1999 早稲田大学出版部、正岡寛司監訳)

❶著者と文献の概要

ジョージ・リッツア（George Rizer, 1940–）は、米国メリーランド大学社会学部で教鞭をとる社会学者である。グローバル化、ポストモダン社会理論等を専門とする。本書（*The McDonaldization of Society.* Pine Forge Press, 1993）は、1993年に出版されて以来20年以上にわたり、多くの学生に読まれてきた。翻訳も10言語にのぼる。2000年には、米国社会学会から教育への貢献が評価され、表彰されている。

❷本書全体の構成と意義

マクドナルドと聞き、「時は金なり」「質より量」を連想する読者も少なくないのではなかろうか。本書では「アメリカ出自のファースト・フードレストランの諸原理がアメリカ社会のみならず、世界の国々の、ますます多くの部門で優勢を占めるようになる」という大胆な仮説が提示されている。

リッツアは、ファーストフード・レストランの諸原理を①効率性、②計算可能性、③予測可能性、④制御で示す。まず、ファーストフード・レストランは、作業工程を簡素化したり、商品を単純化したり、セルフサービスを導入することで時間や経費の無駄を省き、経営者だけでなく、時間を惜しむ消費者にも利益をもたらした。このような効率性が追求されるとき、重視されるのが計算可能性である。たとえば、ファーストフード・レストランでは、いくら払えば、どのくらいの量の商品を得ることができるのか、どれくらいの時間で商品を手に入れることができるのかを数値化できる。これは、3つ目のキーワードである予測可能性に関連する。予測可能性とは、ある行為選択肢の帰結やそれにともなうリスクが予測可能になることである。それは、ファーストフード・レス

トランのサービスの標準化、つまり、提供する商品やサービスがいつでもどこでも同一であると予測できる点に表れているという。最後に、制御とは、人間の技能に拠らない技術体系への置き換え、すなわち、作業工程の機械化や機械による人間の管理などを指す。人は、効率性、予測可能性、計算可能性を重視した結果、不測の事態を抑えるべく物事の制御を試みる。コーヒーが規定の量に達すると自動的に止まるファーストフード・レストランのシステムやレジのバーコード化などが例示できる。

❸開発社会学的な意味

マクドナルド化は、開発援助の諸現象にもあてはまる。ODA予算が削られるなかで進む民間コンサルタント会社への外注、途上国での安定した統治機構をつくるべく導入される官僚制、1980年代に政府支出削減による財政健全化と規制緩和による市場機能の活性化を目的として進められた「構造調整」は、マクドナルド化の好例となるだろう。また、援助にかかわらず、さまざまな政策で求められている目標の数値化や実現可能性、リスクの数値化は善い意味でも悪い意味でも、マクドナルド化という社会の変化の一端を示しているのである。

❹議論の広がりと関連文献

西欧文化の画一的浸透という点でマクドナルド化概念と共通項をもつのが、ジョン・トムリンソン『文化帝国主義』(1991=1993 青土社、片岡信訳) での議論である。しかし、マクドナルド化、文化帝国主義の見方に対しては、一方向的な文化の流入しかみていないという批判が、ジェームズ・ワトソン編『マクドナルドはグローバルか――東アジアのファーストフード』(1997=2003 新曜社、前川啓治ほか訳) から挙がっている。すなわち、ローカルな文化による新しい価値観、制度の選別、読み換え、文化移転者への挑戦といった新しい文化を受容する過程の主体的な営為を看過しているという指摘である。

また、社会学の古典であるが、リッツアが主に依拠しているマックス・ウェーバー『官僚制』(1922=1987 恒星社厚生閣、阿閉吉男・脇圭平訳) もぜひ読まれたい。

(佐野麻由子)

7

アンソニー・ギデンズ
『第三の道
——効率と公正の新たな同盟』
(1998=1999 日本経済新聞社、佐和隆光訳)

❶著者の略歴と本書の位置

ギデンズ（Anthony Giddens, 1938–）は英国の代表的な社会学者であり、多くの社会学の古典を現代の文脈で大胆に読み解く作業をおこなっている。社会学の理論再建に精力的に取り組み、近代の再帰性（reflectivity）、親密性（intimacy）などについて多くの著作がある。理論社会学者ではあるが、政治と社会学の関係にも関心が高く、実務派知識人の養成組織であるLSE（ロンドン・スクール・オブ・エコノミクス）の学長も務めた。1997〜2007年の英国労働党政権の理論的支柱としても活躍し、本書（The Third Way: The Renewal of Social Democracy. Polity, 1998）は当時のトニー・ブレア首相の政策に大きな影響を与えた。なおこうした関係もあって2004年にはイングランドの男爵位を受け、労働党貴族院議員となっている。

❷本書全体の構成と意義

開発社会学に限らず社会学を志すものであれば、ギデンズの著作に触れずにいることは難しいが、『第三の道』は一般読者を対象としているのでギデンズのほかの著作よりも読みやすいだろう。本書の主眼となる問いは「社会民主主義は生き残れるのか」である。

本書は、少し古くなったかもしれないが、1990年代のソ連・東欧の崩壊によって冷戦が終結した事実を受けて、社会主義がその現実的妥当性を失ったのかを問うている。冷戦時代から今日まで西欧ではソ連型の社会主義とは一線を画す「社会民主主義」あるいは「福祉国家」スタイルの政党が一定の支持を得ており、英国労働党もこの系統に属する。社会民主主義は「資本主義には一定の抑制を課すことが必要である」という立場から市場にすべてを委ねることを拒否して

きた。しかし、ソ連型社会主義の失敗は「市場の情報伝達機能を理解できなかった」ことにあるとギデンズは分析する。

　冷戦終結によって新自由主義が勝利したようにみえるが、そこには多くの矛盾があるとギデンズは指摘する。それゆえグローバリゼーションが進む世界に「社会民主主義」の立場が適応していく必要があり、そこに「第三の道」の可能性が開かれる。その重視する価値は、平等、弱者保護、自主性としての自由、責任をともなう権利、民主主義なくして権威なし、世界に開かれた多元主義、哲学的保守主義などである。最後の哲学的保守主義は「環境的リスクが高まるなか、近代化は単線的ではありえないし、単なる経済成長と同義でもない」という立場である。さらに国家と市民社会との関係についても市民社会の活性化とともに「包摂としての平等」という概念を紹介している。

❸開発社会学的な意味

　本書の考察の主たる舞台は英国であり、その意味で英国の政治社会状況を概観する書に過ぎない。ではなぜ、この本が開発社会学的に有用なのだろうか。1つは、英国の政治は国内政治と国際政治が連動しており、国際開発の思想潮流を作り上げている拠点の1つがロンドンだからである。1997年に労働党政権になって、英国の国際開発はドラマチックに転換した。国際開発庁（DFID）が独立した省レベルに格上げされ、英国の対外援助はすべからく「貧困削減」のために用いられると宣言されたのがこの年であり、英国のこの姿勢が2000年の国連ミレニアム開発目標で「貧困削減」が中心課題になる伏線を敷いた。

　2つには、ギデンズは徹底して「近代性」（modernity）を問いかけており、その思索の結果として「コスモポリタニズム」に到達しているが、これは国際援助機関のロジックときわめて親和性が高く、影響力のある言説である。1990年代になって途上国の開発に関与する開発援助機関・国連機関や国際的NGOのあいだでは「弱者配慮」「成長よりも分配を」という「社会開発」の論陣が強くなったが、これは「社会民主主義的」な政策との親和性が高い。このことは東西冷戦の終結によって、国家単位での「資本主義」対「社会主義」の競争には勝負がついたとしても、国際社会（とりわけ理想的な言説が通用しやすい国連機関）においては社会民主主義的な言説がその有効性を失っていないということを示している。自由主義経済の旗手として振る舞う世界銀行ですらも、貧困削

減に言及するほどに「社会民主主義」的な思想潮流は国際社会に対する影響力が強い。

それゆえ、国際開発の今後を展望するのであれば、一国単位の社会民主主義にどのような「第三の道」があるのかという問いは、地球規模の国際開発においても同様に問われなくてはならない。社会民主主義的な原則論（弱者の包摂）と自由市場を基盤とする経済的グローバリゼーションの進展（格差の発生）という現実のはざまで、国際社会がどのような「第三の道」を選べるのかは開発社会学の大きな課題である。

❹議論の広がりと関連文献

もう少しギデンズを勉強しようと思うなら、ギデンズ『社会学』（英語は第7版＝2013が最新だが、翻訳は第5版＝2009而立書房、松尾精文ら訳）の第4部「現代世界の社会変動」を読んでみよう。途上国開発に直接関連するテーマは少ないが、開発問題に関連する多くの問題（都市化、人口、保健、革命など）についての整理や社会変動（これには意図的社会変動としての開発も含まれる）について論究があり、様々なヒントが得られるだろう。また本書と同じく一般向けの『暴走する世界——グローバリゼーションは何をどう変えるのか』（1999=2001ダイヤモンド社、佐和隆光訳）は、グローバリゼーションの今後について見通しを述べている。

（佐藤寛）

【コラム１】
都市の明るい灯——流行歌『木綿のハンカチーフ』

途上国が近代化するとき、その先端を走るのは都市である。そして、都市に様々な情報、新たな技術を体現したインフラ（舗装道路・地下鉄・高層ビル）や機器（自転車・自動車・電話機・家電製品）、そしてアメニティ（映画館・遊園地・ショッピングセンター）が増えていくと、外にいる人々にとって都市は「明るく、光り輝く」近代のイコンとなる。日本では江戸時代から江戸や大坂は「情報の中心地」「流行の発信地」であり、明治維新によって西洋近代の発明物（ガス灯・馬車・鉄道・鹿鳴館）が流入すると、とりわけ東京でこの傾向は加速した。そして1960年代の高度成長期には、この「都市の光」にひかれて都市への人口移動に拍車がかかった。ここに、今日の途上国で発生している事態の原型がみられる。

都市への移動は、１人１人の人生にとって重大なイベントであるばかりでなく、それが大規模に起これば社会全体に大きな動揺を引き起こす。こうした社会変化とその動揺を記録する社会的なテキストが「歌謡曲」である。

日本では、今日の途上国と異なり、高度経済成長初期の農村部から都市部への人口流入は「集団就職」という形でコントロールされており、スラムの無軌道な拡大という事態には至らなかった。その後、高度成長が一段落すると集団就職から個別の就職活動へ、あるいは都会の大学へ進学しそのまま就職するというパターンに移行していく。

1975年に太田裕美が歌った『木綿のハンカチーフ』（作詞：松本隆、作曲：筒美京平）は、都会に出て行く男性と、故郷に残る女性の恋人同士の相聞歌である。意気揚々と都会に向かう若者を、恋人は「都会の絵の具に染まらないで帰って」と願って待つ。しかし半年後、若者は「スーツ着た僕の写真」と「都会ではやりの指輪」を贈るとともに、「僕は帰れない」と伝える。これに対して、恋人は指輪なんていらないから「涙拭く木綿のハンカチーフください」と応えるのである。

注意してほしいのはこのやり取りはEメイルではなく、葉書や封書でおこなわれていたことである。それゆえ、返事を待つ時間のもどかしさを読み取ると、さらに切なさが感じられるだろう。また「木綿」には、都市のきらびやかな「化学繊維」や高級品としての「絹」ではない、農村部の純粋さ（あるいは抗議の気持ち）が表象されていると、この歌の聞き手は想像したに違いない。

さらに、日本の農村部で現在みられ

る「嫁不足」問題を考えるならば、この歌のように女性が農村部に残るというジェンダー規範が、どこで変化したのかを考えることも必要であろう。今日の途上国では、都市や外国に出稼ぎに行くのはまだ多くの場合、男性が主体だからである。「木綿のハンカチーフ」の背景には戦前からあった「農家の次三男の人減らし」の名残としての男性移出があるが、1970年代頃から「高学歴化」志向による「長男、女性の流出」が顕在化する。そしてこの若者の「僕は（私は）帰れない」の半世紀後の帰結が、「限界集落」の増加なのである。

なお「女性が出稼ぎに出ない」は、決して一貫した社会規範ではない。江戸時代にもすでに都市の周辺農村部から江戸や大坂への「女中奉公」は嫁入り修行として一般的だったし、文明開化期の「富岡製糸場」をはじめとする紡績工場の労働には、当初は比較的社会の上層部（旧武家階級）の娘たちが従事したことはよく知られている。ただし、その後の紡績産業発展期にリクルートの範囲は拡大し貧農の子女が寄宿舎生活をするようになる。こうして明治末期〜大正期には細井和喜蔵『女工哀史』（1925 改造社/1980 改訂版 岩波書店）が描く過酷な労働条件となり、多くの農村子女が「肺病やみ」となって帰郷する例が頻発したことで、農村では「娘を都会にやらせるな」とい

太田裕美『木綿のハンカチーフ』発売元：CBS・ソニー、1975年

う新たな規範が生まれた事実も忘れてはならない。

また、とりわけ東京オリンピック（1964）以前の建設ブーム期には、東北地方農村の農閑期には土木・建築工事現場への出稼ぎが一般化し、集団就職を経験する以前の世代にも「都市の明るい灯」を経験する機会が存在していた。ただし、これは男性に限られており、なかには「農繁期」になっても帰郷しない人も出てきて「じいちゃん、ばあちゃん、かあちゃん」の「三ちゃん農業」が1960〜1970年代には社会問題化したが、これは「農業機械化」によって解決が図られ、「兼業化」が進むことになる。

自民党政治の農村票確保対策として農村部のインフラ整備が進み、公共施設、舗装道路、生活インフラは都市と遜色ないものとなったが、人口減少には歯止めがかかっていない。この経験を日本は途上国にどのように伝えていくべきだろうか。

（佐藤寛）

【コラム2】
中国における「発展社会学」と「転型社会学」

中国では「開発社会学」という名称の学問領域は存在しないが、「発展社会学」および「転型社会学」と呼ばれる領域があり、主に2000年代以降に議論が増えてきた。

「発展社会学」とは、途上国の発展問題を研究対象に、近代化理論や従属理論などの発展理論、グローバリゼーション論などを理論的背景としている。途上国としての中国にとって、発展問題は文化大革命以来40年間にわたる重要課題であり、国内社会を分析するために必要とされたのが「発展社会学」の視点である。

とりわけ中国の発展問題で特徴的なのは、計画経済から市場経済への「転型」(transformation)が決定打となっている点である。よって、市場化にともなう社会変容や市場社会のあり方自体を問う領域として「転型社会学」が登場したが、中国において発展問題と転型問題は表裏一体の関係であり、「発展社会学」と「転型社会学」を結びつけて検討する研究も多数ある。また、欧米に起源をもつ社会学を、中国に適用する「本土化」が求められてきたように、諸理論を中国の社会転型にあてはめる事例分析も進んでいる。

李培林（中国社会科学院副院長）は、早くから「発展社会学」を論じた研究者である。2005年の中国社会学会大会で初めて「東方の近代化」という概念を提出し、さらに応用研究では、中国社会構造の変遷、国有企業の体制改革などを研究対象としている。孫立平（清華大学）は「社会転型：発展社会学の新議題」(『開放時代』2008-2)と題する論文で、「発展社会学」を中国や旧ソ連、東欧の「社会転型」に応用する必要性を訴え、中国の「社会転型」を「転型罠」というキーワードで解釈して注目を集めた。また、『市場・階級と社会：転型社会学の重要論題』(2007)を著した沈原（清華大学）は、社会転型の事例研究としてさらに労働問題を分析している。

ほかに、中国の社会発展、社会転型に焦点をあてる研究者として、階層研究で著名な李強（清華大学）や李路路（中国人民大学）、社会抗争研究で知られる于建嶸（中国社会科学院）、郭継光（同上）、農村社会と農民問題を研究対象とする応星（中国政法大学）、中国農村の財政、税金制度、貧困問題が専門の北京大学の周飛舟（北京大学）などがいる。（于建明）

第Ⅱ章
途上国の開発と援助論

▶▶ Overview

　産業革命が英国にはじまり西欧・米国に行き渡った結果、欧米中心の世界秩序が基礎づけられた。その過程で資本主義は拡張し、軍事力のある国家は植民地を活用して経済発展の活路を見出す戦略をとった。非西欧国家として最初に近代化過程を開始した日本は、国家主導で計画的な近代化促進のための「文明開化」「富国強兵」「殖産興業」等の開発政策を採用した。

　こうした開発政策は一定の成果を上げ、さらに西欧列強にならってアジア近隣地域の植民地化に着手した。植民地主義者は、「未開地域の教導・開化」（＝開発）によって、原住民の意向を無視した植民地行政を正当化する。日本は東亜新秩序形成を大義に掲げ、日本を中心としてあたかも一家のごとく統治する「八紘一宇」を指導原理として唱道した。これは西洋のキリスト教の普及・啓蒙に対置される原理であった。すなわち、「遅れた国」は開発されなければならないのであり、経済的、政治的開発は、宗主国の道義的義務となる。

　第２次世界大戦後に「国際開発」の時代が幕を開けるが、これはトルーマン米大統領が1949年に一般教書で述べた「ポイント・フォア」計画に端を発している。同計画では「先進国」からの開発援助は、（旧）植民地に対する家父長的支援から低開発地域救済のための国際的事業として再定義されるとともに、「南北問題」の構図が設定されたのである。1960年代にはケネディ米大統領によって「国連開発の10年」が宣言されたことで、国際開発のための政府機関、国連機関の役割が整備されていく。

　敗戦国の日本は、当初は国際的な支援の対象であったが、1954年にはほかのアジア途上国（戦後賠償の対象でもあった）に対する支援を開始し、高度経済成長期を経て「先進国」の地位を回復、「北側」としての振る舞いを身につけていった。他方、戦争で荒廃した日本よりも1940～1950年代にはGNP等で「進んでいた」東南アジアや南米の国々は、日本の高度成長を横目でみながら「南北問題」の構図のなかでは「南側」にとどまっていた。南米では、この停滞を米国の資本主義的戦略による構造的なものと捉える「従属論」が誕生する。他方、日本は急速な工業化に成功したものの、深刻な「公害」を引き起こした。こうして、19世紀以来疑われることのなかった「進化」「近代化」に負の側面があることが明確に認識されるようになり、1972年にローマクラブから「成長の

限界」が公表されると、それまで常に肯定的に語られてきた「開発」という営為それ自体にも疑問が投げかけられるようになる。

　前置きが長くなったが、本章では、途上国における近代化を目指した「開発の時代」の幕開けからそれに対する批判、戦後開発の評価、そして開発事象の社会学的な理解を目指す文献をレビューする。

　「先進国－後進国」を「中心－周辺」に配置し、中心－周辺関係にある限り途上国は先進国に従属する結果となる、という従属論を主張したフランク『従属的蓄積と低開発』(1977=1980)は、基本的に南北アメリカの現状観察からこの立場を導き出している。従属論と同様、マルクス主義的な世界観をベースに南北問題を「世界システム論」の見取り図のなかに取り込んだのがウォーラーステイン『史的システムとしての資本主義』(1983=1997)である。同様に南米の現実観察から、自給経済から市場経済に移行することで失われるものに対する警告を発しているのがイリイチ『シャドウ・ワーク』(1981=2006)であった。彼らの論考は以後、「反開発」の立場をとる人々の基礎的理論となっていく。

　これに対して東西対立を背景とした「開発援助合戦」が進むなかで、イデオロギーから離れてアフリカにおける開発の具体的事象を取り上げたのが小倉充夫『開発と発展の社会学』(1982)であり、同様にソロモンにおける民族誌的な研究のなかで開発を位置づけているのが宮内泰介『開発と生活戦略の民族誌』(2011)である。さらに、多くの開発援助の現場を「フィールド」として、その観察から「援助現象」を社会学的に解明しようとしたのが佐藤寛『開発援助の社会学』(2005)の試みである。これは、技術論的・経済学的な枠組みでのみ語られる傾向があった開発プロジェクトに社会学的分析のメスを入れようとしたチェルネア『開発は誰のために』(1985=1998)の試みと軌を一にする。

　「開発社会学」の教科書は海外でもまだそれほど多くないが、ピーテルス『開発理論』(2010＝邦訳なし)は途上国の視点から開発論を再構築しようとしている。またロング『開発社会学』(2001＝邦訳なし)は、アクター論を援用して正面から開発社会学という概念の構築に挑戦している。

(佐藤寛)

Contents

- 8　アンドレ・グンダー・フランク『従属的蓄積と低開発』(1977=1980) …… 45
- 9　イマニュエル・ウォーラーステイン『史的システムとしての資本主義』(1983=1997)… 48
- 10　イヴァン・イリイチ『シャドウ・ワーク』(1981=2006) ……………… 51
- 11　小倉充夫『開発と発展の社会学』(1982) …………………………………… 54
- 12　宮内泰介『開発と生活戦略の民族誌』(2011) ……………………………… 57
- 13　佐藤寛『開発援助の社会学』(2005) ………………………………………… 60
- 14　マイケル・チェルネア編『開発は誰のために』(1985=1998) ………… 63
- 15　ヤン・ネーデルフェーン・ピーテルス『開発理論（第2版）』(2010) … 66
- 16　ノーマン・ロング『開発社会学』(2001) …………………………………… 69

〈コラム3〉ケアギバー──ネパールでブームの家事育児支援　72

8

アンドレ・グンダー・フランク
『従属的蓄積と低開発』

(1977=1980 岩波書店、吾郷健二訳)

❶著者の略歴と本書の位置

旧西ドイツ出身のフランク (Andre Gunter Frank, 1929-2005) は、シカゴ大学で経済学博士号を取得後に欧米やラテンアメリカの諸大学で教鞭をとった経済史学者・社会学者である。フランクは 1973 年に軍部クーデターによりチリを追われるまでの数年間、途上国の社会経済分析における「従属学派」の拠点となっていたチリ大学で研究に従事した。その後、彼はドイツのマックス・プランク研究所を経て、開発研究で著名な英国のイースト・アングリア大学開発学部、アムステルダム大学の教授を歴任している。フランクは 1980 年代以降には世界経済の危機と新自由主義の台頭に関する研究に従事するが、本書は彼がキャリア初期に手がけた従属理論に関する研究の集大成である。

❷本書全体の構成と意義

一部の諸国・地域を除き、なぜ今日にいたるまで南北問題が存続し、発展途上国の多くの民衆が貧困にあえいでいるのか。本書 (*Dependent Accumulation and Underdevelopment.* Monthly Review Press, 1977) は、近代化理論への批判と反省から 1960 年代後半から 1980 年代にかけて開発研究に多大な影響を与えた従属理論を代表する著作である。

本書の射程は途上国の低開発 (underdevelopment) と貧困の性質と原因を「内的」な社会的・文化的・心理的諸特徴に求めるのではなく、「外的」な関係性に求めている。フランクの基本姿勢は、生産様式と資本蓄積が労働者の搾取を要するというカール・マルクスの基本テーゼを、一国単位での分析ではなく、世界大で展開した資本主義をめぐる国家間の不均等な関係性の分析であり、そこでの中心概念は不等価交換である。こうした不平等を規定するのは国際分業にほ

かならず、そこにはおおむね先進国に対応する中枢／中心、そして途上国・地域に対応し、多くが過去において植民地であった衛星／周辺という二項対立関係が分析上の前提となっている。

　フランクはのちの「周辺」部諸国を構成する植民地内部の構造が、世界資本主義の蓄積過程の3つの段階で変化してきたと主張する。その第1段階（1500〜1770年）は新大陸の発見後、植民地が徹底的に資本を収奪され、発展のための構造的能力を剥奪された時期である。この段階はヨーロッパ中枢の商業の発展とそれにともなう重商主義、植民地における輸出用作物の成長によって基礎づけられた。第2段階（1770〜1870年）は、産業革命にともなう技術革命・技術革新の進展、それによる市場の拡大と植民地での生産様式の転形を基礎づけた時期である。とりわけ、中枢経済の独占資本主義・帝国主義的な性向は、不平等な交易条件を植民地に強制し、工業製品の輸入によって伝統的な地場産業が破壊されることで国際貿易上の不等価交換が確立した。第3段階（1870〜1930年）は帝国主義の時代で、中枢の産業ブルジョアジーと植民地エリートとの同盟が確立され、周辺部での階級構造が確立された時期でもある。

　第3段階で決定的になった周辺部のモノカルチャー経済は、プランテーション労働力として農民を商業的生産過程に組み込み、自給自足経済を破壊した。さらに、国際的な生産過程への各社会階級の編入は階級間の矛盾を尖鋭化させた。この過程で、中枢権力の支配的利害に奉仕する旧来の大土地所有層である現地のブルジョアジー、そして商業的生産に編入された多数の低賃金労働力という階級構造が温存された。とりわけ、周辺部は国家の独立後も一次産品の生産と輸出においてフロンティアを開拓し、先住民や都市移住者が生産手段をもたないようにさせ、外国企業が投資しやすい環境を整備することで現地ブルジョアジーを発展させるわけである。こうした不等価交換の過程に対して、フランクは自由主義経済の支柱となる比較優位理論を批判する。つまり、中枢諸国の技術進歩と労働生産性の向上が賃金の上昇を引き起こし、こうした限界生産性が商品価格の上昇を抑制すべく周辺部に技術と生産の移転を促し、発展の均霑(きんてん)効果を生むという同論は、不等価交換が固定化された貿易関係においては妥当性をもたないというのである。

❸開発社会学的な意味

本書が主張する周辺部の従属的発展の理論は、国際分業体制に編入された途上国の低賃金労働力とその労働過程における搾取の構造を理解する上で重要である。しかしながら、当時、「周辺」とされていた東アジア諸国・地域が1970年代後半以降、急速に発展を遂げるようになったことからも、本理論はその輝きを失うことになった。

こうした限界にもかかわらず、本書の分析視角は、先進国によっていまだに牽引され、ときとしては主権国家の権限を凌駕する権力を行使するグローバルな資本主義が南北格差や途上国内部での地域間・階層間格差を尖鋭化させている現在において再評価されるべきである。さらに、依然として知的生産・消費の中心であり続ける欧米先進国ではなく、世界資本主義の周辺とされたラテンアメリカで理論構築と発信がなされた点に本書の意義があることはいうまでもない。

❹議論の広がりと関連文献

従属理論の紹介とその社会学的意義の説明は、駒井洋『国際社会学研究』(1989日本評論社) などでなされている。また、同理論は1980年代のラテンアメリカやフィリピン、韓国における民主化運動や都市貧民運動の理論的支柱となったが、この点は経済史学者の滝澤秀樹『韓国社会の転換──変革期の民衆世界』(1988御茶の水書房)や、社会学者でありイスラーム地域研究者の加納弘勝『第三世界の比較社会論』(1996有信堂高文社) に詳しい。

従属理論が今日的意義をもつ点は、富の形成に参与した貧困層の声が封殺されているという非民主主義的状況を問題視することと、グローバル化時代の資本主義と国家への対抗軸を措定する可能性を切り拓き、そこに社会的分業を担う貧困層が権利主体たる人間として意識を覚醒し、集合的行為を展開することだろう。この点については、社会運動論の第一人者であるアラン・トゥレーヌ(→Ⅳ-27参照) が、ラテンアメリカの労働者階級やスラム住民の社会運動を例に著した著作、『断裂社会──第三世界の新しい民衆運動』(1976=1989新評論、佐藤幸男訳) を参照されたい。

(佐藤裕)

9

イマニュエル・ウォーラーステイン
『史的システムとしての資本主義』

(1983=1997 新版 岩波書店、川北稔訳)

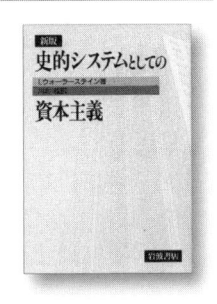

❶著者の略歴と本書の位置

本書（*Historical Capitalism*. Verso, 1983）は世界システム論の世界的権威である米国の歴史社会学者、イマニュエル・ウォーラーステイン（Immanuel Wallerstein, 1930–）による書である。アフリカ研究から研究者人生を出発した彼は、従属理論と同様に、旧植民地の多くが位置する資本主義世界経済の「周辺」の低開発を論じた。しかしながら、彼は中核／中心と辺境／周辺という二項対立的な関係に「半辺境／半周辺」という第三項を加えることで、資本主義世界経済における国際関係をより動態的に描いた。

❷本書全体の構成と意義

本書でいう「史的システム」としての資本主義は、「中心」での資本蓄積に向けた生産過程と社会分業が地球大に拡張し、〈中心・半周辺・周辺〉からなる格差関係が確立するシステムである。歴史的にはこの関係は流動的であり、帝国として世界経済・政治の中心であったスペインやポルトガルが20世紀に入り「半周辺」の地位に凋落した点や、20世紀後半に周辺から「半周辺」としての地位を確立した韓国や台湾などの例がある。このシステム内では、武力を有する個々の主権国家が不均等な国際分業体制を正当化する。そして、近代国家は完全に自立した政治体ではなく、覇権(ヘゲモニー)——強国のなかの一国が工業生産・商業・金融の面でほかのすべての国に対して優位に立つ状態——による勢力均衡と資本蓄積のゲームが展開する。

本書の真骨頂は、資本主義世界システムがジェンダーや人種関係を制度化したことを指摘した点にある。まず、ジェンダーについては世帯を軸に進む女性労働の周縁化を論じている。世帯とは収入を共有する人々の集団であり、その

構成員は親族とは限らない。資本主義以前には自給的な経済活動を通じて生存維持を図っていた世帯に対して、資本主義の深化は生産的労働と非生産的労働——自給のための労働、家事や育児・介護などの再生産労働——という社会的区別をもたらした。世帯外で遂行される生産労働に対して、世帯内でなされる非生産的労働は女性の仕事となる。それにより性別役割分業が成立する。この分業体制は労働の価値評価と不可分である。資本主義のもとでは賃金を稼ぐ成人男子が「パンの担い手」となり、家事労働にしたがう成人女子は「主婦」とされる。労働力の商品化は資本主義社会の価値観を構成する。ゆえに、性差別の制度化は不可避であった。

次に本書は、資本主義世界システムが人種差別主義を「制度」として確立した過程に着目する。ここでいう差別とは排外主義ではなく、資本主義という経済構造のなかで進む労働者の階層化と、そこでの不公平な分配を正当化するイデオロギー装置を指す。この装置は諸集団を世界経済の序列のなかで社会化する。そして、偏見や差別を通じて作り上げられた態度は、各人種・民族集団の地位に応じた諸個人の行動規範を作り出す。こうした意味で、人種差別は自己抑圧的イデオロギーでもある。さらに、肌の色による恣意的な人種区分によって諸集団を上・中・下位に分類し、中位に分類される「非白人」が下位に分類される集団を抑圧する政治機構を築いていった。それにより、人種差別の犠牲者どうしが反目する構造を制度化させ、白人による支配に対抗する運動の芽を摘むことになった。

❸開発社会学的な意味

資本主義を史的システムとして捉え、その過程で性差別と人種差別が制度化されたことを指摘した本書の開発社会学的な意義はきわめて大きい。著者の巨視的なアプローチは、移民研究や開発研究などで以下のように応用されてきた。たとえば、植民地支配にともなうインフラ建設、都市化、鉱山開発は周辺部内部における男性の還流型の労働移動を定着させ、農村での再生産ならびに半自給自足労働に従事する女性の役割を固定化させた。また1980〜1990年代にアフリカやラテンアメリカ諸国で相次いだ債務危機と、それに連動した世界銀行や国際通貨基金（IMF）による構造調整政策は、都市部のインフォーマル部門に従事する労働力に多大な影響を与えた。それは、単身で都市に移動した男

性労働者のあいだで失業が広くみられただけにとどまらない。生業に必要な原材料の価格高騰などにより打撃を受けたのは、零細起業家をはじめとした女性労働者たちである。

　人種差別主義の定着と開発の歴史との関連も無視できない。たとえば、資本主義が世界大で展開する過程では奴隷貿易がおこなわれ、その後はプランテーションの開拓に必要な苦力（クーリー）の徴用がなされた。そのため、世界システムの「周辺」部における人種関係が決定づけられた。こうしたエスニック集団や人種による階層化は、皮肉にも途上国の独立後の開発計画のなかで尖鋭化された。戦後の国際開発は文化的に「遅れた」諸国に進歩を促進する教育や、諸個人の選択と個人主義を伝播する啓蒙思想に影響を受けた。この啓蒙思想に内在する〈先進－後進〉の関係構築に際しても、植民地支配は大きな役割を果たしたといえる。

❹議論の広がりと関連文献

　本書はジェンダーと開発論に大きく貢献した。同論の先駆的著作であるエスター・ボゾラップらの著作（*Woman's Role in Economic Development*. Earthscan, 1970）は、技術移転による農業の近代化政策とそれに付随する省力化（資本主義に内在する合理化傾向）が女性労働の再生産役割を進めたことを指摘する。同書では技術移転を「熟練した」男性の生産役割を強化し、省力化は女性労働の二次的役割を進めるものとして位置づけている。この原理は、途上国の輸出加工区でみられる低賃金女性労働力にもあてはまるものである。ミースら『世界システムと女性』（→Ⅵ-41参照）は主婦化、つまり女性を主婦とみなすことで彼女らの労働の価値を引き下げ、社会的地位を従属的なものに転落させる資本主義のイデオロギー的側面を論じ、それが作用する途上国農村の現実を描いた。

（佐藤裕）

10

イヴァン・イリイチ
『シャドウ・ワーク
――生活のあり方を問う』
(1981=2006 岩波書店、玉野井芳郎・栗原彬訳)

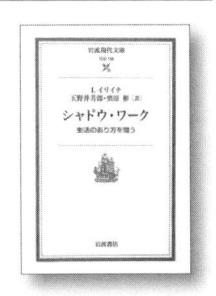

❶著者の略歴と本書の位置

　イヴァン・イリイチ (Ivan Illich, 1926–2002) は、ウィーン生まれの歴史学者であり、社会哲学者、経済学者でもある。1930年代にイタリアに移り、フローレンス大学で自然科学を学び、ローマのグレゴリアン大学で神学と哲学の修士、ザルツブルグ大学で歴史の学位を得た。哲学と語学 (10数ヵ国語が可能) の才能を認められてヴァチカンの渉外部に入るが、それを辞してニューヨークのアイルランド系移民の小教区の助任司祭となる。1956年にはプエルトリコのカトリック大学の副学長となるが、深刻な教育問題にぶつかり辞職し、一時ニューヨークに戻る。その後はメキシコのクエルナバカに移住し、1961年に「国際文化形成センター」を創設するが (1967年に「国際文化資料センター」に改組、1976年に閉鎖)、米国を盟主とする「進歩のための同盟」がおこなったラテンアメリカ援助計画を批判し、ローマ・カトリックを「文化帝国主義」であるとしたため、1968年にヴァチカンによって宗教裁判に近い拷問を受け、僧職から離れる。脱学校論を提唱したのはこの頃からであり、近代文明の根源的な問題を提起し続けた。

❷本書全体の構成と意義

　イリイチは、経済人類学者のカール・ポランニーから、近代史は市場経済の「埋め込まれた状態からの離脱」として理解できるという考え方を学びとり、本書 (*Shadow Work.* Marion Boyars, 1981) では、正規の経済学や人類学の諸概念からもすり抜けてしまう経済の影の特徴に着目した。貨幣の進展とともに貨幣化されないもう1つの領域が発生しているからである。つまり、影の経済が起こるとともに「貨幣化されにくい領域」が生まれる。これに対して「貨

幣化される社会活動」が存在し、前者は後者を補完する関係となり、双方が「人間生活の自立と自存(サブシステンス)」の基盤を破壊すると指摘するのである。前者の最もよい例は、「支払われない労働」である。すなわち、産業社会が財とサービスの生産を必然的に補足するものとして要求する労働である。賃労働とともに「人間生活の自立と自存(サブシステンス)」を奪い取るものであり、この労働をイリイチは「シャドウ・ワーク」と呼んだ。これには、女性がおこなう大部分の家事、買い物に関係する諸活動、学生たちがやたらにつめこむ試験勉強、通勤に費やされる骨折り、押しつけられた消費のストレス、強制される仕事への準備、官僚への盲従などが含まれる。

本書には、「3つの公的選択」「ヴァナキュラーな価値」「ピープルによる科学」「シャドウ・ワーク」のそれぞれの論稿が収められており、イリイチ的な用語が登場してくる。イリイチは産業世界の対抗概念として、人間生活の自立と自存(サブシステンス)を志向する民衆の文化に典型的にみられるヴァナキュラーな価値をあてている。イリイチのいうヴァナキュラーとは、その地の暮らしに根ざした固有のものであり、商品とそのシャドウの両者に対立するものとして位置づけられている。こうしたヴァナキュラーな価値を人々の手に取り戻すために産業世界を批判し、シャドウ・ワークを解放する必要があるとするのである。ただし、一方的に批判するのではなく、「ヴァナキュラーなもの」を破壊せずに「産業的なもの」を上手に「使用する」ことによって、生き生きとした共生が可能なコンヴィヴィアルな社会(自律共働社会)を成立させなければならないと主張する。

❸開発社会学的な意味

イリイチによれば、「開発」という言葉の現代的意味が登場したのは、1949年1月10日にトルーマン大統領が「ポイント・フォア」計画を発表したときであるという。それまで、「開発」といえば、生物の種、不動産、チェスの駒の動き(音楽のテーマ)について述べる際に使われていただけであったが、このときから、国民、国、経済戦略について使われるようになり、「成長」「追いつく」「近代化」「帝国主義」「二重性」「従属性」「基本的ニーズ」「技術移転」「世界システム」「内発的産業化」「一時的な切り離し」など言葉が流布するようになったのである。イリイチは、「開発」という概念によって隠されてしまった公理

を掘り起こすべきである、と主張する。この視点は「開発」の現代的意味に出会ってからの現代的な社会のほうが新奇で異常な事態であると認識する「制度上の位置転換」をおこなう契機をつくってくれる。

❹議論の広がりと関連文献

イリイチが影響を受けた、経済人類学者の祖ともいえるカール・ポランニーの『大転換――市場社会の形成と崩壊』(1957=2009 東洋経済新報社、野口健彦・栖原学訳) を挙げておきたい。

また、イリイチは 1970 年をはさんでパウロ・フレイレと協力し、学校教育、西洋式教育を批判しており、イリイチ『脱学校の社会』(1971=1977 東京創元社、東洋・小澤周三訳)、フレイレ『被抑圧者の教育学』(1970=2011 亜紀書房、三砂ちづる訳) も読んでほしい。

イリイチが 1980 年に来日した時の記録は、イリイチ・フォーラム編『人類の希望 イリイチ日本で語る』(1981 新評論) にまとめてある。この執筆者・協働者のなかには、本書の訳者はもちろんのこと、鶴見和子 (→Ⅰ-4 参照) や宇沢弘文 (→Ⅷ-59 参照) も入っている。

（辰己佳寿子）

11

小倉充夫
『開発と発展の社会学』

(1982 東京大学出版会)

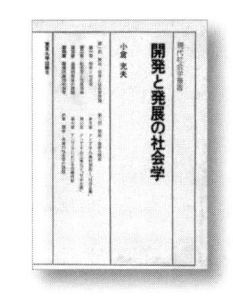

❶著者の略歴と本書の位置

本書は、日本の社会学史上はじめて途上国の開発と発展の問題を体系的に論じた開発社会学の先駆的業績である。著者（1944-）は、津田塾大学（1973-1990、1995-2013）における国際関係学の礎を築いた1人であり、社会学者として国際社会学の地平を切り拓いた第一人者である。1977年から2年間のサセックス大学開発研究所（IDS）での在外研究、1982年から2年間の在ザンビア日本大使館専門調査員を経て、社会学にとどまらず、国際関係論、歴史学、地域研究などの多様なアプローチを援用し、社会を国際的関係性とその歴史的展開に即して捉える国際社会学の原点を打ち出した。1990年代以降は、ザンビアの政治経済社会研究を次々に発表するが、本書はそれ以前、著者のキャリア初期における集大成と呼べる作品である。

❷文献全体の意義と概要

異なる国や地域を訪れて、「かつての日本のようだ」とか「近い将来、バンコクのようになるだろう」といった感想をもったことはないだろうか。あるいは、そのような表現に触れたことはないだろうか。私たちは「途上国」という言葉をさほど意識せずに用いるが、この言葉に対比されるのは「先進国」であり、そこには多少の多様性を認めるにせよ、単系的な発展段階を前提とする思考様式が認められる。

著者は、タンザニアにおける実証研究を通して、これに疑義を呈する。その立場は、「後発的発展であることによって生ずる固有の特徴と問題に着目することが重要」であり、ゆえに「従来の開発理論の前提はもちろんのこと、多くの発展段階論や社会変動論は再検討されねばならない」という主張である。

したがって、本書の構成も、理論研究と実証研究の２部から成る。第Ⅰ部「開発・発展と社会学理論」では、近代化論や従属理論など、従来の社会学が途上国における開発や発展の問題をどのように扱ってきたのかが批判的に検討され、後発的発展論の特徴と問題点が指摘される。第Ⅱ部「開発・発展の現実」では、社会主義政権下のタンザニアを事例として、後発的発展であるがゆえに生ずる固有の特徴と問題が浮き彫りにされる。すなわち、後発性ゆえの圧縮的発展、それによる諸問題の同時発生性とそれへの対応の必要性、部門間の変化の不均等性、技術・制度の移転による外発性など、後発的発展には先進産業社会における開発とは本質的といえるほどの相違があり、先進産業社会での経験がモデルとなりえないことが明示される。その上で、「もはや単線的発展を前提とする近代化論に依拠して先進産業社会をモデルとした開発戦略を適用することは、低開発社会にとって有効たりえないばかりか有害である」と著者は断じる。
　このように、著者が「後発的発展論」に着目する理由は明確だが、もう１つ重視するのがその理論的意義である。著者は、後発的発展論を、グランド・セオリーをめざす近代化論でも包括的な歴史分析を試みる従属理論でもなく、実証的な事例研究を積み重ねることによって発展・社会変動論の見直しをはかるものと位置づけ、「きわめてささやかな中範囲理論の形成をめざすものにすぎない」とする。また、後発性によるさまざまな困難の増大と開発過程の複雑化に着目することにより、たとえば先進産業社会の制度や技術の適正な移転と変革は何かということの理論的基礎を提供することが可能となる、と述べている。その際、「後発的であればあるほどますます」という形の変化ばかりでなく、それぞれの社会に固有の文化的要因や多様性を考慮することも重要であり、そうすることによって、後発的発展論は現実的意義・実用的効用も併せもつ、という指摘は重要だろう。

❸開発社会学的な意味
　小倉は、新しい概念や用語、縦軸・横軸式の図式、社会現象における収斂・類型化などにきわめて禁欲的な社会学者である。また、近年の論考（「開発社会学の軌跡と地平」『国際開発研究』Vol. 21, No. 1/2, 2012）にも示されているように、一貫して社会変動論や歴史社会学の側面を重視してきた。したがって、開発援助を中心に展開されがちな現在の日本の開発社会学に対しても、「国際的関

係性とその歴史的展開を無視し、今そこにある途上国の状況が切り取られ、一国的に開発を捉える傾向」が認められる、と懸念を表明する。こうした主張は、すでに本書でも十分に読み取れる。構造、歴史、比較、それらを意識しつつ、途上国の開発と発展を経験的な「中範囲」の理論としての「後発的発展論」という枠組みで捉えようとした本書は、開発社会学を志す者にとって必読の書といえるだろう。

❹議論の広がりと関連文献

小倉は本書刊行後、国際社会学およびアフリカ研究といった場を軸に学術活動を展開した。『労働移動と社会変動――ザンビアの人々の営みから』(1995 有信堂高文社) や『南部アフリカ社会の百年――植民地支配・冷戦・市場経済』(2009 東京大学出版会) を通して、国際社会学の実践例を提示している。いずれも、村というミクロの世界を定点観測しながら、国家的枠組み、南部アフリカという地域的枠組み、国際関係の枠組みのなかに位置づけ、関連させながら、その変容を論じている。

ところで、地域研究と歴史研究および関係性の分析が求められる研究分野は、社会学に限定されるわけではない。小倉は、『現代アフリカ社会と国際関係――国際社会学の地平』(2012 有信堂高文社) において、外部からの影響を受ける客体として捉えられてきたアフリカが、国際社会に影響を及ぼす主体として登場してきたと主張している。この点は、小倉が評価する松田素二の『都市を飼い慣らす――アフリカの都市人類学』(1996 河出書房新社) が「植民地支配や上からの近代化という外部の巨大な力」に対して「それを呼び込み飼い慣らしていくアフリカ人の主体的な対応」を鮮明に描いている点と通底している。発展途上社会に軸を置きながら、国際関係性と歴史的展開に即して分析をおこなう人類学研究は、日本の社会学にとっても重要だろう。　　　　　(兼川千春)

12

宮内泰介
『開発と生活戦略の民族誌
―― ソロモン諸島アノケロ村の自然・移住・紛争』

(2011 新曜社)

❶著者の略歴と本書の位置

　宮内泰介（1961-）は鶴見良行に師事し、村井吉敬らとともに、日本で消費されるエビやかつお節などが、いかに途上国世界と関係しているのかを明らかにしてきた環境社会学者である。環境社会学会の会長（2011-2013）も務めた。コモンズをめぐる社会関係についての業績も多い。本書は、当時 30 歳だった宮内がはじめてソロモン諸島に足を踏み入れた 1992 年から 2008 年までの 16 年間におよぶ現地調査の集大成である。

❷本書全体の構成と意義

　本書は、書名にある通り、ソロモン諸島マライタ島アノケロ村を対象とする民族誌（エスノグラフィー）である。ソロモン諸島の社会を捉えようとする本書を貫いているのは、歴史的文脈のなかで捉え、地域社会をグローバルな関係性とのなかで位置づけようとする視点である。そして、現在のアノケロ村を把握するために宮内が特に重視するのが、自然環境とのかかわりと移住経験である。
　宮内は、指摘する。マライタ島民の自然との関係は、栽培か野生かという二分法ではきれいに収まらない。栽培と野生とのあいだの中間形態、すなわち「半栽培」の形態がグラデーション状に存在していることこそが重要である、と。この点に着目した宮内は、そうした「半栽培」を成り立たせている社会的な仕組み、特に土地所有のあり方を掘り下げていく。そして、森での採集や川・海での漁撈などのサブシステンス（非貨幣経済）部門を維持しながら、ココヤシ、カカオ、ビンロウジュの栽培やパン焼き、賃労働などの貨幣経済部門ともつきあう「生活の二重戦略」を読み取っているのである。
　また、1999 年にはじまった民族紛争は、多くの避難民を生み出した。住民

への聞き取り調査から避難の諸類型を示しながら、宮内は、そのパターンは決して「民族紛争下の避難」という特徴をもっているのではなく、交通、教育などの利便性、資源・資産へのアクセスなどを考慮しながら避難先を決定しており、その点において従来からの経済的な移住の延長線上にあると結論づけている。そして、住民たちが生活戦略のなかで温存していたいくつかの選択肢が、紛争による避難時にもリスク回避をもたらしたことを説明している。

　本書はほかにも魅力的な点がいくつもある。冒頭ではフィールドワーク論も展開されており、「辺境から世界がみたい」という筆者と同じ志をもつ若い世代の研究者にとっても本書は有益である。また、挿入写真が多いのも特徴である。

❸開発社会学的な意味

　本書は、2009年に東京大学に提出された博士論文『自然・移住・紛争の開発社会学——ソロモン諸島マライタ島民たちに見る生活の組み立て方』がもとになっている。出版の際にはタイトルから「開発社会学」が外され、「民族誌」が選ばれたが、「いつか民族誌を書きたいと思っていた」という筆者にとっては当然の選択だったかもしれない。

　しかし、「発展途上国の人びとの生活の次元から、さまざまな"社会的なもの"を浮かび上がらせ、そこから人びとの開発／発展を論じる研究のあり方をめざすこと」、「社会学がつちかってきた、さまざまなレベルの"社会"への複合的な視線を十分に生かしながら、開発／発展の議論へ貢献すること」を狙いとした本書は、すぐれた民族誌であると同時に、まぎれもなく開発社会学の重要業績といってよい。たとえばかつて内陸部から海岸部へ移住した住民が、民族紛争を機に「自分たちの土地へ戻る」という逆方向の移住現象がみられたが、その背景には「デベロプメントが来る前」と「デベロプメントが来たあと」で土地利用の形態が変化し、そのために民族紛争が生じるようになったことを見抜いている。本書は、ソロモン諸島、マライタ島社会の歴史と変遷、そして現在を単に記述していっているだけではなく、日本の先行研究と海外事例を対比しながら論じており、読者を飽きさせない。

　以上の記述を経て、宮内はさらに、開発のあり方について重要な示唆をもたらしている。すなわち、開発協力が第一に考えるべきことは、「幸福な生活の組み立て方（少なくとも不幸ではない組み立て方）ができる条件を整備すること」

であり、「選択肢、主体性（主権）、親密圏、尊厳、そうしたものを確保できる社会をめざすことが、発展／開発の中心におかれなければならない」という主張である。このこと自体は、参加型開発の諸議論に触れたことのある読者には目新しいものではないかもしれないが、本書で示されているソロモン諸島社会の現実とともに考えれば、この指摘はいっそう説得力をもっている。

　途上国社会を丹念に記述していくこと自体、決して容易なことではない。本書はその記述が単なる記述にとどまらず分析的でもあり、こうした研究を志す読者にとって、同書はぜひお手本にしたい開発社会学の研究書である。

❹ 議論の広がりと関連文献

　宮内には、ほかにも多くの業績がある。井上真・宮内泰介編『コモンズの社会学——森・川・海の資源共同管理を考える』（2001 新曜社）、宮内泰介編『コモンズをささえるしくみ——レジティマシーの環境社会学』（2006 新曜社）、宮内泰介編『半栽培の環境社会学——これからの人と自然』（2009 昭和堂）などを読めば、本書第3章、第4章の内容をさらに深めて検討することができる。

（浜本篤史）

13

佐藤　寛
『開発援助の社会学』

(2005 世界思想社)

❶著者の略歴と本書の位置

本書は、イエメン研究の第一人者であり、開発援助における社会学研究のパイオニア的存在である佐藤寛（1957-）による初の単著である。佐藤は1981年のアジア経済研究所（現・日本貿易振興機構アジア経済研究所）入所以来、イエメン研究に従事していたが、1990年代より援助の社会学研究に本格着手した。それ以後、開発援助の社会的側面を扱った編著書を次々に発表しており、それらのエッセンスをまとめたのが本書である。

佐藤はこのほかに、戦後日本の開発経験を途上国援助に生かすべく、生活改善運動の事例研究に継続的に取り組んでいるほか、近年ではフェアトレード、BOPビジネス（→V-39参照）といった今日的課題にも切り込んでいる。また、国際開発学会会長も務めた（2012～2014年）。

❷本書全体の構成と意義

第Ⅰ部「開発援助を社会学的に見る」では、近代化、発展、開発といった概念を概説しながら、援助という行為について贈与の観点から説明している。また、開発援助プロジェクトの実施にあたり配慮すべき、援助対象地域や住民の社会や文化についての「固有要因」を整理している。ここで、佐藤が援助現象を扱う際にその前提においているのは、援助行為とは外部者による介入にほかならないという点である。そしてそれゆえにこそ、開発援助において社会的文化的諸問題が重要となり、それらに対処するためにまさに社会学的把握が必要となるのである。

「開発援助の現場から」と題する第Ⅱ部では、母子保健、感染症対策、社会林業、村落開発と住民組織化など、援助現場における文化的・社会的問題について論

じている。これら幅広い領域にわたる具体例は、佐藤自身がJICA（国際協力機構）あるいはJBIC（旧国際協力銀行。2008年に海外経済協力部門がJICAに統合）の短期専門家や評価調査団の一員として活動するなかで得た直接的・間接的経験に基づいており、援助の世界になじみのない読者にもわかりやすく書かれている。

　これらのなかで佐藤は、「住民参加のパラドクス」（9章）として、援助業界で流行している「参加型開発」が必ずしも万能でないことを鋭く指摘している。また「援助はえこひいき」（11章）という経験的事実について、佐藤はきわめて自覚的である。いかに援助が目標を達することができても、援助のターゲットとなっているのはきわめて限定的な対象に過ぎないのであり、援助対象外の人々や地域から「ジェラシー」を呼び起こしうるという佐藤の指摘は重要であろう。

　関連して、佐藤は「よそ者のパワー」がもつ正負の側面にも注意を向ける。佐藤によれば、外部者の関与により、それまで内部者だけでは動かなかったことが一気に展開する「水戸黄門効果」のようなポジティブな側面もあれば、第3章でも書かれているように援助とはそもそも援助側と被援助側とのあいだの非対称な力関係の上に成り立っているので、ときに外部者自身が無自覚のうちに暴力性を帯びることもある。これらの議論はいずれも、「善意は善行を保証しない」という本書の主題そのものであり、援助をめぐる社会関係の本質をついた指摘である。

❸開発社会学的な意味

　あとがきに記されているように、佐藤は東京大学在学中の1980年代初頭、社会学において途上国研究がほとんどなかった時代から「開発社会学」を志しており、本書は筆者が長年温めてきた「開発社会学」構想の第一歩となる業績である。佐藤が用いる類型化や概念は独創的かつ明快であり、開発援助関係者はもちろんのこと、社会学者にとっても興味深い指摘が多い。

❹議論の広がりと関連文献

　佐藤による開発援助研究は『援助の社会的影響』（1994）にはじまり、『援助と社会の固有要因』（1995）、『援助研究入門——援助現象への学際的アプローチ』（1996）、『援助の実施と現地行政』（1997）、『開発援助とバングラデシュ』（1998）

『援助と社会関係資本』(→Ⅷ-58参照)、さらには『参加型開発の再検討』(2003)など、いずれもアジア経済研究所から多くの編著書を刊行している。

　また、佐藤が中心的役割を果たした国際協力機構『社会調査の事業への活用〜使おう！　社会調査〜』(2005)はJICA研究所のウェブサイトからも利用可能である。開発援助における社会調査のあり方について実用的であるだけでなく、社会学における社会調査方法論としても興味深い実践である。（浜本篤史）

14

マイケル・チェルネア編
『開発は誰のために
―― 援助の社会学・人類学』
(1985=1998 日本林業技術協会、"開発援助と人類学"勉強会訳)

❶著者の略歴と本書の位置

ルーマニア出身のマイケル・チェルネア（Michael Cernea, 1931 – ）は、世界銀行にはじめて雇用された職業的社会学者である。市場経済信奉の「新古典派経済学者の牙城」とみなされることもある世界銀行にあって、開発の社会的側面の重要性を唱え続け、世界銀行におけるプロジェクトの事前審査、事後評価などで社会学的な視点の活用に1997年まで取り組み続けた。本書（*Putting People First: Sociological Variables in Rural Development.* Oxford University Press, 1985）のタイトルに込められた「人々こそがすべての開発行為の出発点であり、中心であり、最終目的でなければならない」というメッセージは、大きなインパクトとシンパシーをもって受け止められた。その後1990年代の国際開発では、「社会開発」が脚光を浴びることになり、1995年に「国連社会開発サミット」がコペンハーゲンで開催されるに至った。こうした一連の「社会開発」重視の流れを作った1冊が本書である。

なお、本書は1994年から10年あまり続いた「開発援助と人類学」勉強会の有志メンバーによって翻訳されたが、同勉強会には後に日本の実践的開発人類学の第1世代となる人々が大学院生や青年海外協力隊OB・OGとして数多く参加していたという意味でも、本書は日本の開発人類学・社会学の原点の1つとなった。

❷本書全体の構成と意義

本書は全14章からなり各章はそれぞれのセクターの専門家によって、実際に世銀が実施したプロジェクトの実例に基づいて執筆されている。いずれの章もプロジェクトの計画、実施、評価の段階で人々の視点が重視されなかった場

合のリスクと、参加型開発による利点について実例をもって示す構成となっている。扱われるセクターは、灌漑、水利組織、農民組織、新規入植、畜産、漁業、社会林業、農村道路などで、参加型開発はノーマン・アポフ、社会的情報収集はチェンバース（→Ⅶ-53参照）が執筆している（チェルネアも非自発的移転の問題を扱う第6章、参加型造林の第10章を担当）ことからもわかるように、一線の研究者・実務家による論集であり、1章ごとに中身は濃い。

　チェルネアは本書の総論にあたる第1章「社会科学の知識と開発プロジェクト」で、開発の社会的側面に対する関心が高まっていることを指摘し、しかしながら「社会的側面」を専門にしている社会学（と人類学）は、十分にこうした要請に応えていない、あるいは応えようとしていないのではないか、という問題提起をおこなっている。チェルネアは開発プロジェクトを「経済の成長や社会開発を導いたり、早めたりするための目的を持った介入」と捉え、このような営為には社会学者が幅広く活躍できるはずであると主張する。

　そして、どれほど精緻に計画しても「開発介入は政治的圧力、社会的取引、行政的機能不全、恣意的な歪曲、多くの新しい解釈などの影響を受ける」という現実を踏まえて、こうした影響に対処するために開発社会学的な知見が縦横に活用できるはずであるとする。これは、「開発援助」という社会現象を正面から対象とした「開発社会学宣言」でもあった。

❸ 開発社会学的な意味

　本書の原書初版が発行された1980年代は、「世銀・国際通貨基金による構造調整」の全盛期であった。国内産業の育成が十分に進まず、政治的な基盤も脆弱な多くの途上国（とりわけ、アフリカや中東諸国）では、人心をつなぎ止める政治手法として基礎食料などに補助金を支給し、貧困層の低収入でも最低限の生活を保障する「社会主義的」政策を採用してきたが、自由市場を理想とする「構造調整」政策では財政赤字の削減のための補助金カットが指導された。当時、社会主義陣営のドナーが急速に衰退するなかで、途上国の政策担当者は「援助と引き替えに指導を受ける」以外の選択肢はなかったのである。しかし、補助金カットで最も深刻な打撃を受ける貧困層が抗議デモを起こすなどして、政策基盤がいっそう不安定化する事態や、基礎保健・基礎教育予算が削減されて国民の健康状態や特に女児の就学率低下などの反作用もみられた。このため、ほ

かの国際援助機関からも批判が高まり、ユニセフが世銀に対して「人間の顔を持った構造調整」の必要性を訴えていた。

このような背景を受けて世銀の内部からも「人々を中心に」という声が上がり、これに応えたのがチェルネアだったのである。このため本書では、開発援助の計画、立案、実施、評価のすべての段階で、どのような「社会的要因」が効果を発揮するのかを具体的に示し、そうした社会的要因を正確に把握するためにどのように「社会科学（チェルネアはこの用語を社会学と人類学の双方を指す言葉として使っている）」的視点、情報収集手法、分析手法が役に立つかを繰り返し論じている。

本書では開発社会学が、開発介入の「改善」「成功」のために有用であることを主張しているのだが、同時にチェルネアは、主流派の社会学の学問的な深化のためにも、開発援助プロジェクトというフィールドが多くの洞察と新たな理論を提供する可能性を秘めていることを指摘する。この「開発の現場」と「社会学という学問」を架橋する姿勢を、国際開発機関の中で堅持し、そうしたプロフェッショナルの存在意義を立証したという点で、チェルネアは実践指向の開発社会学者第1世代と呼ぶことができよう。

❹議論の広がりと関連文献

チェルネアがここで論じている「貧困化リスクと生活再建」(Impoverishment Risk and Reconstruction) モデルは、開発事業と立ち退き問題の諸事例で広く適用されている。また本書にも執筆しているチェンバースには、本書の内容をもとに参加型開発の重要性を指摘する『第三世界の農村開発』(→Ⅶ-53参照)、これを進展させた『参加型開発と国際協力――変わるのはわたしたち』(2000 明石書店、野田直人・白鳥清志訳) がある。

（佐藤寛）

15

ヤン・ネーデルフェーン・ピーテルス
『開発理論
――脱構築・再構築（第2版）』
（2010 セージ出版、邦訳なし）

❶著者の略歴と本書の位置

　ヤン・ネーデルフェーン・ピーテルス（Jan Nederveen Pieterse, 1946–）はオランダ出身で2014年現在、カリフォルニア大学サンタクルーズ校の国際社会学の教授である。著者は途上国の視点からエスニシティ研究やグローバリゼーション研究に精力的に取り組む一方で、開発／発展の社会理論の構築を目指してきた。その成果である本書（*Development Theory: Deconstructions/Reconstructions*. Sage Publications, 2001/2010 second edition）は英国に拠点をおき、社会理論の分野で名高い国際誌、*Theory, Culture & Society*（TCS）の母体であるTCSセンターのシリーズ本として刊行されている。

❷本書全体の構成と意義

　開発／発展の知識社会学的な論考である本書は、近代化理論から従属理論、世界システム論、開発と文化、オルターナティブ開発論、反・脱開発論にいたるまでの諸議論について、成長と分配、支配と自由といった切り口で吟味している。一例を挙げれば、人類学を中心に1990年代に展開した脱開発論は、近代化言説、たとえば「先進」と「後進」、「進歩」と「未開」という考え方を〈支配－被支配〉関係の源となるとして批判した。しかしながら、著者はこうした二項対立的な考え方を全面的には批判しない。むしろ、開発／発展の規範がグローバルに越境するなかで、ローカルな文化、権力、自由といった概念や、これらを支える知識が再解釈される過程を強調している。

　著者によれば、開発／発展とはその語を構成する意味をめぐる格闘であり、そこからアクター間の利害衝突が生起する場でもある。一般的に「望ましい」と考えられる開発／発展が政策として実行された場合、それを支える知識に権

力が付随することもある。本書はこうした開発の知識と権力をめぐるパラドクスを紐解いている。

　その一例が開発研究における文化論的転向、なかでも「他者」として西洋に表象・構築されてきたローカルな文化の復権である。人類学者たちが重視するローカルな文化はオルターナティブ開発論の支柱をなす。しかしながら、人類学者たちは国際・国内政治のなかで創りだされる文化的周縁層を一括りにして捉えがちであり、その内部における不平等な文化実践を看過する傾向がある。イスラーム社会に広くみられる女子割礼や女性隔離（パルダー）がこれにあたる。

　一方で、人間開発アプローチで展開した開発と文化的アイデンティティに関する議論では、諸個人の自由が西洋中心的な視点で考察されてきた。その結果、途上国の多くが占める多民族・多言語社会におけるエスニック集団間の不平等が植民地支配の遺産である事実が看過されてきた。また、個人の選択の自由に対して不寛容な慣習が特定の被抑圧集団の間で実践されている場合、当然の帰結として〈個人〉の人権と〈集団〉のアイデンティティの擁護をめぐる拮抗関係が生じてくる。

　また本書では、開発理論やアプローチが政策に取り込まれた場合、援助機関や国家、社会との関係がどう再編されるかを考察している。たとえば、オルターナティブな発展論は、途上国の社会運動に触発されるかたちで「上からの」開発への対抗軸を打ち立て、観察対象を調査過程に組み込む参加型アクションリサーチにも影響を与えた。これは、1980年代以降の開発政策におけるNGOの役割強化にもつながった。しかしながら、NGOの専門職化により同論の革新性が失われ、結果として市民社会の下請け的役割を謳う援助機関に従属するようになったわけである。

　それに対して、人間開発アプローチはジェンダー平等、政治的権利と自由、紛争と人間の安全保障といった議論を深めながら、個々人の人的資本の拡大に焦点をおいてきた。その意味では、不平等を容認する新自由主義的な思想と親和性がないわけではない。とはいえ、同アプローチは国際機関の政策転換を促し、さらに「南」の諸国や大都市が独自の人間開発報告を刊行することにも寄与した。このように、グローバルな社会の変革を担った意義は大きい。

　反・脱開発論はどうか。これらは地域社会の自律性を強調し、グローバル資本主義からの離脱を促す思想でもある。その意味では従属理論と親和性をもち、

また 1990 年代後半以降さかんになった反グローバル運動とも争点を共有する。しかしながら、反開発・反グローバルな運動は国家の政治改革も要求するし、グローバルに連携しながら抵抗もする。地域の自立を摸索し土地の権利を要求する先住民の運動と、その越境する連帯がその好例である。以上から、本書はいかなる開発／発展の過程もグローバル・ナショナルな諸制度や資本主義からは自由ではないことを強調する。その上で、こうした政治経済学的枠組みのなかで諸アクターの行為や文化を分析する必要性を説いている。

❸開発社会学的な意味

本書の意義はまず、人間開発や社会開発という社会学が看過してきたテーマを扱っている点である。その特色は、各アプローチがもつ可能性と限界を開発の担い手をとりまく構造・諸制度・文化に位置づけて論じている点である。

さらに、本書は一見対立するようにみえる開発／発展の諸議論が、ある領域では収斂する点を鋭く指摘する。たとえば、人間開発アプローチにおける草の根開発と新自由主義アプローチによる小さな政府の議論がともに住民参加やNGO 等の役割を強調する点が、それに該当する。こうした文脈から、民主主義や透明性など民衆が国家による抑圧に対して集合的に掲げてきたスローガンが、開発の支配的な言語体系として再編されることを指摘した点こそが、本書がもつ開発の知識社会学的な価値といえよう。

❹議論の広がりと関連文献

本書はピーテルスにとって、『グローバル化か帝国か』(2004=2007 法政大学出版局、原田太津男・尹春志訳) に続く代表作である。また、本書で吟味されている反・脱開発論は、人類学者アルトゥーロ・エスコバールによる著作 (*Encountering Development: The Making and Unmaking of the Third World.* Princeton University Press, 1995) で展開されているので併読するとよいだろう。また、途上国におけるエスニック集団の文化的アイデンティティと諸個人の人権の擁護をめぐる諸問題については、ロドルフォ・スタヴェンハーゲン『エスニック問題と国際社会──紛争・開発・人権』(1990=1995 御茶の水書房、加藤一夫監訳) に詳しい。

（佐藤裕）

16

ノーマン・ロング
『開発社会学——行為者の視点から』

(2001 ラウトリッジ、邦訳なし)

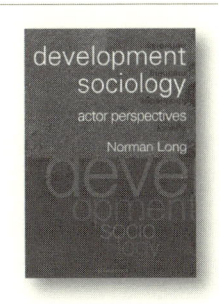

❶著者の略歴と本書の位置

本書（*Development Sociology: Actor Perspectives*. Routledge, 2001）は、英国出身で、オランダのワーゲニンゲン大学名誉教授である社会学者・社会人類学者、ノーマン・ロング（Norman Long, 1936–）による論文集である。本書には著者がペルーやメキシコで実施した現地調査の事例がふんだんに盛り込まれているが、これらを軸に現地住民の視点を重視したミクロ社会学からの理論構築が目指されている。著者は農村開発を軸に、生活改善への文化的・政治経済的障壁を論じた著作（*An Introduction to the Sociology of Rural Development*. Routledge, 1977）や開発援助の場で生起する援助する側とされる側との利害関係の衝突や交渉の過程などを論じた著作（*Battlefields of Knowledge*. Routledge, 1992）などを発表してきた。本書では、彼が長年にわたり提唱してきたアクター・アプローチを、既存の社会学理論をベースに展開している。

❷本書全体の構成と意義

本書は3部構成になっている。第1部では「理論・方法論的な課題」、第2部では「商品化・社会的価値観・小規模企業化」、第3部では「知のインタフェース・権力・グローバリゼーション」がそれぞれ論じられている。第1部では、社会構築主義の視点にもとづく諸議論を背景にアクター・アプローチの概念化を図っている。つづく第2部と第3部では、筆者の現地調査をもとに、アクター・アプローチが方法論としてどのように開発の現場において寄与できるのかを検討している。

ここでは、本書の中軸となる第1部を中心に紹介したい。著者は生活世界、エージェンシー、インタフェースなどの概念を用いながら、支援という介入行

為は断絶された時間および空間において、介入者が当初計画した通りの成果が期待される一過性の行為ではないと唱える。そうではなく、開発は介入する社会の歴史的な経緯や、開発にかかわるさまざまなアクターの経験の蓄積、アクター同士の交渉や対立、葛藤といった相互作用によって生みだされるものとして理解すべきであると主張する。すなわち、介入者が設定する時間や空間を乗り越えたアクター間の相互作用のプロセスに注目する必要があるというのが、本書のおもな論点である。

❸開発社会学的な意味

　本書がもつ意義は以下の２つに集約できる。第一に、開発援助の分析に社会学および人類学の理論と方法を取り入れる必要性を指摘した先駆性である。人類学は開発に対して否定的・消極的な姿勢を長年保ってきた。多くの人類学者が示す応用人類学や開発研究への消極性は、欧米の人類学者がもつ植民地支配への原罪意識、新植民地主義への抵抗、反開発を基調とする文化相対主義的な発想にもとづいている。このような学問的な基調のなかで、ロングの研究は社会学、人類学、開発研究の境界を乗り越え、これらの学問領域の相互関係に着目したという点で評価できる。

　第二に、ロングの研究は、支援におけるアクター間の相互作用と介入が行われる過程に焦点をあてることで、先進国―低開発国、支援者―受益者などといった二項対立的な枠組みの相克に寄与した点で評価できる。第２次世界大戦後、植民地体制から解放された新興独立国をめぐる開発問題の学問上の基盤をなしたのは近代化論であり、この議論の枠組みのなかで支援者対受益者という二者関係が固定化された。このような二者関係は近代化論を批判的に捉えた従属理論においても克服できないままでいた。特に、著者がアクター・アプローチを提唱した1970年代当時は、ラテンアメリカを中心に従属理論が開発研究の中核を担っていた。したがって、アクター間の相互作用と開発の社会過程、「下からの働きかけ」に注目する同アプローチは、支援者対受益者という従来の固定的な関係に警鐘を鳴らすという意味で先駆的であった。本書はこうした視点を社会学、とりわけ社会構築主義（諸個人や集団がみずからの認知する社会的現実の構築にどう関与しているかを明らかにする立場）から、開発援助の現場でのアクターによるせめぎあいに着目した点で独創的である。従来はマクロな社会変動に傾

倒しがちであった開発社会学を、ミクロな実証研究にもとづき理論化した労作といえる。

その一方で、アクター・アプローチにはいくつかの限界が指摘できる。たとえば、本書の支柱となる社会構築主義の諸概念がそもそも変数としての操作化が困難であることから、開発現場の実証に適用されるうえで限界がある点や、資本主義世界システムが各アクターにどのような影響を与えるのかについては明確な答えを出しきれていない点などである。こうした限界を有しながらも、本書は開発援助がもつ社会的な含意を学術的に理解するための必読書であるといえる。

❹議論の広がりと関連文献

本書の応用例としては、人類学者である小國和子の『村落開発支援は誰のためか──インドネシアの参加型開発協力に見る理論と実践』(2003 明石書店) が挙げられる。これは、理論枠組みとしてアクター・アプローチを用い、援助する側とされる側にとっての開発支援に対する意味づけの違いや、利害関係の衝突を描いた主要な著書である。また、本書の理論的背景をより深く理解したい人には、ピーター・バーガー＆トーマス・ルックマン『現実の社会的構成──知識社会学論考』(1966=2003 改訳新版 新曜社、山口節郎訳) が参考になる。

(権慈玉)

【コラム3】
ケアギバー──ネパールでブームの家事育児支援

「お宅でケアギバーのご用命はありませんか。

お父さん、お母さん、子どもさんのお世話にケアギバーが必要であれば、私たちにご用命ください。6ヵ月から26ヵ月の小さなお子様には、ベビーケアギバーをご案内いたします」

これは、ネパールの首都で「ケアギバー」を斡旋する業者の新聞広告である。筆者が留学していた2000年当時は、都市部であっても親はもちろんのこと、それぞれの兄弟家族が同居し大家族で暮らすことは珍しくはなかった。誰かしらが、誰かの面倒をみる。そのような環境があった。しかし、いまやネパールでもお金を払って、老いた親や子どもの世話をしてもらう時代になったようだ。

ネパール政府統計局「生活水準調査2010/11」(2011)によれば、ネパールの平均的な世帯規模は、4.9人に減少した。1995年には10%に満たなかった1～2人世帯が14%に増え、26%だった3～4人の世帯も35%に増加した。他方で、5～6人の世帯は34%から32%に減少し、30%を超えていた7人あるいはそれ以上の世帯は19%に減少した。世帯規模が最も小さいのは首都カトマンズの4.1人である。こうした家族構成の変化に加えて、海外でケアギバーとして経験を積んだ女性が、帰国後会社を設立するということも少なくないようだ。

家族のつながりの欠如を貨幣交換によるサービスが代替する。そのような社会の変容が垣間みられる記事である。

(佐野麻由子)

第Ⅲ章
援助行為の本質の捉え直し

▶▶ Overview

　第Ⅰ章で扱った近代化をめぐる考察は、その成立の経緯から社会学のお家芸であるといえる。そして第Ⅱ章の議論のなかには当然に「近代化」を批判・否定する立場もあり、それは健全な学問の姿である。こうした背景をふまえて「価値中立」であることを尊ぶ社会科学の伝統のなかに身をおくとき、開発社会学はどのような立ち位置が可能だろうか。

　「はじめに」で述べたとおり、「開発」とは明示的であれ無意識的であれ、「近代化を促進する」ことを目的とする社会的行為である。その「開発」に荷担することは、学問的には逸脱とみなされかねない。もちろん実務と研究を分けて考えることは可能だが、研究対象である「開発」が本来的に介入行為である以上、開発社会学における研究と実務の距離はかなり近い。それゆえ反近代化の立場からは、開発社会学に取り組むこと自体が近代化促進に手を貸す「悪事」であると非難される可能性もある。

　もちろん、開発社会学が必ずしも「開発を促進する」実務を支える御用学問である必然性はなく、社会現象としての「開発」や開発援助を研究対象としているに過ぎないという立ち位置も可能である。他者に介入する行為を対象とするという点では、医療や介護を対象とする「医療社会学」「介護社会学」（あるいは福祉社会学）と開発社会学の立ち位置は近い。医療であれば「疾病」、介護であれば「障害」が介入の理由づけである。では、開発介入の理由づけは何だろうか。ミクロな社会現象としては「貧困」「飢餓」などが思い浮かぶし、グローバル社会における「格差」の是正もまた介入の理由づけになろう。実際にこれらは、開発援助の実務に関わる人々の動機づけでもある。

　開発と開発援助はイコールではないが、開発援助は開発現象の重要な側面である。そこで本章では、開発援助を社会現象として分析する前提として、途上国の開発・発展を先進国・国際社会が支援する「援助」という社会的行為の本質について考えてみよう。

　最初の問いは「なぜ援助するのか」である。もちろん、人道的な理由づけ（哀れみ、チャリティを含む利他的な理由）が古典的な答えだが、今日の国際社会における開発援助はそれだけでは説明がつかない。最もうがった見方は「先進国が先進国であり続けるために必要だから」（利己的な理由）であり、サイードの『オ

リエンタリズム』(1978=1993) はこの論に支柱を与える。もう1つは「公共的な正義のため」であり、社会哲学分野ではロールズの「正義論」を契機として貧困者・社会的弱者への支援の根拠が議論されており、最近では「ハーバード白熱教室」で紹介されたサンデルがその著書『これからの正義の話をしよう』(2009=2010) で、限られた選択肢のなかからどのような政策が最善か、という議論を突き詰めている。これは「先進国内にも貧困者がいるのに、なぜ海外の援助をするのか」という詰問に対応する際のヒントになる。また、経済合理性に訴える立場からは「相互利益のため」という主張があり得る。この立場は様々なバリエーションをもって利用されるが、その原点としてモースの『贈与論』(1924=2008) を検討しておくことは意味があるだろう。これは厚生経済学の個人主義的な立場からの理由づけとも接点をもちうる。

　援助の本質に関わるもう1つの重要な問いは「どのように支援するべきなのか」である。この点については社会福祉学に一日の長があるが、ミッジリィは「福祉」の観点から国際的な「社会開発」を整理している。また「支援」という行為そのものを心理学的な知見も含めて理解しようとする「支援学」にも学ぶべき点が多い。シャインの『人を助けるとはどういうことか』(2009=2009) は、支援者－被支援者の非対称な関係を前提として、支援者の側に求められる「コーチング」の心構えを指摘している。ジェンダー平等は、途上国に限らない社会課題であるが、開発援助の文脈ではプロジェクトの目的として、また手段として特に強調される機会が多い。岡真理『彼女の「正しい」名前とは何か』(2000) は、特に途上国の文脈からこの問題に取り組んでいる。

　開発援助や「支援」という行為を考察する際に、正義論や社会哲学ではマクロレベルでの「理由づけ」に様々な視点から光をあててきた。一方、福祉学はこれまで特にミクロな場面での「支援事象」研究の蓄積がある。開発社会学は、このミクロとマクロの双方に目配りしながら、理想・理念、政策、実務のそれぞれのレベルで「支援」という行為がどのように捉えられ、それぞれのレベルでどのような不連続が発生しているのかといった点について考察していくことに、学問的な意義を見出すことができるかもしれない。

　なおメゾレベルの「コミュニティ支援」もまた、開発社会学の守備範囲として比較優位があるかもしれない。

（佐藤寛）

Contents

17 エドワード・サイード『オリエンタリズム（上・下）』(1978=1993) … 77
18 マイケル・サンデル『これからの正義の話をしよう』(2009=2010) …… 80
19 マルセル・モース『贈与論』(1924=2008) ………………………………… 83
20 ジェームス・ミッジリィ『社会開発の福祉学』(1995=2003) ………… 86
21 エドガー・シャイン『人を助けるとはどういうことか』(2009=2009) … 89
22 岡真理『彼女の「正しい」名前とは何か』(2000) …………………………… 92
〈コラム4〉ベルマーク――日本発のユニークな資金調達法　94

17

エドワード・サイード
『オリエンタリズム(上・下)』

(1978=1993 平凡社、板垣雄三・杉田英明監修／今沢紀子訳)

❶著者の略歴と本書の位置

　エドワード・サイード(Edward Wadie Said, 1935-2003)はエルサレム生まれのパレスチナ人キリスト教徒で、文学批評家である。大学以降は米国にわたって教育を受け、ハーバード大学で英文学の博士号を取得した。
　そのパレスチナ系米国人という出自から、米国におけるアラブ・パレスチナ問題の擁護者としての発言も多い。その代表作である本書(*Orientalism*. Pantheon Books, 1978)では、西洋が東洋に対するイメージを「オリエント」に対する侮蔑と憧憬をない交ぜに作り上げ、そのイメージが、欧米の植民地主義的・帝国主義的な行為の隠れ蓑として機能してきたとする。この主張は大きな反響を呼び、様々な論争を引き起こした。

❷本書全体の構成と意義

　監修者である杉田英明によれば、本書は「ヨーロッパのオリエントに対するものの見方・考え方を広く『オリエンタリズム』として捉え、そこに連綿として受け継がれてきた思考様式の構造と機能を分析すると同時に、そのような知のありかたに厳しい批判を加えた作品」である。
　サイードはそもそも「オリエント」(東洋)と「オクシデント」(西洋)をわかつ分割線などは幻想であり、両者に本質的差異など存在せず、「オリエンタリズム」とは言説(ディスクール)であるとする。そしてその言説が強固に存在するのは、政治権力を用いたこの言説の行使者(西洋)と被行使者(オリエント)との関係だけでなく、知的権力、文化権力、道徳的権力をも巻き込んだそれぞれの相互作用のなかで形成されてきたからだと指摘する。
　サイードは「対象について知識を持つということは、それに対して権威を持

つ」ことを意味すると、フーコーにならって知識と権力の関係を規定するが、オリエンタリズムの場合その帰結は「オリエントの国の自主性を否認するということを意味する」と指摘する。

　圧倒的な分量で西洋人が「オリエント」を否定的に表象したテクストをこれでもか、これでもかというように次々に突きつけ、そのテクストの背景にある話者のゆがめられたレンズを指摘することによって「オリエンタリズム」的言説の恣意性、西洋の自己欺瞞を暴いていく本書であるが、それを通して読み取ることのできる議論の核心の1つは、「文明は『劣った他者』を必要とする」ということであり、西欧にとっては「オリエント」がそれにあたるものであった。では、この議論は開発の文脈ではどのような意味をもつだろう。

❸開発社会学的な意味

　後進性を地域や社会の特性に帰す態度は、「だからこの国は遅れているのだ」という他者からの決めつけと、それに便乗して特権的地位を確保しようとする地元エリートの連合体を結成させ、無知蒙昧な庶民を救うための慈善や開発援助を正当化する。

　サイードは、「我々は異文化をいかにして表象することができるのか」と疑い「知識人の役割とは何であるか」を問うているが、この問いは「開発専門家」が援助の必要性を説く途上国診断を想起させる。19世紀以来の欧米の「オリエント」を語る語り口と、現在の援助機関が途上国を語る語り口とは、驚くほど似ていないだろうか。それは、援助が「劣った他者」を必要とする行為だからかもしれない。さらには、もし開発援助という行為が、オリエンタリズム的な思い込みによって成立しているのだとすれば、開発援助に携わるという行為自体が、「オリエンタリズム」の再生産に荷担する結果になってしまわないだろうか。

　もとより、援助業界の誰一人としてそのような「格差の固定化」を意図してはいないとしても、国際開発という現象がオリエンタリズム的な世界観を暗黙のうちに前提としているのだとすれば、開発を考える誰しもがサイードの提示した「オリエンタリズム」についてきちんと考えることが必要である。

❹議論の広がりと関連文献

　開発援助を取り巻く国際機関や援助機関では驚くほど「オリエンタリズム」に関する考察はおこなわれない。しかし、日本が自身「オリエント」でありながら、20世紀前半の東アジアにおいて、周辺国に対する「オリエンタリズム」的な振る舞いをおこなったことについての理解も必要となる。姜尚中『オリエンタリズムの彼方へ——近代文化批判』(2004 岩波書店)はそうした、「自己-他者関係」を振り返る考察である。

（佐藤寛）

18

マイケル・サンデル
『これからの正義の話をしよう
――いまを生き延びるための哲学』

(2009=2010 早川書房、鬼澤忍訳)

❶著者の略歴と本書の位置

マイケル・サンデル（Michael Sandel, 1953–）は、米国の政治哲学者で、共同体の回復を目指すコミュニタリアニズムの代表的論者である。本書（*Justice: What's the Right Thing to Do?* Farrar Straus & Giroux, 2009）は、ハーバード大学でおこなっている「正義論」の講義を一般向けにわかりやすく解説したものである。

❷本書全体の構成と意義

サンデルのデビューとその後の活動は、ロールズ批判が軸の1つとなっているので、まずロールズについて概説しよう。ジョン・ロールズ（1921-2002）は米国の政治哲学者で、1971年に発表した『正義論』は哲学、倫理学を超えて社会科学全体に大きな影響を及ぼした。その核心は、正義をめぐる従来の功利主義的理論を乗り越える原理を提示したことにある。その原理とは仮想的な人類社会の原初状態を想定し、すべてのアクターが自分の能力や地位についての情報を一切もたない場合に合意するであろう規範（仮に自分がもっとも恵まれない立場になった場合に、もっともましな状態を確保するというマクシミン原理）の選択を想定することからスタートする。またロールズの正義2原則のなかに「格差原理」がある。それは「不平等があることは仕方ないが、その場合でももっとも恵まれない立場にある人の利益を最大化する、という条件を満たさなければならない」というものであり、これが事後的な「再配分」を正当化する根拠となる。

さて、サンデルは本書でロールズ登場以前からの多くの哲学者の正議論を順次説明し、問題点を提起していく。サンデルの関心は「正しきおこない＝善」である。まず、3つの正義論が提示される。それは①福利最大化型（功利主義）、②権利型（リベラリズム）、③美徳型（コミュニタリアニズム）。功利主義正議論の

原点になるのはベンサム、ロック、カントなどの社会契約説的な解釈である。上述したように、ロールズの貢献は功利主義的正義論に対して、リベラリズム的な立場からの社会契約論的正義論を対置したことにあり、この点でサンデルとも立場は近い。しかし、サンデルはロールズのリベラリズム的正義論に対して、「無知のベール」状態の「負荷なき自己（道徳的な責任をもっていない）」という想定に異論を唱え、アリストテレスの正義論にさかのぼって、正義は目的論的であり、正義は名誉に関わるという議論を紹介する。

そして、経済的再分配における「道徳的適価」という概念の大切さを述べるあたりから、コミュニタリアン的な持論が真価を発揮しはじめる。ロールズが「正は善に優位する」としているのに対し、サンデルは「政府は善について中立的であるべき」という立場で公共性と正義の関係にも言及する。

❸開発社会学的な意味

国家間でおこなわれる国際開発、あるいは開発援助（緊急援助を含む）は、資源の再配分という側面をもっており、特に国民の税金を原資とする公的開発援助（ODA）では、「なぜ自国の貧困者でなく途上国の貧困者を支援するのか」という問いが繰り返しなされる。正義論はこの「なぜ開発援助をおこなうのか」の理由づけについて様々なヒントを与えてくれるのである。

ODAに限らず、アクターを非国家行為体（NGO）さらに個人にまで広げれば、グローバル社会（コミュニティー）における市民社会の役割、さらに個人の役割のロジックにもなる。サンデルは「コミュニティー」の再生を指向しているが、同時にグローバリゼーションという新たな環境のなかで、どのような越境的公益性（地球公益性）を打ち立てていくべきかという議論をおこなうときにも、単なるチャリティーではない「開発援助」の意義を確認するために正義論は不可欠であろう。

❹議論の広がりと関連文献

ロールズの『正義論』（1971=2010改訂版 紀伊國屋書店、川本隆史ほか訳）は重要な文献ではあるが、ロールズ自身が批判を受けて修正を重ねており、原典にあたるよりも彼の死の直前にまとめられたエリン・ケリー編『公正としての正義再説』（2001=2004 岩波書店、田中成明ほか訳）がよい。またサンデルのロールズ

批判については小林正弥『サンデルの政治哲学──〈正義とは何か〉』(2010平凡社)が要領よくまとめている。　　　　　　　　　　　　　　　（佐藤寛）

19

マルセル・モース
『贈与論』

(1924=2008 新装版 勁草書房、有地亨訳)

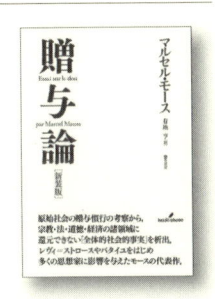

❶著者の略歴と本書の位置

　マルセル・モース（Marcel Mauss, 1872–1950）は、フランスの文化人類学者・社会学者であり、「フランス人類学の父」ともいわれた。エミール・デュルケーム（フランスの社会学者）の甥にあたり、指導を仰いでいたが、研究態度は若干異なっていた。デュルケームは、実証的方法と歴史哲学的思弁の統一をおこない壮麗な体系化を意図したが、モースは、直感的省察をおこなって、実証的精神、審美的精神に徹し、自己の研究領域の諸事実の解明とその法則化に努力を傾倒した。特に、モースは、価値判断の介入を極力回避した。

　モースは、社会学と民族学との分離を拒否し、未開社会に社会進化の初期段階を見出すのではなく、それらの社会において最も単純な形態をみてとれると考えた。デュルケーム以上に科学的厳密性をもち、社会学的現象と心理学的現象との間の相互関係の基本的問題を意識していたモースは、分析方法として、デュルケームが採用した共変方法ではなく、あるものが残り、このあるものが現象の真の性質を説明するという残基方法を採用した。その成果が本書である。

❷本書全体の構成と意義

　本書が徹底的に究明する課題は、「未開あるいは太古の社会類型において、贈り物を受けた場合に、その返礼を義務づける法的、経済的規則はいかなるものであるか。贈られた物には、いかなる力があって、受贈者にその返礼をなさしめるのか」である。

　この課題に接近するために、モースは、ポリネシア、メラネシア、米国北西部の暮らしや主要な法典からの多くの事実を分析している。民族間の贈与交換において、全体的給付組織間の贈与と返礼を義務づけるメカニズムが明白に発

現していることを示した。ここでの交換は、財産や富、動産や不動産などの経済的に有用なもののやりとりだけでなく、礼儀、饗宴、儀式、軍事的奉仕、婦女、子供、舞踏、祭礼なども含まれる。これらの類型に属する諸制度が現代のわれわれ自身の法ないしは経済形態において、形を変えながらも残っていることを実証した。そして、物が与えられ、返されるのは、まさしくそこに敬意が相互に取り交わされるからである、われわれの社会は互酬性の上に築かれている、そこに人類の岩盤の1つが発見される、そこには現代の法と経済が生む問題に関するいくつかの道徳上の結論を引き出すことができる、というのである。以上の分析をとおして、モースは、道徳上、政治学上・経済学上、社会学上・倫理学上の結論を導き出している。

　道徳上の結論では、「貰っただけのものを贈りなさい。そうすれば、万事は神の思し召しに適う」というマオリ族の言葉を引用し、人類進化の全過程を通じて、すぐれた教訓はいつの日も変わることがなく、われわれは自己を脱却して、自発的に義務的に物を贈る義務を負っているという。政治学上・経済学上の結論では、純粋の非合理的な消費が日常の普通事であるとし、西欧社会は人間を経済的動物に変えてしまったが、今のところでは、われわれのすべてが経済的合理性だけで行動しているわけではないと強調する。社会学上・倫理学上の結論では、社会の発展は、個人間、氏族間、部族間、民族間などで、提供、受容、返礼を行って相互関係の安定を保ちえた範囲においてみられると述べている。諸民族は、感情に対しては理性を対立させ、無分別な狂態に対しては平和を求める意志を措定することによって、戦闘、孤立、停滞には同盟、贈与、交易で対応してきた。この与え合う方法は、文明的と称されても争い事が絶えない社会の成員が学び取るべき方法であると指摘している。最後に、善、幸福は、賦課された平和のなかに、公共のための労働と個人のための労働とが交叉する律動的な労働のなかに、蓄積され分配される富のなかに、教育によりもたらされる相互的な尊敬と互酬的な寛容のなかに、見出されるはずであると主張している。

　本書で明らかにされたことは、交換は未開社会においては、取引の形式よりも互酬的な贈答（贈与、返礼）においてあらわれるという事実、互酬的な贈答を広範囲にわたって検出し、経済的合理主義の支配する現代の社会よりも未開社会においてより重要な機能を果たしていたという事実、これらの交換の原初形

態は本質的には経済的特質をもつのではなく、全体的社会事実、すなわち、社会的、宗教的、呪術的、感情的、法律的、道徳的意義をもつものであるという事実である。『贈与論』の長所は実在性と普遍性が存在することであり、功績の1つは、「互酬的贈与」が今もなお、いわば隠れた形でわれわれの社会のなかで機能していること、そして、ここに、われわれが人間らしく生きる経済が成り立つためのヒントがひそむことを示したことである。

❸開発社会学的な意味

　モースの贈与論は、人と神、個人と個人、個人と組織、組織と組織、国家と国家の関係性において適応できる法則を見出した。開発事業においては、開発する側とされる側が固定化される傾向にあるが、モースの贈与論を考慮すると単純なギブ・アンド・テイクでは説明し切れない。開発する側とされる側の関係性が変化するような流動的な多重型の贈与交換が開発をとりまく現象として発現してくるからである。すなわち、開発する側は開発される側から学ぶこともありえるし、開発という関係において敬意が相互に取り交わされる可能性もありえる。いわゆる途上国社会の調査研究においても、国や地域、民族等の固有の事象を捉えるだけではなく、開発援助における国家間の贈与交換という視点から紐解いてみてはどうだろうか。

❹議論の広がりと関連文献

　ここでとりあげているのは、勁草書房の新装版であるが、ちくま学芸文庫（2009 吉田禎吾・江川純一訳）や岩波文庫（2014 森山工訳）の訳本もある。なお、ここに訳出してあるのは、Essai sur le don; Forme et raison de l'échange dans les sociétés archaïques（L'Année Sociologique, seconde série. 1923-1924, t. 1, 1925）というモースの代表的な論文である。

　モースの入門書としては、モース研究会『マルセル・モースの世界』（2011 平凡社）が挙げられる。また、モース同様、未開社会への見方を覆した作品として、マーシャル・サーリンズ『石器時代の経済学』（1974=1984 法政大学出版局、山内昶訳）が挙げられる。この本は、未開経済・社会の営利経済的な解釈とは正反対の、人間学的な経済学を樹立しようとの考えからまとめられたものである。

（辰己佳寿子）

20

ジェームス・ミッジリィ
『社会開発の福祉学
―― 社会福祉の新たな挑戦』

(1995=2003 旬報社、萩原康生訳)

❶著者の略歴と本書の位置

ジェームス・ミッジリィ（James Midgley, 1944–）は南アフリカに生まれ、ケープタウン大学やLSE（ロンドン・スクール・オブ・エコノミクス）にて教職に就いたのち、カリフォルニア州立大学バークレイ校社会福祉大学院長（Dean of the School of Social Welfare）を務める（1996–2007）。社会政策分野、ソーシャルワークに関する分野でパイオニアと目され、1996年にはソーシャルワークの社会的認知を高めた功績に対し全米ソーシャルワーカー協会から国際ローダ・サーナット（Rhoda Sarnat）賞を授与されている。

本書（*Social Development: The Developmental Perspective in Social Welfare*. SAGE Publications, 1995）は、開発途上国の社会政策的諸課題に長年取り組んできたミッジリィが「社会開発」の概念化について論じたもので、邦訳のある3点のうち最初の仕事である。

❷本書全体の意義と構成

本書は「社会開発」を、人間の福祉向上のために必要な概念として捉えるところからはじまる。ミッジリィによれば、「社会開発」とは、これまで特定の個人に焦点をあててきたソーシャルワークや慈善とは異なる。それは、国民全体の福祉向上を企図した計画的な社会変革の「プロセス」のことであり、経済による開発活動とコミュニティや社会を対象とした開発活動の接合を目指すものである。

ミッジリィは、人々の社会福祉の状態を達成する上で社会開発が最善の方策であると捉えており、その目的を「国民福祉全体の向上」と位置づけることで国家による介入を促す。そして、計画性を有する社会変革の「プロセス」とし

て社会開発を定義づけることで動態的な側面を強調する。さらに、対象を社会全体、国民全体の福祉と捉えることで、既存の社会福祉を向上させるサービス（社会政策アプローチ）との差異を際立たせる。つまり、国家による公的資源の分配を特徴とし、政府が市民の福祉に責任を負い、社会福祉を向上させる種々のサービスを提供しなければならないという考え方に基づいたアプローチである。それは、社会的支出を抑えた結果、期待されたほどの成果を上げられなかった構造調整プログラムなどのアプローチとは一線を画したものであった。

では、そもそも社会開発の目的である人々の「社会福祉の状態の達成」とは何を指すのであろうか。ミッジリィが示すのは、「家族、コミュニティおよび社会全体の高度な社会的安定の状態」である。①社会問題が処理され、②人々のニーズが充たされ、③教育や就労といった機会が十分に提供されている、以上3点の充足が、個人、家族、コミュニティ、社会全体における社会福祉達成の要件となる。

そのためには、社会開発が最善の方策であるとミッジリィは主張する。社会開発の目的、すなわち福祉の増進のために、市場、コミュニティそして国家にいたるまで種々の制度を動員する多元主義的アプローチの有効性を論じるのである。4章までで検討されているのは、市場、コミュニティ、国家などいずれか1つの制度による介入である。しかしながら彼が強調するのは、これら種々の制度の相互補完的な介入であり、それにより経済成長と社会福祉の向上が調和的に推進される多元的なアプローチである。経済、社会双方の活動を遂行する組織や制度を創出し、互いに緊密な連携をとることで、経済開発は住民の福祉改善に貢献するようになり、同時に社会開発も経済開発に有益な政策を提示しうる。結果、福祉増進プログラムの形成が促進されるという。

❸開発社会学的な意味

本書が取り組んだのは、分析概念としての有効性を検討するために、その前提となる概念成立の系譜を跡づけ、関連する諸理論を網羅的に概観することであった。5章では、経済成長に重きをおいた「歪んだ発展」を批判的に考察し、経済発展と調和する社会福祉のあり方を提示している。

しかしながら、以上の点は、これまでにも社会学において繰り返し指摘されており、目新しいものではない。本書の位置を考察する上では、本書が刊行さ

れた1995年にコペンハーゲンで開催された国連社会開発サミットに言及する必要があるだろう。よく知られるように同サミットでは、貧困撲滅、雇用といった社会問題を取り上げ、地球規模での解決をはかるために開催された。「歪んだ開発」から脱し、すべての人間の福祉向上を目標とする社会開発の重要性を再度確認する機会となったのだが、ここで合意されたのが、本書でも繰り返し主張される経済開発と社会開発の概念の統合であった。こうした時代状況を念頭におくと、本書の意義がより明確になるだろう。

　さらに、ミッジリィが研究拠点を築いた米国社会における社会福祉についても述べておきたい。米国社会における社会福祉とは、慈善や貧困家庭の子どもへの公的扶助を意味し、濫用と同義語であった。1980年代に実施された新自由主義的政策によって、福祉の縮小がおこなわれたためだが、救済的な社会政策や、サービス提供型のソーシャルワークを超えた新しい政策を訴えるミッジリィの議論は、対象者の保護だけではなく、それを生み出す社会そのものに焦点をあて、「開発」の対象と捉える、社会福祉的文脈からの社会開発の有効性を論じるものである。開発途上国のみならず各国内での貧困が進展する先進諸国の貧困を分析する上でも、示唆を与えるだろう。

❹議論の広がりと関連文献

　ミッジリィには多くの業績があるが、翻訳書として本書のほかに、グローバル化を背景とした現代の社会福祉を国際的次元で捉えようとする『国際社会福祉論』(1997=1999 中央法規出版、京極高宣・萩原康生監訳)、また、エイミー・コンリーとの共編著『ソーシャルワークと社会開発——開発的ソーシャルワークの理論とスキル』(2010=2012 丸善出版、宮城孝監訳)が利用可能である。　　　　（平野恵子）

21

エドガー・シャイン
**『人を助けるとはどういうことか
——本当の「協力関係」をつくる7つの原則』**
(2009=2009 英治出版、金井真弓訳／金井壽宏監訳)

❶著者の略歴と本書の位置

　エドガー・シャイン（Edgar Schein, 1928–）は米国の社会心理学者である。ドイツ生まれで幼少期をロシア、チェコで過ごし、1938年にヒトラーの影響力拡大を受けて一家は米国に移住した。ハーバード大学で社会心理学の博士号を取得した後は、マサチューセッツ工科大学（MIT）に長く勤めた。
　シャインは、組織開発、キャリア開発、組織文化などの研究で多くの著作を残している。本書（*Helping: How to Offer, Give, and Receive Help.* Berrett-Koehler Publishers, 2009）では「プロセス・コンサルテーション」という概念を用いて、「支援がうまくいくためには何が必要か」を整理している。

❷本書全体の構成と意義

　本書のサブタイトルは「いかに支援（Help）を申し出、与え、受け取るか」で、基本的には一対一の関係で支援を与える側（コンサルタントする側、コーチする側）の心得を整理したものである。著者は支援とは単なる一方的な知識や資源の移転ではなく、通常の「社会的プロセス」であるとする。それゆえに「支援」の結果は、ほかの人間関係や文化的なルールに左右されるのである。
　また人はあらゆる人間関係で返礼を期待しており、「関係に投資する」（好意を示す、支援を提供する）ことによって社会関係資本が築かれ、のちに求めに応じてそれを活用する（比喩的には債権を引き出す）ことができるとしている。この意味では支援は「社会的通貨」として機能するという。
　シャインはまた「支援を受ける」という行為には「面目」という、みえない要素が関わっていることに注目している。支援が発生する状況は本質的に不釣り合い（非対称）な関係にあり、かつそれぞれのアクターの役割があいまいで

あることが多い。このため両者に不安感と緊張感が生まれるとする。特に被支援者はワンダウン（one down）感覚、すなわち一段低い位置におかれるように感じるとともに主体性を失ってしまい、その結果支援の成果もあがらないことになりがちだと指摘している。そのようにならない方法として、被支援者（クライアント）が主体的であり続けるように支援者が励ます、プロセス・コンサルテーションという方法を提唱する。

❸開発社会学的な意味

　開発援助もまた、異文化間のアクターによる「社会的プロセス」としての支援である。「国際協力」では先進国と途上国の「対等性」が強調されるが、実態としては両者の非対称な関係が前提となっているため、被支援側（途上国政府、プロジェクト対象地域の住民）の「援助慣れ」「スポイル」が発生し、援助の効果を低減させたり、目的の達成を妨げることすらある。これは、シャインの指摘するワンダウン感覚による「主体性の喪失」の結果とみることもできる。被援助側の主体性を引き出そうとする「参加型開発」は、シャインの提唱する「プロセス・コンサルテーション」の実践にほかならない。特に「質問する」という支援の仕方は、参加型開発の提唱者の1人であるチェンバース（→Ⅶ-53参照）のアプローチにもつながる。

　また、シャインは組織開発の専門家でもあり、組織的な支援（国際機関、二国間援助機関、国際NGOなどが実施）にあたって、組織文化の理解の必要性にも注意を喚起している。欧米的な「民主主義」「近代化」観を前提とすることが多い援助機関の組織文化が、途上国社会の固有の状況を軽視しがちであることへの警鐘としても重要である。

　ただし、シャインは本書で「手を貸したいという気持ちを私があらかじめ示せば、頼み事をすることで相手が屈辱感を味わう必要もない」としているが、これを開発援助に適応すると、援助を求めやすくするために援助側がここまでの気配りをする必要があるのか、という議論はありえよう。むしろそれは家父長的な「チャリティ」に近づいてしまう危険性があろう。

❹議論の広がりと関連文献

　シャインは、長年にわたってビジネス・コンサルタントとして他者支援をお

こなう経験のなかから「支援」という行為に焦点をあてた「プロセス・コンサルテーション」という技法を編み出し、これに関する著書もすでに1980年代に出している。他方、日本ではビジネス・コンサルタントの活躍する範囲が限られていることもあり、「介護」分野と「IT」分野で求められている行為を「支援」という共通概念で取り上げたのは支援基礎論研究会編『支援学——管理社会をこえて』(2000 東方出版) がはじめてである。同書では近代的な「管理」社会の行き詰まりに対するブレークスルーとして「支援」を「管理」と対比させている。なかでも小橋康章「はじめに」「もう1つの支援」「選択支援システムの支援性」、今田高俊「支援型の社会システムへ」の議論は開発社会学にも多くの示唆がある。

(佐藤寛)

22

岡　真理

『彼女の「正しい」名前とは何か
――第三世界フェミニズムの思想』

(2000 青土社)

❶著者の略歴と本書の位置

　著者（1960-）は 2014 年現在、京都大学大学院人間・環境学研究科で教鞭をとりながら、パレスチナ問題にも精力的に取り組んでいる現代アラブ文学者である。本書は、日本における第三世界フェミニズムの第一人者である著者が、その拠って立つところから「他者」との関わりについて真摯な考察をめぐらせたものである。

❷本書全体の構成と意義

　本書は、ポスト・コロニアリズムの観点からフェミニズムの課題を提示しただけでなく、読者にみずからの認識や実践のあり方、ポジションの再考を促すという意味で、社会学に関心を抱くすべての者に刺激的で示唆に富む内容となっている。

　第Ⅰ部「『第三世界フェミニズム』とは何か」と第Ⅱ部「発話の位置の政治学」では、読者の認識のあり方が鋭く問われる。著者は、「第三世界」の虚構性を確認した上で、「西洋フェミニズム」のあり方を知的コロニアリズムと批判する。なぜなら、それは「『第三世界』の女性を犠牲者として位置づけ、無力な彼女たちになり代わって、一部先進国の女性が彼女たちを代理＝表象（リプリゼント）し、言説化することによって彼女たちを支配しようとする」からである。「慰安婦」や「女性性器手術」など豊富な事例を引きながら、一方的に表象される者にとっては「名のる」「書く」という行為がきわめて特権的なものであり、ときに暴力的であるにもかかわらず、植民地主義的ポジションにある者にはその特権性や暴力性が自覚されづらく、ゆえにその植民地主義的関係性を反復し、暴力を再生産していると指摘する。人種、階級、文化など女性のおかれた状況や利害は多様

であるにもかかわらず、ジェンダーをベースにすることで、このような構造的加害性を問わずに「連帯」が語られることを、著者は厳しく断じる。

第Ⅲ部「責任＝応答可能性(レスポンシビリティ)」では、実践のあり方に焦点が移る。一方的に表象された「他者」の呼びかけに応えることは可能なのか。圧倒的に非対称な権力関係を解体し、他者と同じ地平で、別の新たな関係をともに構築するにはどうしたらよいのか。ここで、著者が提示するのは「忘却された『他者』」という概念である。それは、その「存在を私が忘れ去っているというそのことが、しかし、私に何の痛みも与えず、私が私の思考の外部へとその存在を括り出している者たち」を指す。そのような他者を「想い出す」ことは、他者を忘却しえていたみずからの特権性と、その特権の行使によって他者に対して振るっていた「透明な暴力の存在」を想い出すことである。それは非常に困難だが、蹂躙された他者の尊厳の回復には不可欠である、と著者はいう。では、それはいかにして可能なのか。

❸開発社会学的な意味

「開発」は、誰によって、どのようなものとして表象されてきただろう。著者は、「普遍的」とされてきた価値が、実は「西洋」の「中産階級」の「男性」（さらにいえば障害をもたないヘテロセクシュアルの）という、きわめて限定的な視点によって構築されてきた「特殊」なものであることを強調する。個々の人間は「好むと好まざるとにかかわらずおかれているそのポジション」、性やエスニシティ、階級といった属性によってそれぞれ異なる空間的位置にあり、それによって発話者はその意図にかかわらず他者を抑圧することもある。みずからが無自覚なまま巻き込まれてきた権力関係をいかに解体し、忘却に付していた他者といかに新たな関係を切り結ぶか。本書は、理論と実践のいずれを志向するにせよ、研究の前提となる認識と実践のあり方について熟考する契機を与えてくれる。

❹議論の広がりと関連文献

忘却していた「他者」との関係構築はいかにして可能か。この問いに関心のある読者は、ガヤトリ・スピヴァクの『サバルタンは語ることができるか』(1988=1998 みすず書房、上村忠男訳)などを参照されたい。

（兼川千春）

【コラム4】
ベルマーク──日本発のユニークな資金調達法

　日本には「寄付文化がない」という人がいる。たしかに、キリスト教会を基盤としたチャリティの存在感は欧米に比べて圧倒的に小さいが、日本人が他者の困窮状態に対して一様に無関心というわけではない。

　日本の特に農村社会には婦人会組織を通じて組織された「日本赤十字」の募金メカニズムが機能しており、定期的な募金の他に国内のどこかに台風被害などが発生した場合に「義捐金」が迅速に集められる仕組みがある。また、日本ユニセフ協会は個人ベースで最も大きい募金の受け皿になっている。さらに、ベルマークは日本人の発明したきわめてユニークなファンドレイジング（資金調達）機構である。これは、1959年に朝日新聞のイニシアチブで始まった。

　基本的な仕組みは商品パッケージにクーポン（ベルマーク）をつけ、それをPTA単位で集めてベルマーク協会に送ると、協会が換金し（金額は商品を生産している協賛会社が負担）、学校備品を購入（協力会社が割引で提供）して各学校に送るというものである。そして、この換金額の10％相当は日本国内の僻地校の備品調達にあてられる（もともとベルマークは朝日新聞が、僻地校の教育設備の不足を補う募金要請を受けたことに端を発している）。

　この理念は「日本の経済界の進展するエネルギーの一部を教育のエネルギーへと引っ張っていく」という言葉に体現されている（高井ジロル『ベルマークのひみつ──誰もが集めた、なつかしの〈あのマーク〉のすべて』日本文芸社、2006）。すなわち消費購買力の一部を寄付に自動的に変える仕組みなのである。この仕組みは、消費が飛躍的に拡大している今日の新興国でも応用できる可能性はないだろうか。

（佐藤寛）

ベルマーク

［提供：ベルマーク教育助成財団］

第Ⅳ章
押し寄せる力と押しとどめる力

▶▶ Overview

　本章では、開発事業による地域社会・住民への影響と、住民の運動についての諸作品を取り扱う。地域社会・住民への視点は、いうまでもなく、社会学にとって重要な研究視座である。そして同時に、国際開発学においても社会学固有の貢献が期待される領域であるといってよい。

　インフラ事業を実施する際、たとえば高速道路や高速鉄道では時間距離の短縮や輸送物資・人員の増大、あるいはダムであれば発電や利水などが事業目的である。しかし、そうした事業目的とは別のところで随伴してしまう負の影響、たとえば公害・環境破壊や住民移転などは軽視されがちである。こうした諸側面を丹念に把握し、問題が生じるメカニズムとその実態、また、それを解決するための運動がどのように展開するのか／しないのかを理解することがきわめて重要であることはいうまでもない。

　このような観点からの研究は、日本の社会学では、特に地域社会学と環境社会学において豊富な蓄積がある。ここでまず取り上げるのが、福武直の『地域開発の構想と現実』(1965) である。「構造分析」の手法によって地方の観点から開発の内実を明らかにした、高度成長期における開発研究の代表作といってよいだろう。その後、高度成長期の終焉とともに公害・環境問題への関心が高まった時代を挟み、1980年代の代表的業績が東北新幹線問題を扱った舩橋晴俊・長谷川公一らによる『高速文明の地域問題』(1988) である。さらに関連して、同時代に発表され、上の新幹線研究にも携わった梶田孝道による『テクノクラシーと社会運動』(1988) も取り上げた。こちらは、大規模開発をめぐる社会紛争を分析把握する「受益圏・受苦圏」の観点から論じている。

　海外の研究からは、ガンズ『都市の村人たち』(1962/1982=2006) をみる。ボストンのイタリア系移民を対象とする同作品は、中産階級、労働者階級、下層階級のあいだで異なる生活様式や下位文化をリアルに描いており、第Ⅴ章に収録してもよかったが、ここでは、数あるシカゴ学派の作品のなかでも都市再開発を正面から取り扱おうとした点を考慮した。特に、増補分も含めたエピローグも読んでほしい。

　社会運動論の研究は実にさまざまあるが、トゥレーヌの『声とまなざし』(1978=2011) を本書に収録することに異論はないだろう。伝統的な社会運動で

ある労働運動から、反原発運動、女性運動、地域主義運動などの「新しい社会運動」を射程におき、「社会学的介入」という方法によって社会学者の役割を論じた。

次いで、カステル『都市とグラスルーツ』(1983=1997) と政治学者・人類学者であるスコットの『弱者の武器』(1985) とをみておこう。前者は、パリ、マドリッド、サンフランシスコおよびラテンアメリカ諸都市における運動を比較分析することを通じて都市の構造転換を捉え、文化的アイデンティティを論じた都市社会学における重要な成果である。後者は、1970年代のマレーシアにおける現地調査に基づき、社会的に劣位におかれる農民の反乱を検討しているが、ここで特徴的なのは、組織的で大規模な激しい運動ではなく、個別的で静かな「日常型の抵抗」であり、すぐれて社会学的要素が含まれている。

（浜本篤史）

Contents

23 福武直編『地域開発の構想と現実（Ⅰ～Ⅲ）』（1965） ················· 99
24 舩橋晴俊・長谷川公一・畠中宗一・梶田孝道『高速文明の地域問題』（1988） ··· 102
25 梶田孝道『テクノクラシーと社会運動』（1988） ················· 105
26 ハーバート・ガンズ『都市の村人たち』（1962/1982=2006） ········· 107
27 アラン・トゥレーヌ『声とまなざし』（1978=2011） ················· 110
28 マニュエル・カステル『都市とグラスルーツ』（1983=1997）········· 112
29 ジェームズ・スコット『弱者の武器』（1985） ················· 115
〈コラム５〉ダム問題を題材とした諸メディア作品　117
〈コラム６〉年表による問題構造の把握──『環境総合年表』の試み　119

23

福武直編
『地域開発の構想と現実（Ⅰ～Ⅲ）』

（1965 東京大学出版会）

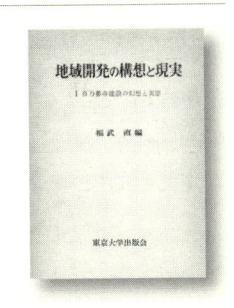

❶著者の略歴と本書の位置

編者の福武直(ただし)（1917-1989）は、農村社会学および地域社会学の大家である。戦前に中国農村調査からキャリアをスタートさせた後、戦後は、日本における農村社会の特質を東北型の同族結合と西南型の講組(こうぐみ)結合に分類して説明したほか、急速に近代化した農村社会の変容と旧来から残る封建的遺構（旧地主と小作人の関係など）のギャップを批判的に捉えるなど、多くの先駆的業績がある（→Ⅴ-31参照）。さらに、国連教育科学文化機関（UNESCO）の受託研究として産業化・工業化がもたらす社会的影響に関する調査チームをいくつも指揮した。本書はこうした研究系譜に連なるもので、福武が48歳のときに刊行した日本における開発研究の代表作品である。

ただし、福武自身が執筆しているのは「はしがき」のみであり、福武が「仲間」と呼ぶ門下生の青井和夫、松原治郎、蓮見音彦、倉沢進、高橋明善、園田恭一、山本英治、古城利明らが執筆にあたっている。これら当時の若手研究者らが富士市における工場誘致を調査した際に、「地域開発の構想が、『住民不在』のままに描かれている虚構であることに、限りない怒りをおぼえた」ことが執筆動機であることからわかるように、本書は問題告発としての性格を帯びている。

❷本書全体の構成と意義

本書は3分冊となっている。まず序章において、戦後日本における「地域開発」政策の経緯を的確に概説した上で、4都市の事例研究が深く掘り下げられる。その4都市とはまず、百万都市構想を生み出し、またその新産業都市の拠点的位置づけとして脚光を浴びた富山・高岡地区と新湊市（第1分冊）、開発後進地域としての八戸市（第2分冊）である。加えて、これらの比較対象として

新産業都市構想以前の工業開発中心主義段階（1956〜1960）の代表的事例が挙げられる。すなわち、日本有数の石油科学コンビナートを有し、すでに公害問題が顕在化していた四日市市、工業誘致の諸問題を抱えた富士市である（以上、第3分冊）。本書はこれら4事例を対象として、一貫して、経済の急成長がもたらす社会的な「ひずみ」を問題としている。

　さて、本研究において採用しているアプローチは、福武が日本の農村社会研究を積み重ねるなかで生み出した「構造分析」と呼ばれる手法である。これは、村落社会の階層構造や集団間の社会関係の把握といった分析にとどまらず、経済構造を基礎とする階層や集団の構成を社会構造として捉えた上で、さらには政治構造までを視野に収めた多角的・総合的なアプローチである。農村研究では村落単位を対象としていた「構造分析」は、世帯を主な調査単位に丹念な聞き取りを繰り返すスタイルであったが、「地域開発」研究においては対象範囲を地域社会、地方自治体へと拡大したのであった。

　こうして、本書では統計資料を駆使しながら、各産業セクター、地方財政、労働組合、地域の社会階層、有力政治家の動向などに深く分析のメスを入れ、それらの相互関連から「地域開発」の実像をえぐり出すことに成功している。それはすなわち、地域格差の是正を目指した「地域開発」は結局のところ、地方自治体を企業誘致のための港湾整備や土地造成に投資するよう仕向け、福祉や教育が後回しにされてしまう実態であった。

❸開発社会学的な意味

　本書が描いているのは、1950年前後から1965年までの日本社会である。しかしこの時代の「地域開発」はまさに、現在にまで至る戦後日本の骨格形成と深く関係しており、まちづくりや地方自治、地方分権に携わる人々、開発援助関係者にとって必読であろう。中央－地方の関係性、縦割り行政の弊害など、本書の指摘は現在でもそのまま通じる部分も多く、決して色褪せていない。

　また、途上国社会の経済発展と社会的側面をトータルに考え直してみたい読者にとっては慧眼の書となるだろう。とりわけ、地域開発を遂行するにあたり、資本（企業）、政府（中央行政）、地方自治体（地方行政）、住民（生活体）の四者の利害対立と調整がいかなるものか、開発のメカニズムについての視座は重要だろう。

❹議論の広がりと関連文献

　福武の主な業績は、自身が生前にまとめた『福武直著作集（全11巻＋別巻＋補巻）』（1975-1986 東京大学出版会）に収録されている。福武がまとめ役となり、多くの研究者が参加した国内の開発問題をめぐる地域調査は、『近代鉱工業と地域社会の展開』（1955）、『佐久間ダム——近代技術の社会的影響』（1958）など、いずれも日本人文科学会編として東京大学出版会より刊行されている。

　「地域開発」の理論的研究としては、本書以後に松原治郎『日本の社会開発』（→Ⅶ-47 参照）が出されたが、「構造分析」をさらに継承・発展させようとした地域調査の成果として、福山市を対象とする蓮見音彦『地方自治体と市民生活』（1983 東京大学出版会）、似田貝香門・蓮見音彦編『都市政策と市民生活——福山市を対象に』（1993 東京大学出版会）があり、前後して蓮見音彦・似田貝香門・矢澤澄子編『都市政策と地域形成——神戸市を対象に』（1990 東京大学出版会）もある。

　他方、福武グループの研究に対する批判的検討も含め、「構造分析」と直接的、間接的な接点をもった一連の業績として、工業化・産業化都市を対象とする地域調査の蓄積が多くある。ここで詳しくは挙げないが、これらは1980年代から1990年代にかけて結実し、布施鉄治による夕張と倉敷の事例、島崎稔・安原茂らによる川崎事例、鎌田とし子・鎌田哲宏による室蘭事例など、いずれも重厚な研究成果が出されている。これらは必ずしも地域特性を掘り下げておらず、階級・階層論あるいは労働社会学研究としての色彩も濃いが、広い意味では開発社会学の範疇に括ることも可能だろう。布施鉄治、島崎稔（美代子とともに）にはそれぞれ著作集も刊行されているので、関心がある読者は探してほしい。なお、北島滋『開発と地域変動——開発と内発的発展の相克』（1998 東信堂）において「構造分析」の再検討がされており、初学者はここから手をつけたほうが理解しやすいだろう。

（浜本篤史）

24

舩橋晴俊・長谷川公一・畠中宗一・梶田孝道
『高速文明の地域問題
――東北新幹線の建設・紛争と社会的影響』
(1988 有斐閣)

❶著者の略歴と本書の位置

　東北新幹線建設事業を扱う本書には、前著がある。すなわち、東海道新幹線建設とそれにともなう公害問題を分析した船（舩）橋晴俊・長谷川公一・畠中宗一・勝田晴美『新幹線公害――高速文明の社会問題』（1985 有斐閣）である。その前著においても中心的な役割を果たした法政大学の舩橋晴俊（1948-2014）、東北大学の長谷川公一（1954-）が本書の大半を執筆している。のちに環境社会学の代表的存在となっていく舩橋、長谷川にとって、本書を含む新幹線事例はその後の土台となるキャリア初期の重要な研究である。

　舩橋は飯島伸子の業績を受け継ぎ、世界の環境問題年表（→コラム 6 参照）を作成する一大事業の総指揮をとりつつ、晩年には、2011 年に発生した福島第一原発事故を受けて結成された原子力市民委員会の座長を務めた。長谷川はクリーンエネルギーおよび環境運動に関する業績が多いほか、世界社会学会議 2014 年横浜大会の組織委員会委員長として国内社会学の国際化に尽力した。

❷本書全体の構成と意義

　本書が考察対象としているのは、同事業の計画段階から開業後 6 年を経た執筆時までの期間である。

　本書ではまず舩橋が、4 次にわたる全国総合開発計画のなかに新幹線事業をマクロな文脈で捉え直し、次に、建設過程における地域紛争に焦点をあて、周辺住民・自治体と建設主体の利害対立の構図を把握していく。そして、事業をめぐる紛争化から一定の解決へと導かれていく過程にみられる問題の特質を明らかにし、東北新幹線開業後の機能と社会的影響を社会学的観点から統括・評価している。さらには梶田がフランスにおける TGV との比較もおこなっている。

本書は、インフラ事業が地域社会にもたらす社会問題を鋭く論じている。たとえば、上越・東北新幹線の分岐点に位置する埼玉県伊奈町は、町がYの字型に分断されることになるため、事業をめぐって紛争化した。しかし、そもそもなぜ伊奈町を分断化する路線設計になったかといえば、それはすなわち、建設主体（政府・国鉄・鉄建公団事業）にとって、技術的観点から建設コストと時間距離の短縮を図った結果であった。同時に、個々の住民生活やまちづくりには関心が払われず、町民から要求された路線変更要求は、建設主体にとって阻害要因でしかない。よって、建設予定地の問題は、「建設を実現するための引替えにどういう補償や便益の提供をすればよいか、という文脈に翻訳されて取り扱われる」のである。

　舩橋はさらに、伊奈町における問題推移は、「構造的緊張の連鎖的推移」という特徴をもっていたと論じる。すなわち、「新幹線の建設による緊張（さまざまな受苦）→（それを解消するための）ニューシャトルの建設にともなう緊張（赤字問題）→（それを解消するための）新都市建設事業による緊張（地権者と県との対立）→（それを緩和するための）県財政への負担増大」といった段階を経る問題の拡大構造である。

　東北新幹線とは、以上のような「不完全な骨格的決定」と「なし崩し的な実行のなかでの部分的な計画修正」によって進められた事業であることが本書を通じた指摘である。一方、東海道新幹線における名古屋公害訴訟を教訓としている点も把握される。赤羽－大宮間の通勤新線・埼京線建設や大宮－伊奈町間のニューシャトル建設など、埼玉県民にとって新幹線は通過されるだけの騒音源である「迷惑施設から受益施設へ」という意味転換がおこなわれたことは一種の開発利益還元策とみることができよう。

❸開発社会学的な意味

　本書の最終的な狙いは、福武直編『地域開発の構想と現実』（→Ⅳ-23参照）や宮本憲一編『講座 地域開発と自治体（全3巻）』（1977 筑摩書房）に倣い、「決算書づくり」をおこなうことにあった。

　しかし本書が目指している「決算書づくり」は、経済学における費用便益分析のそれではない。それよりもさらに総合的な観点から、とりわけ社会学独自の分析視点である地域社会・住民の目線から把握されるリアリティを盛り込ん

でいる点で特徴的である。したがって本書の分析は、「たんに住民運動のみを対象とする研究でもなく、行政機構のみに関する分析でもない。生活者から国土計画の策定者にいたる多様な諸主体の行動原理と彼らの利害関心・価値関心に注目し、沿線の地域社会から国際社会にいたる複眼的・多層的な視点から、今日の高速文明のもとでの地域問題の社会学的解明をめざした」のである。

これについて長谷川は、新幹線の開発効果がしばしば推進側に事前予測段階で過大評価される一方、事後的な評価は十分おこなわれていないと指摘する。その上で、観光客動向、製造品出荷額、県民所得などのデータから、地域間格差の是正を目的とした東北新幹線がもたらした帰結は、北東北と南東北の二極化だけでなく、むしろ、東京を中心とした一極集中をもたらしていると結論づけている。

このように本書は、戦後日本を代表する公共事業である新幹線が、いかなる社会問題を随伴しながら建設されたのかを明らかにしている。また、それだけではなく、社会学研究がいかにこうした問題へアプローチし、問題解決に貢献しうるのかを指し示した知的財産であることは間違いない。

❹議論の広がりと関連文献

本書のあとに生まれた環境社会学の成果として、舩橋晴俊・飯島伸子・長谷川公一編『巨大地域開発の構想と帰結——むつ小川原開発と核燃料サイクル施設』(1998 東京大学出版会) と改訂版の『核燃料サイクル施設の社会学——青森県六ヶ所村』(2012 有斐閣)、さらには飯島伸子・舩橋晴俊編『新潟水俣病問題——加害と被害の社会学』(1999/2006 新装版 東信堂) などがある。いずれも徹底した現地調査に基づいた「一度は読むべき」重要業績である。　　（浜本篤史）

25

梶田孝道
『テクノクラシーと社会運動
―― 対抗的相補性の社会学』
（1988 東京大学出版会）

❶著者の略歴と本書の位置

梶田孝道（1947-2006）といえば、エスニシティ研究の第一人者である。すなわち、文化・言語などの違いによって構成される社会集団とそのメンバーがもつ主観的帰属意識や運命共同意識を主な研究領域とし、とりわけヨーロッパ社会の変動に注目した。梶田は同時に「国際社会学」の確立に力を注いだ社会学者として知られるが、キャリア初期には社会運動やコミュニティ、地域社会における社会紛争についての著作があり、本書は舩橋晴俊（→Ⅳ-24参照）らとの共同研究をもとに書かれた初期の代表作というべき研究成果である。

❷本書全体の構成と意義

本書は2部構成になっているが、ここではインフラ事業などの大規模開発をめぐる社会紛争について論じた第1部「受益圏・受苦圏とテクノクラート――現代日本の実証分析」を取り上げよう。

高度経済成長期以降の日本社会において、大規模開発をめぐる社会紛争が複雑化し、解決困難になっているというのが梶田の基本認識である。高度経済成長以前の社会紛争では、事業によって恩恵を得る人々や組織の地理的広がり（＝受益圏）と、犠牲を被る人々や組織の地理的広がり（＝受苦圏）とが基本的に重なりあっているので、両者を明確に区別して捉える必要がなかった。ところが、70年代以降に顕在化した新幹線公害訴訟のような例では、受益圏と受苦圏とが分離しており、それゆえに解決困難になっていると説明したのである。

さらに梶田は、大規模開発をめぐる社会紛争において、事業者側と、事業の影響を受ける住民側の主張がかみあわないのは、まさにそれぞれの立場性が異なるからであると看破する。梶田はそれら両者を「テクノクラートの視角」お

およびに「生活者の視角」として対置させ、前者が「経営問題」、「最適化の問題」であるのに対して、後者は「(被)支配的問題」、「(被)抑圧問題」であるためにすれ違いが生じるのだとしている。

❸開発社会学的な意味

　開発援助実務者のみならず、また国内外を問わず、事業者側として公共事業、開発事業に携わる者にとって、こうした立場性の違いがもたらす思考様式の根本的相違は改めて認識しておく意義があるだろう。本書はまさにそうしたことを再認識させてくれる書である。

　また本書は、今や環境社会学および地域社会学の基本概念とされる、受益圏・受苦圏の概念をはじめて本格的に論じた書としても特筆される。この概念は、舩橋晴俊や長谷川公一らとの共同研究のなかで考案されたものであるが、この概念の基本をおさえる上で、本書は必読書であろう。

　しかしながら、受益圏・受苦圏の概念をただちに政策実務に応用することには注意を要する。なぜなら、この概念は大規模開発をめぐる社会問題の解決可能性が問題のタイプによって異なることを、受益圏・受苦圏の位置関係の違いから説明したにとどまるからである。むしろこの点は、この概念が政策論的に応用できる可能性を秘めているともいえるだろう。

❹議論の広がりと関連文献

　受益圏・受苦圏概念は、開発事業によって生じた社会紛争の解決可能性をマクロな図式で捉えようとした。その際、開発事業による日常的、直接的な正負の影響を捉え、受益圏と受苦圏は固定的なものだとされた。しかし、いわゆる迷惑施設を引き受ける見返りとして地域振興策が提示される場合には、受苦圏のなかに疑似的な受益圏が創出され、純受苦圏と対置して捉える必要があるといった議論もあり、単純に「重なり型」や「分離型」では把握できないケースも多い。これらの点は一部では、舩橋晴俊によって社会的ジレンマ論へと展開されていったが、この議論に立ち入る前に、社会心理学者の山岸俊男による『社会的ジレンマ──「環境破壊」から「いじめ」まで』(2000 PHP研究所)にあたっておくとわかりやすいだろう。

(浜本篤史)

26

ハーバート・ガンズ
『都市の村人たち
── イタリア系アメリカ人の階級文化と都市再開発』
（1962/1982=2006 ハーベスト社、松本康訳）

❶著者の略歴と本書の位置

シカゴ大学出身のハーバート・ガンズ（Herbert Gans, 1927-）は、都市計画関係の仕事に就いたのち、1957年ペンシルバニア大学都市計画学科で博士号を取得。その後、コロンビア大学社会学科教授などを歴任した。

都市社会学者のクロード・フィッシャーによれば、ガンズの立場は「社会構成理論」と呼ばれる。ルイス・ワースに代表される20世紀初頭のシカゴ学派（→コラム8参照）の「生態学決定理論」は、人口学的特徴（都市の人口規模・密度・異質性）から都市の生活様式を解明してきたが、ガンズはそれを批判し、都心と郊外間にある生活様式の違いは住民の〈階級〉と〈ライフステージ〉によって決まるという「社会構成理論」の立場をとる。本書（*The Urban Villagers: Group and Class in the Life of Italian-Americans*, The Free Press of Glencoe, 1982 Updated and expanded ed.）も、そうした階級的視点が強調されたガンズの代表作である。

❷本書全体の構成と意義

本書は、都市社会学の視点から、都市再開発によるコミュニティの変動を論じた数少ないモノグラフだ。ガンズは1957年から、ボストンのウェストエンドで参与観察をおこなったが、これは、再開発における住民の適応過程を研究するプロジェクトである。ウェストエンドの階級・文化・社会構造を描く第Ⅰ部、家族・仲間集団・コミュニティの特徴を描く第Ⅱ部、ウェストエンドの仲間集団社会が階級現象かエスニック現象かを追求する第Ⅲ部、第Ⅳ部エピローグから構成されている。

ガンズのいう〈都市の村〉とは、移民が彼らの非都市的な制度や文化を都市に適応させようとする地区である。都市化が進めばコミュニティが解体すると

いうワースの見解とは異なり、都心部においてもコミュニティが維持されていくことをガンズは描いた。

❸開発社会学的な意味

　開発社会学として重要なのは第Ⅳ部だ。都市の村人たちの強固なコミュニティは、再開発によって解体された。なぜか。ガンズによれば、労働者が多数を占めるウェストエンド住民は、再開発の手続きを理解できなかったからだ。彼らは、市当局や新聞からの情報が乏しく、歪められた事実や友人・隣人からの噂を受け取っていた。それゆえ、彼らはウェストエンドが取り壊されても、自分たちの通りは取り壊されないと確信し、抗議をしなかった。労働者階級の閉じたコミュニティが仇となったともいえるが、開発においては劣位にある階級にしわ寄せがくる。ガンズは、開発利益を得るはず住民のニーズを考慮していないと批判し、再開発は、従前の社会構造が保存される場合にのみ正当化されるとする。

　また現在、低所得者層が多く住む都市中心部が再開発され、高所得者層が「都心回帰」する現象が各国でみられる。本作はこうした上層が下層を追い出し、都市空間を上書きする「ジェントリフィケーション」の先駆けを社会学的に描いたモノグラフでもある。

❹議論の広がりと関連文献

　シカゴ大学で学んだガンズによって、シカゴ学派都市社会学の社会解体論的なコミュニティ研究は内省されていった。この点については、バリー・ウェルマン「ネットワーク、近隣、コミュニティ」（森岡清志編『都市空間と都市コミュニティ』2012 日本評論社所収）が参考になる。ウェルマンによれば、20世紀初頭のシカゴ学派都市社会学は「コミュニティ喪失論」と呼ばれ、産業的・官僚制的分業が、第1次的な関係を衰退させたとするが、これに対して、ガンズの本作は「コミュニティ存続論」とされ、「近隣や親族の連帯は産業的・官僚制的社会システムにおいても依然として力強く繁茂している」という立場であった。しかし、都市化してもなお残った「コミュニティ」は再開発によってあっさりと破壊されたのであった。

　このようなジェントリフィケーションについて、1980年代以降になると正

面から捉える研究が増加していくが、マルクス主義地理学者であるデヴィット・ハーヴェイの弟子であるニール・スミス『ジェントリフィケーションと報復都市——新たなる都市のフロンティア』(1996=2014 ミネルヴァ書房、原口剛訳)では、「ジェントリフィケーション」をインナーシティの商品化だとして、労働者・都市下層がインナーシティを「不当に盗みとっている」と糾弾され、排除されるのだとした。コミュニティを構成する〈階級〉に着目し、開発の権力性を描いたガンズの視点は、その後の研究にも引き継がれている。 　　　　　（林浩一郎）

27

アラン・トゥレーヌ
『声とまなざし
　——社会運動の社会学』
(1978=2011 新装 新泉社、梶田孝道訳)

❶著者の略歴と本書の位置

　アラン・トゥレーヌ（Alain Touraine, 1925 –）はフランスの社会学者であり、「行為の社会学」や新しい社会運動論、また現代社会論で知られる。パリ大学ナンテール校の教授やフランス社会科学高等研究院の研究指導教員などを歴任し、1981年に「社会学的介入研究センター（CADIS）」を創設した。

　彼の研究初期の関心は労働社会学や産業社会学にあったが、1968年の5月危機やラテンアメリカでの軍事クーデターをきっかけに社会運動の研究に取り組むようになった。本書（*La voix et le regard.* Édition du Seuil, 1978）はその社会運動研究の理論・方法論について書かれたものである。

❷本書全体の構成と意義

　本書は2部構成になっており、第1部「社会運動」においてまず社会運動研究における「行為の社会学」の重要性が示され、第2部では「社会学的介入」という研究方法と、その実践が検討されている。

　トゥレーヌは、社会を「社会による社会自身の紛争をはらんだ生産」であると捉え、なかでも社会運動が、社会における文化の方向性や目的を決定する最も重要な行為主体であるとしている。産業社会では労働運動がその中心的な役割を果たしてきたが、彼が「プログラム社会」と呼ぶ脱産業社会では階級関係や階級紛争は衰退した。それでは労働運動に代わっていかなる社会運動が中心的な役割を占めるべきなのだろうか。本書ではこうした問題意識にもとづき、脱産業社会における社会運動（またより一般的な集合行為）を発見し、研究するような理論や方法を編み出すことが試みられている。

　その方法として第2部で紹介されているのが、社会学的介入である。社会学

的介入とは、運動の担い手をそのパートナーや敵手と対話・対決させ、かれらの自己分析を促そうとするものである。それは単に活動家たちの主張を記録し、動員の形態を描き出すことを目的としているのではない。運動の担い手と研究者がそれぞれの立場を堅持しつつ主体的に交わり、研究者の介入を通して運動の「文化的土俵＝賭金(アンジュ)」（敵対関係にある行為者が共有する、歴史形成を方向づけ社会の自己産出の働きを促すような争点）を引き出すことでその意義を明らかにし、運動の目標や行動プログラムを自覚するよう働きかけるものである。

　トゥレーヌらの研究チームは、社会学的介入を使って、フランスにおける反原子力運動やフランス南西部のオクシタニーの地域主義運動、また学生闘争、労働組合運動、女性解放運動などの事例を研究した。

　この方法をめぐっては、外部から運動に意味を押しつけることの是非など様々な論争が繰り広げられてきた。中央から地方、また先進国から開発途上国にやって来た研究者の立場性や、フェミニズム運動では研究者のジェンダーをめぐる問題などもある。しかし本書で論じられた社会運動研究に関する問題意識や方法論的関心は1つの重要な問題提起として今日でも議論される価値がある。

❸開発社会学的な意味

　本書の射程は先進社会だけでなく、開発をめぐる社会的・文化的土俵＝賭金(アンジュ)の研究や、そこでの研究者の役割にも広げられる。トゥレーヌ自身も後に第三世界の社会運動などに研究対象を広げているが、開発をめぐる社会闘争の分析や、従属社会にしばしばみられるような、ほとんど組織化されていない運動の研究に関してもこの方法は有効性をもつだろう。

❹議論の広がりと関連文献

　本書と同シリーズ（「社会運動と社会学」）として日本語訳が出版されているトゥレーヌらの『反原子力運動の社会学――未来を予言する人々』（1980＝1984 新泉社、伊藤るり訳）や『現代国家と地域闘争――フランスとオクシタニー』（1981＝1984 新泉社、宮島喬訳）は社会学的介入の実践編である。また、社会運動研究にも参加したフランソワ・デュベによる『経験の社会学』（1994＝2011 新泉社、山下雅之監訳）は、トゥレーヌの理論・方法論が現在どのように見直されているのかを知るための参考になる。

（村上一基）

28

マニュエル・カステル
『都市とグラスルーツ
―― 都市社会運動の比較文化理論』

(1983=1997 法政大学出版局、石川淳志監訳)

❶著者の略歴と本書の位置

マニュエル・カステル（Manuel Castells, 1944–）はスペインで生まれ、フランスで博士号を取得し、カリフォルニア大学バークレイ校都市・地域開発学部にて研究に従事してきた。初期の著作である『都市問題――科学的理論と分析』(1972=1984 恒星社厚生閣、山田操訳) は、都市を資本主義の諸矛盾が集積する空間として捉え、住宅や公共サービスの供給に階級格差がみられる点を指摘した。

この政治経済学的な視点に加えて、本書（*The City and the Grassroots: A Cross-cultural Theory of Urban Social Movements.* Edward Arnold, 1983）は、都市の社会構造の変革主体としての市民に着目している。著者はその後、*The Rise of Network Society*（Blackwell, 1996）をはじめとした著作で情報社会が先進経済の脱工業化に寄与することを論じ、初期の革新的な都市社会の構造分析からは距離をおくことになった。ところが、2008年以降の世界同時不況を受けて「経済危機の後遺症に関する研究」(The Aftermaths Project) と題した研究グループを立ち上げ、欧米を席巻した緊縮財政やグローバル資本主義に対抗する都市の抗議運動をテーマとした調査研究と映像記録に取り組んでいる。

❷本書全体の構成と意義

邦訳版で計814頁におよぶ本書の目的は、都市と社会変動とのあいだの関係を理解することにある。ここでいう社会変動とは、社会的に優勢であるがゆえに制度化されている利害関係を支える都市構造の変換を指す。それを草の根での動員活動や諸要求でもって実現しようとする集合的行為が都市社会運動である。したがって、本書が示す都市変動の理論は「支配する側が利害関係を維持しようとする働きかけと、草の根の市民が既存の秩序を乗り越えようとする

働きかけの双方がもたらした空間的・社会的諸影響を説明するものである。

　以上を検証するために、本書は過去から現代にかけて先進国や途上国で生起した都市社会運動の事例を数多く提示する。まず、領主と君主の支配からなる16世紀のスペインの都市で起きた反乱から、自治体行政府の民主化を求める中間層（商人と職人）が担う市民的自治の萌芽を検討している。

　これを起点に、産業資本主義の勃興と衰退に着目しながら都市の労働者階級による運動の諸事例を検討している。そこには、1915年のグラスゴーで起きた家賃ストライキの担い手となった「再生産労働力」としての女性の役割、1920年代メキシコのスラムで起きた借家人運動、1960年代米国の脱工業化・サービス産業化の過程で生起した黒人ゲットーでの地域レベルでの動員を検討している。

　1960年代のパリを事例とした章では、政府による集合住宅供給のコストダウンと住環境や生活条件の画一化に反対する労働組合主義の台頭を描いている。住宅問題を争点としていた運動において、環境問題や草の根民主主義といった争点が展開した事実は、左翼自治体行政に支えられる労働組合の実績や役割だけでは労働者階級による社会運動の説明が不十分であることを物語る。

　本書の分析は米国のラテンアメリカ移民の貧困と近隣住区での運動にも及ぶ。これらの住区は都市再開発事業の対象となっており、住民たちは地域防衛のための組織化を図った。移民たちの運動は血縁関係のネットワークを活用し、当時ラテンアメリカに広がっていた解放の神学や革命運動とのつながりを重視していた。運動の成果として貧しい近隣住区の居住環境や経済状況の改善が挙げられる。一方で、貧困と犯罪の温床としてラベリングされた「少数民族」の占有空間のイメージは改善されなかった点が報告されている。

　本書ではさらにラテンアメリカの諸都市での貧困と政治統合の問題（後述）、そして1970年代の独裁下スペインにおいてマドリッドで生起した市民運動が分析されている。後者では、当初、貧民運動からはじまった市民運動が民主化や女性解放を求める運動へと広がりをみせた点を論じている。そして、運動の政党政治への従属の多寡により、運動がもたらす都市政策への効果も検証している。

❸開発社会学的な意味

　本書の開発社会学的な意義は、いうまでもなくラテンアメリカの諸都市の事例研究が従属理論の文脈で説明されている点である。本書では、膨張する都市人口に対して市場経済や国家が住居と公共サービスを提供できない状態を意味する「都市マージナリティ」の構造を分析している。特に、その所産としての不法占拠者とインフォーマル部門の膨張を背景に、1970年代に台頭した軍事政権によるポピュリズム、つまり土地や住宅の配分を通じた貧困層の政治統合についてかなりの説明がなされている。また、企業家階級からなる民間のディベロッパーによる都市貧困地区の再開発と住民の組織化についても考察が加えられている。多国籍企業などを通じた企業家階級の世界経済への従属、いびつな産業化と都市貧困層の肥大化、不法居住地の拡大、住民組織化を通じた国家による貧困層の政治統合は、多くの途上国に共通してみられる現象である。

　いま1つは、都市社会運動の実証研究に著者が用いた手法やインタビュー項目、変数の詳細が盛り込まれている点である。以上を通じて、都市住民、とりわけ社会的周縁層の日常生活を形づくる条件を資本主義の力学、それを支える国家、そこから派生する諸矛盾に対して異議を唱える市民運動や住民運動の効果が立体的に把握できるのみならず、われわれが調査を企画・実践する上での参考資料としての機能も果たしている。

❹議論の広がりと関連文献

　本書の理解を深める上で、社会学者のアンリ・ルフェーブルによる『空間の生産』(1991=2000青木書店、斎藤日出治訳・解説) が参考になる。同書は、近代化が創りだす都市空間が「均質化」と「断片化」を内包する点を指摘している。「均質化」は、交換価値を原理とする商品化された都市空間として批判対象となるが、それ以上に「断片化」はこうした商品化された空間から排除された階級の存在として厳しく批判されている。一方でルフェーブルは、ブルジョアジーの論理を押しつけた空間に対抗し、「都市への権利」を主張する過程に力点をおいて分析している。

（佐藤裕）

29

ジェームズ・スコット
『弱者の武器
―― 農民の日常型抵抗』
(1985 エール大学出版局、邦訳なし)

❶著者の略歴と本書の位置

　本書 (*Weapons of the Weak: Everyday Forms of Peasant Resistance*. Yale University Press, 1985) は、政治学者でかつ人類学者のジェームズ・スコット (James Scott, 1936 –) が 1970 年代にマレーシアの村落で 18 ヵ月間実施したフィールドワークにもとづき、農民の日常型の抵抗を理論的に考察した記念碑的著作である。

　スコットは以前の著作、『モーラル・エコノミー ―― 東南アジアの農民叛乱と生存維持』(1976=1999 勁草書房、高橋彰訳) で農民反乱を起こす構造的要因を検討した。ここでスコットは互酬性規範 (the norm of reciprocity) と生存維持権 (the right to subsistence) という概念を手がかりに、大農と小作農との関係性に注目し、過酷な支配や生活環境におかれた農民が暴力的な反乱をめったに起こさない理由を説明した。この主張をさらに発展させ、下層階級の日常的な政治的行為の性格と意味づけを政治人類学の立場から体系的に検討したのが本書である。

❷本書全体の構成と意義

　本書でスコットは階級闘争など集合的・計画的な社会運動としての農民反乱ではなく、従来の政治学ではほとんど語られてこなかった「政治紛争における隠された領域」に注目する。その領域は小農の日常生活での抵抗行為である。スコットはこのような農民の政治行為を「日常型の抵抗」と名づけた。そして、農民が反乱や革命などの組織的・集合的で大規模な政治的行為を引き起こすのは歴史的に非常に稀であり、従属的な地位におかれた農民など下層階級の政治的行為の大半が「日常型の抵抗」のカテゴリーに分類されるとする。そのため、下層階級の政治的行為を理解するためには、このような「日常型の抵抗」も政治的な影響力をもつ活動として捉えるべきであると主張した。

本書でスコットはこのような抵抗の形態としてだらだら仕事、盗み、放火、陰口、そらとぼけ、さぼり、面従腹背などを取りあげた。これらの抵抗は社会運動、反政府活動などの集合的で可視的な政治的行為とは異なり、個人的かつ日常的であり、既存の社会構造や権力関係に正面から対立するものではない。しかしスコットは、このような不可視の日常的実践の積み重ねこそが、既存の国際・国内政治秩序や権力関係を変革する無限の可能性を秘める武器となると主張した。つまり、このような「日常型の抵抗」こそが「弱者の武器」なのである。

　しかしながら、スコットの抵抗論に対する批判もさまざまな角度からなされてきた。社会人類学者・社会学者の松田素二は、『抵抗する都市――ナイロビ移民の世界から』(1999 岩波書店)でこうした批判について以下の4つにまとめている。第1点は、抵抗する主体と能動性の意義を過度に強調するあまり、抵抗の対象である資本主義世界システムや国民国家のもつ権力がみえにくくなってしまうことである。第2点は、支配される側の多様性が考慮されず、抵抗する側を一枚岩の民衆として表象してしまう危険性があることである。第3点は、何が抵抗で何が抵抗ではないのかという基準が非常に曖昧であることである。第4点は、抵抗というのは結局のところ、それを抵抗として判定する研究者によってファンタジー化される可能性があるという点である。

❸開発社会学的な意味

　以上のような批判は、逆にスコットの抵抗論がもつ影響力を語るものである。従来の社会科学では、政治経済システムや国民国家の制度的文脈のなかで農民や下層階級は受動的な存在として描かれてきた。こうした層の日常的な実践に焦点をあて、彼／彼女たちの主体性・能動性に注目したところにスコットの抵抗論の意義がある。このような見方は従来、調査者と現地住民という埋めがたい二分法的な関係性に悩まされていた人類学に発想の転換を促すのみならず、「隠れた政治領域」に目を向けることで新たな政治的行為の可能性を提示した点で、政治学や政治社会学にも大きな反響を及ぼしたのである。

❹議論の広がりと関連文献

　本書には日本語訳が存在しないが、部分訳として、「日常型の抵抗」坂本義和編『世界政治の構造変動3 発展』(1994 岩波書店、藤原帰一訳)がある。　　（権慈玉）

【コラム5】
ダム問題を題材とした諸メディア作品

　本書で紹介する60冊のほとんどが学術書であるが、小説、映画、ドキュメンタリー、写真集、歌謡曲など、開発を社会学的に捉えることのできる媒体は数多くある。ここでは、ダム問題を題材にしたものを取り上げたい。

　真っ先に紹介するのが石川達三の小説、『日蔭の村』（1937 新潮社）である。東京の水ガメとして奥多摩に計画された小河内（おごうち）ダムは、戦前の1926年に着工したものの、長きにわたり棚上げ状態となった。この間補償金が入ることで浮足立ってしまった村人たちの生活が窮地に追いやられる実態を同作品は捉えている。また、八ヶ岳南麓の避暑地・清里は、この小河内ダムの移住者によって礎が築かれたが、こちらは岩崎正吾『清里開拓物語——感激の至情、楽土を拓く』（1988 山梨ふるさと文庫）に詳しい。

　また、1940年に完工した黒部渓谷第3ダムを描いた吉村昭『高熱隧道』（1967 新潮社）、同『水の葬列』（1967 筑摩書房）があり、三島由紀夫『沈める滝』（1955 中央公論社）は、奥只見ダムが舞台となった。ほかに田子倉ダムがモチーフになっているとされる城山三郎『黄金峡』（1960 中央公論社）、長野県の高瀬ダム・七倉ダムを舞台とする曽野綾子『湖水誕生』（1985 中央公論社）がある。曽野には、土木技術者の家族に焦点をあてた『無名碑』（1969 講談社）もあり、あわせて読んでみたい。また、ルポルタージュでは、松原・下筌（しもうけ）ダム反対運動のリーダー・室原知幸氏の人物像にも迫った松下竜一『砦に拠る』（1977 筑摩書房）がよく知られている。

　ダム問題の当事者の手によるものとして触れたいのが、ダム反対運動および補償交渉の記録である。なかでも、岐阜県白川村に建設された御母衣（みぼろ）ダムについて、反対運動の軌跡を辿った若山芳枝「ふるさとはダムの底に」（1966.4–68.3『電力新報』）は出色の作品である。同ダム完成から半世紀後に関係者へのインタビューをまとめた浜本篤史編『発電ダムが建設された時代——聞き書き 御母衣ダムの記憶』（2014 新泉社）とあわせて読んでもよいだろう。公共事業見直し論に関連するものとしては、萩原好夫『八ッ場ダムの闘い』（1996 岩波書店）や、事業中止となった細川内ダムの藤田恵『国を破りて山河あり——日本で初めて巨大ダムを止めた村長（はそごうち）』（2010 小学館）などがある。そのほかにも多くの「ダム文学」と呼ぶべき作品群が多くあり、古賀河川図書館（福岡県久留米市）の館長でもあ

る古賀邦雄による連載、「ダムの書誌あれこれ」(2003.11–『ダム日本』)に詳しい。同連載は、日本ダム協会のウェブサイト「ダム便覧」でも閲覧可能である。

　ほかに無視できないのが、1950年代から60年代に多数撮影された記録映画である。「佐久間ダム建設記録」をはじめとする岩波映画は、丹羽美之・吉見俊哉編『岩波映画の1億フレーム』(2012 東京大学出版会)に詳しい。また、こうした貴重資料が散逸しないように、東京大学および東京藝術大学の研究者を中心に記録映画保存センターが2008年に設立され、同センターのウェブサイトでは記録映画のデータベースが提供されている。

　ところで上述の石川達三には、九頭竜(くず りゅう)ダムの汚職事件を扱った『金環蝕(きんかんしょく)』(1966 新潮社)もあり、こちらは映画化もされた。映画化されたといえば、石原裕次郎主演映画が爆発的な人気となった木本正次『黒部の太陽』(1967 講談社)については、説明の必要がないだろう。比較的早い時期の映画として、ダム工事現場の人間関係を描いた三船敏郎主演の「激流」(1952)もある。近年では、中国・三峡ダム建設を題材とした「水没の前に」(2004 李一凡・鄢雨監督)、「長江哀歌」(2006 賈樟柯監督)のほか、徳山ダムを扱った「水になった村」(2007 大西暢夫監督)もある。徳山ダムは多くの媒体で取り上げられているが、「カメラばあちゃん」として知られる増山たづ子氏撮影の写真集が複数出ているのであたってほしい。

　テレビ番組でも多くのドキュメンタリー作品が制作されたが、NHKの「プロジェクトX」(2000–2005)では「厳冬黒四ダム 断崖絶壁の輸送作戦」(2000)、御母衣ダムを題材とする「桜ロード 巨木輸送作戦」(2002)といった作品が放送された。歌謡曲では、東海林太郎のヒット曲「湖底の故郷」(1937 ポリドール)は小河内村民の心情を捉え、三浦洸一が歌う「あゝダムの町」(1956 ビクター)は、1957年年末のNHK紅白歌合戦でも登場した。

　以上、本コラムでは足早にダム関連作品を取り上げたが、これらは資料的価値をもっているだけでなく、どういった開発事業がどのタイミングで、いかなる媒体で取り上げられるのかに注目することで、社会現象・社会問題としての側面を捉えることにもなる。また、開発の語られ方や記憶の継承という点でも重要であろう。

(浜本篤史)

【コラム6】
年表による問題構造の把握——『環境総合年表』の試み

　みなさんも、ある社会問題の経過を把握するために、年表を作成することがあるだろう。しかし、年表というものは、実は世界中でつくられているわけではなく、東アジアの漢字文化圏で生まれた独自のものである。

　歴史哲学者の佐藤正幸（『歴史認識の時空』2004 知泉書館）によれば、それは東アジアが独特の年の数え方（紀年法）を採ってきたからだという。「壬戌」のような十干と十二支の組み合わせによる紀年法（干支）は、60年で一巡する。だから年号を加えて「天応二年壬戌」と書けば相対的に正確になるものの、それが他国（たとえば中国）の何年にあたるのかは見当がつかないだけでなく、西暦（782年）との対応関係もわからない。つまり、年号と干支の組み合わせ紀年法は、相対的な区別は可能だが、「それ自身だけでは絶対年代を特定出来ない紀年法」（佐藤 2004: 55）なのだ。キリスト生誕を原点（紀元）にすえて、一本の数直線で時間を認識する西洋の絶対通年紀法とは鋭い対照をなす。

　つまり、相対紀年法を採った漢字文化圏では、ある王朝で起きた事柄が、他の王朝の何時にあたるのかがわかるような変換をする必要性があった。「寛永」という元号が意味をもつのが日本国内だけであることを考えればわかるように、年号はきわめてナショナルなものでしかない。だから、それらを変換して何時かを理解できるツールが不可欠であったわけだ。佐藤はここに「『時間の視覚化』された歴史一覧表」としての「歴史年表」が生まれたとする。紀元前1世紀の司馬遷『史記』にまで遡れる年表という伝統は、相対紀年法を採った漢字文化圏で生まれるべくして生まれたのだろう。

　かような年表とは一体、いかなる方法なのだろうか。それは文字通り「表」である。時間軸によって明解に配列されて一覧性を有し、「時間」と「事項」という二変数間の関係を記述したものが年表であり、ゆえに「生起した事件の前後関係、相関関係を見ること」（佐藤 2004: 102）に長けている。表という一覧性があるからこそ、地域間や時代間の比較が可能となり、その過程で新たな気づきを促すこともある。

　日本の環境社会学にも、環境年表を作成する知的伝統がある。飯島伸子『公害・労災・職業病年表』（1977 公害対策技術同友会）は、記念碑的労作である。同書は詳細な索引を付けて再刊され（2007 すいれん舎）、その続編『環境総

合年表——日本と世界』(2010 すいれん舎)も刊行された。さらにその英語版 A General World Environmental Chronology (Suirensha, 2014) までが出版されている。筆者はこの一連の年表の編集に携わったが、他にも多くの優れた年表が存在し、それらから多くを学んできた。

では、一連の環境総合年表刊行の意義とは何だろうか。

第1に、問題の「構造」を一望できることがあげられる。たとえば水俣病を世界の開発・環境問題のなかに位置づけて把握できるようになったことの意義はきわめて大きい。実際に『環境総合年表』の各国別年表を通読すると、各国の環境問題の歴史や国際条約の締結など、国際連携が着実に進行してきたことが手に取るようにわかる。また、開発を推進する主体に対抗する市民社会の生成や市民運動の展開が国と地域によっていかに異なるかも、よくみえてきた。「年表」という手法がみせてくれる構造や課題は、論文のそれとは違うのだ。

第2に、年表という方法の革新があげられよう。『公害・労災・職業病年表』は詳細であるがゆえに、かえって「一望性」が失われてしまっていた。「詳しく知りたい」と「大局的な流れを一望したい」という背反するニーズを満たすために編み出されたのが、『環境総合年表』から導入された「トピック別年表」と「重要事項統合年表」である。個々の事例の専門家が作成したトピック別年表が「詳しく知りたい」に、各トピック別年表から重要事項を抽出して作成された重要事項統合年表が「一望したい」に応えるわけだ。

第3に、多様な「読み」を保証する多欄構成が採用されていることだ。一欄構成の年表は、著者自身の「語り」が年表という形式で語られているにすぎない。読者には、それを受け取るか、拒否するかのどちらかしか途はない。それに対して日本の一連の環境年表は、多欄構成を採用することによって、読者に創造的な「読み」を提供することが可能だ。たとえば、「環境運動」欄のイベントAが、「行政」欄のイベントBを引き起こしたという「読み」もあれば、Aは「企業活動」欄のCを惹起したのだと解釈する人もいる。「A→B」「A→C」のどちらも共存可能なのが多欄構成の利点である。

年表は、だから豊かな可能性をもったデータベースの一形式でもあるように思われる。漢字文化圏から世界に向けて発信される、方法としての年表。それが開示するのは、問題構造の視覚化という新たなステージであり、それは開発現象を社会学的に捉える上でも必要不可欠な視点に違いない。

(堀川三郎)

第Ⅴ章
都市・農村の貧困の把握

▶▶ **Overview**

　社会学は「貧困」をどう捉えるのか。本章では、都市と農村の貧困の把握について、日本国内と途上国の都市・農村研究に関する代表的な動向を紹介する。

　日本における都市の貧困調査の原点の1つとして位置づけられるのが、松原岩五郎の『最暗黒の東京』(1893)である。同書は、1887年から約10年間の資本主義形成期にあって、滞留する都市下層社会を描いたルポルタージュであった。しかし、社会学的な都市研究が本格的に確立するのは第2次世界大戦後である。戦後日本の社会学は、失業、浮浪者、少年非行、寡婦、売春、ヤクザ、ドヤなどの都市で生じた貧困の派生的現象を、個人や家族の事情に起因する「病理」として捉えた社会病理学がまずあった。社会病理学と都市社会学は、米国のシカゴ学派都市社会学（→コラム8参照）の直接輸入によって日本を分析対象とした点に特徴があった。これに対して農村社会学は、当時の日本が非西欧文化圏、非キリスト教文化圏のなかで資本主義の発展をみた国として、必ずしも西欧化とは同じではないことを自覚し、その上に日本独自の理論的、実証的な農村研究をおこなった。その記念碑的業績が鈴木榮太郎の『日本農村社会学原理』(1940)である。

　次に、途上国の貧困研究に目を転じてみよう。ルイスはメキシコ近郊の伝統的農村の『貧困の文化』(1959=1969)に着目し、困窮する人々の生活を取り巻く生活様式を民族誌として描き出し、ほかの国や地域にも共通するものとして困窮する人々の生活を取り巻く力関係を「文化」として表現した。日本人研究者によるものでは、タイ農村研究において北原淳の功績が大きく、なかでも『共同体の思想』(1996)は日本の共同体論を基礎に村落開発理論の比較社会学の確立を試みた点で注目に値する。都市研究においては、シカゴ学派の伝統を受け継いだ日本の社会学者が途上国を対象に、スラムの社会的解体ないしは近隣組織を軸とした社会秩序に焦点をあてる傾向が強かった。1990年代前後には、新津晃一編『現代アジアのスラム』(1989)が途上国における向都移動の「押し出し要因」と「引っ張り要因」としての社会的な紐帯、移住後のスラムでの相互扶助的な関係を実証し、従来の都市理論では捉えられなかった途上国の過剰都市化を説明した。近年では、ホームレスや寄せ場研究の青木秀男が、国際比較の視点から『マニラの都市底辺層』(2013)を生み出した。グローバル化

にともなう産業構造の変容により、従来の途上国都市論では説明し切れなくなった現状をもとに、新たに「新労務層」という概念を提唱し、途上国都市の労働の本質に迫った1冊である。

海外研究者による仕事では、グローバル化の進展にともなう世界的な傾向として生み出された貧しい人々、すなわち「ニュープア」に焦点をあてた研究としてバウマン『新しい貧困』(2004=2008)を外すことができない。「ニュープア」は、「労働予備軍」から「欠陥のある消費者」や「純然たるやっかいもの」になり、社会の多数派が心の奥底に抱える不安や恐怖心を外在化した存在として位置づけられるようになったことを明らかにした。また、デイヴィス『スラムの惑星』(2006=2010)は途上国都市において、新自由主義的な世界秩序によって尖鋭化された「受益層」としての民間開発業者やマフィア、「受苦層」としてのスラム住民という構図を描き出し、過剰都市化が貧困の再生産によって推進されている現実に警鐘を鳴らした。

最後に、これまでに挙げた研究とは違った角度から論じる近年の研究を2作品取り上げることにした。モーダックら『最底辺のポートフォリオ』(2009=2011)は、貧困線以下の人々の金融行動を豊富な定性データと定量データで描く開発経済学の新潮流であり、「開発経済学新3部作」の1つである。また、プラハラード『ネクスト・マーケット』(2005=2010)は、それまで開発援助の対象とみられていた貧困層の人々(BOP)を、ビジネスの顧客として捉える大胆な転換を提起し、一大センセーションを巻き起こしている。これらはいずれも、社会学の領域以外で生まれた議論であるが、開発社会学研究にとっても刺激を与えてくれる要素を含んでいる。

戦後の日本社会学の貧困研究は時代に応じて一定の成果をあげているが、実際には国内の個別社会学領域に細分化され、各地域研究とのあいだにも距離がある。開発社会学は、これらを克服すべく、日本の貧困研究と途上国の貧困研究などの国際比較や経済学と社会学、都市研究と農村研究などの往来をおこないながら、現代の貧困研究に対応したアプローチを確立する必要があるだろう。

(辰己佳寿子)

Contents

30 松原岩五郎『最暗黒の東京』(1893/1988) ………………………… 125
31 鈴木榮太郎『日本農村社会学原理』(1940) …………………… 128
32 オスカー・ルイス『貧困の文化』(1959=1969/1985/2003) ………… 131
33 北原淳『共同体の思想』(1996) ………………………………… 134
34 新津晃一編『現代アジアのスラム』(1989) …………………… 137
35 青木秀男『マニラの都市底辺層』(2013) ……………………… 140
36 ジグムント・バウマン『新しい貧困』(2004=2008) ………… 143
37 マイク・デイヴィス『スラムの惑星』(2006=2010) ………… 145
38 J. モーダック、S. ラザフォード、D. コリンズ、O. ラトフェン
『最底辺のポートフォリオ』(2009=2011) …………………… 148
39 C. K. プラハラード『ネクスト・マーケット』(2005=2010) ……… 151

〈コラム7〉むらの単位　154
〈コラム8〉シカゴ学派の都市研究　155

30

松原岩五郎
『最暗黒の東京』

(1893/1988 岩波書店)

❶著者の略歴と本書の位置

　明治維新を経て「近代化レース」に遅れて参入した「途上国」日本は、19世紀と20世紀の境を挟む10年間に日清戦争（1894-95）、日露戦争（1904-05）の2つの近代戦争を経験した。これを契機に、産業革命のペースを加速化する。これにともない、西欧産業社会でも産業革命と共に発生した「都市貧困層」が急増することになり、これが社会問題として認識されるようになる。本書の背景となる日清戦争前は、多くの庶民はまだ江戸期の「貧乏長屋」的な、のどかな生活スタイルを維持していたが、維新後新たに都市に流入した人々を中心に収入の道の安定しない近代的「貧民」「細民」の存在も顕在化しはじめ、また人口増によるインフラ不足、衛生環境の劣化が目につきはじめた。こうしたこともあって明治期にはコレラが頻繁に流行する。こうした細民の生活状況を勃興期の新聞ジャーナリズムが、当初は興味本位からルポルタージュを掲載しはじめた。当時は、社会学者がそのようなテーマを研究することもなかったが、こうしたルポのなかには社会学・民俗学的にも史料価値の高いものがみられる。

　松原岩五郎（1866-1935）は小説家・ジャーナリストである。1892（明治25）年に徳富蘇峰の主筆する「国民新聞」に入社したのち、貧民街に潜入し職業を転々としながらその実情を記録し同紙に掲載、翌年に民友社から『最暗黒の東京』として出版した。日清戦争以前の東京の貧民生活を活写した、ルポルタージュの嚆矢といえる作品である。

❷本書全体の構成と意義

　明治維新によって、制度面（関所の廃止）、インフラ面（鉄道・国道の整備）双方から国内の人口移動がより容易になると、都市への人口集中が急拡大し「貧困

層」が登場する。これを契機に正義感に駆られて慈善事業や社会事業に着手する人も増え、彼らによっても貧困層に関する情報が発信されるようになる。『最暗黒の東京』もこうした流れのなかに位置づけられる。

舞台は下谷万年町、四谷鮫河橋、芝新網町といった江戸以来の「三大貧民窟」を中心に、屑屋など江戸以来の伝統的な貧民稼業に加えて「人力車夫」といった維新後の新たな貧民稼業の生活、木賃宿、飯屋、残飯屋、日雇い周旋の方法、借金（融通）、古物市、せり市、また障がい者の生計の糧など、貧民の生活戦略に不可欠な道具立てについて詳細な情報を提供している。

❸開発社会学的な意味

今日の途上国が直面する社会問題としての貧困を考える際、明治維新以降急速に近代化した日本がその当時どのような貧困問題を抱え、行政や市民社会がこれにどのように対処しようとしたのかを知ることは重要である。そのためにも、『最暗黒の東京』をはじめとする当時の記録は大変に参考になる。これらは、今日の途上国における貧困層の生活を知る上でも重要な参照基準となる。本書はこの意味でも、今日なお資料価値を失っていない。

こうしたルポルタージュによる「報告」、紡績工場などでの女工虐待を告発する世論、世界的な労働者の権利擁護の論調、さらには労働者階級の団結を叫ぶ社会主義思想の高まりを背景として、1911（明治44）年には我が国初の工場法が公布され、1916（大正5）年に施工されるに至った。今日「底辺への競争」とも呼ばれる世界的な繊維・縫製産業の途上国への展開のなかで、労働環境の劣悪さが人権問題として取り上げられながら、途上国政府には有効な対応策がとれない現状と比較すると、日本の取り組みには様々な示唆が含まれているように思われる。

❹議論の広がりと関連文献

本書に続いて、日清戦争後の1899（明治31）年には横山源之助の『日本の下層社会』（1899/1949 岩波書店）が出版される。同書では、日清戦争勝利を契機に軽工業を中心とする産業化が急速に進むなかで、貧困層がどのような生活を営んでいたのかが克明に記録されている。同書では東京の貧民・職人・労働者のみならず、桐生・足利の織物業、阪神地域のマッチ工場、全国の職工、鉄

工所労働者、さらには農村部の小作人などについての記述も豊富で、多くの調査にもとづいた実態報告となっている。

　20世紀に入ると行政も各種工場の劣悪な労働条件を問題視しはじめ、監督官庁である農商務省商工局は、労働者の労働環境、女工の募集方法や虐待などについて各府県に照会し、その報告をとりまとめた『職工事情（上・中・下）』(1903/1998 岩波書店) を公刊した。この付録には職工・工場主・口入れ業者等に対するインタビュー調査もあり、官製の調査ながら当時の労働者の状況を何とか改善したいという社会正義を感じさせる。また、政策の基礎に調査をおくというごくあたり前ながら、今日の途上国ではなかなか実施されないことを当時の日本がおこなっていたことの意味を改めて考えさせられる。

　1904（明治37）年の日露戦争勝利と戦後景気で産業化、都市化がさらに進むなかで貧困問題を社会問題として捉え、これを当時の世界的な趨勢と関連づけながら分析したものとして、1916（大正5）年に大阪朝日新聞に連載された河上肇の『貧乏物語』がある。この頃から「労働問題」が社会問題として顕在化してくるが、これらの書籍を含めて第2次世界大戦前まで視野を広げたものに紀田順一郎『東京の下層社会』(2000 筑摩書房) がある。

　さらに、こうした細民状況を時空を超えて現在の途上国に見出しているのが、バングラデシュの残飯のショッキングな描写からはじまる辺見庸『もの食う人びと』(1997 角川書店) である。「世界の工場」となった現代中国国内の女工の労働環境についてのルポルタージュにレスリー・チャン『現代中国女工哀史』(2008=2010 白水社、栗原泉訳) がある。これを映画化した『女工哀歌』（ミカ・ペレド監督、2008公開）をみる際には、細井和喜蔵『女工哀史』(1925 改造社/1980 改訂版 岩波書店) もあわせて読むことをおすすめする。

　　　　　　　　　　　　　　　　　　　　　　　　　　　　（佐藤寛）

31

鈴木榮太郎
『日本農村社会学原理』

（1940 時潮社）

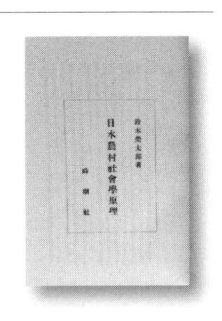

❶著者の略歴と本書の位置

　鈴木榮太郎（1894-1966）は日本における農村社会学の泰斗である。日本の農村社会学は、貧困研究を前面に押し出していたわけではないが、貧困を含む農村の「社会問題」に対峙してきた。鈴木は「農民のために考えてやりたいと思った問題の一は、農民の生活窮乏の事情の解消の方策である」と明確に述べている。ただし、鈴木は貧困を個人の問題としてではなく、また経済的側面のみでもなく、構造的問題として捉えていた。このことは以下の有名な言葉から読み取ることができる。

　　農村問題が経済問題以上になったのは、1880年にはじまり1890年代にほんとに出現しはじめたのである。（中略）悪い経済状態でも人々が田舎を去って都市に走らなかったまでは、（中略）共同社会の生活は、それ程乱されていなかった。（中略）かくて田舎はそこを住み心地の悪いものと思いながらそこに取り残された人達によって維持されていく様になるに及んで事態は誰がみても容易ならぬものとなったのである。

　戦前から戦後にかけての日本の社会学は、全般的に、西欧の理論を輸入して模倣する傾向が強く、鈴木もキャリア初期には、米国やドイツなどの農村社会学の研究動向を積極的に紹介していた。しかしその後、鈴木は日本の農村問題は西欧理論では説明できないとし、日本独自の農村社会学を打ち出していった。日本における家族や村落の構成原理、さらには発展の特性は明らかに外国とは事情が異なっているとし、日本における農村の実態に即した方法と領域がなければならぬと考えたのであった。

❷本書全体の構成と意義

本書は、10章におよぶ大著であり、農村社会の研究法、社会構造、家族および家族本位制、社会集団、社会関係、自然村の統一性とその社会意識、関心共同圏、自然村の社会分化、日本の村の分類によって構成されている。農村を構造的に把握するためには、このような分析視角が必要であることが理解できよう。

本書での鈴木の最大の発見は「自然村」概念を打ち出したことである。鈴木は、「いまや私は茫漠たる精神という概念を、社会意識の内容に還元することによって、それが現在の共同体内部の社会過程に対する関係を、十分明確に理解することができる」と指摘し、米国との違いを「家の精神」「村の精神」に見出し、その社会範囲を生態学的構造として概念化した。鈴木が1930年代に調査をして歩いた日本の農村では、第1社会地区（小字・組）、第2社会地区（大字・自然村）、第3社会地区（行政村）という三重の地域的統一をもっていた。第1社会地区は徳川時代の五人組の伝統に発し、密集する家居よりなる集落で、こんにち小字と呼ばれる。それらがいくつか集まって、第2社会地区をつくる。これが徳川時代以来の「自然村」であって、社会関係の集積は第1社会地区にくらべるとやや希薄ではあるが、そこには単なる集団の累積のほかに、これを統一せしむる要素があり、その要素が社会意識の独立した統一作用にほかならない。これこそ、日本の村を村たらしめるものである。第3社会地区は1889年以降の町村合併によってつくられた行政村であるが、社会関係の集積はここにはほとんどみられない、という観察をおこなった。

これを踏まえて、鈴木は、「自然村に存する基本的社会統一は、集団の累積的統一でもなく、また個々の集団のいずれの1つにおける統一でもなく、実にこの累積体の基底に存する社会意識作用の自足的統一にほかならぬ」と指摘する。そして、「しからば村とはなんぞといえば社会学的には、一定地域内の住民がその共有する個性的な社会意識内容によって営む社会意識の自足的・統一的作用である」という定義に至るのである。

❸開発社会学的な意味

鈴木の大きな功績はまさに「原理」を突き詰めたことにある。西欧理論と距離をおこうとしたとき、日本の特性が強調されることになるだろう。しかし鈴

木は、特性の主張にとどまらず、上述した生態的な社会関係を農村社会学原理として打ち出し、社会学者として普遍主義の貫徹を表明した。戦後、鈴木は都市社会学に転じ、同様に生態的なアプローチで都市を捉え、都市が農村等の社会的交流の結節機関とする独自の理論を定式化している。

また農村社会学は、もともと民俗学や経済史学の影響を受けて誕生しており、現実の農村社会においては他分野の学問、農学、経済学、農業経済学、地理学などの隣接科学と協働する場面が多かった。地域性を重視する姿勢はもとより、これらをこえた普遍的な視点をもっていること、その視点をもちながら現実的な課題に接近するために学際的な体制ももっていることが特徴である。このような方法論は「開発社会学」の立ち位置として示唆的ではないだろうか。

❹議論の広がりと関連文献

鈴木の仕事は、『鈴木榮太郎著作集（全8巻）』(1968-1977 未來社) にまとめられている。また、鈴木以後の農村社会学をリードした福武直 (→Ⅳ-23 参照) には、『日本農村の社会的性格』(1949)、『日本農村社会の構造分析』(1954) などがあり、いずれも『福武直著作集（全11巻＋別巻＋補巻）』(1975-1986 東京大学出版会) に収められている。農村社会学とは異なるアプローチをとった社会病理学として、磯村英一の『社会病理学』(1954 有斐閣) が代表的である。磯村はシカゴ学派 (→コラム8参照) の方法にもとづき、東京の戦前の貧民窟や戦後のスラムの調査などを通して、都市の社会病理を都市生態の一典型として捉えようとした。

1970年代には、生活構造論からのアプローチが盛んになった。日本の高度経済成長に生じる貧困は、生活構造と収入のアンバランスから生じるところの「背のび型」であり、宣伝やデモンストレーション効果の影響を受けて踊らされる人々に現代的貧困を見出した。さらに高度経済成長期以降は、農村と都市を個別の空間とは捉えられなくなり、地域社会学や環境社会学が台頭してくる。そのなかでも、農村社会学的な姿勢で地域の問題に取り組んでいるのが徳野貞雄である。『農村（ムラ）の幸せ、都会（マチ）の幸せ——家族・食・暮らし』(2007 日本放送出版協会) などを通して、食と農の社会学や生活農業論を打ち出している。

（辰己佳寿子）

32

オスカー・ルイス
『貧困の文化
——メキシコの〈五つの家族〉』

(1959=1969/1985/2003 筑摩書房、高山智博・染谷臣道・宮本勝訳)

❶著者の略歴

　著者のオスカー・ルイス (Oscar Lewis, 1914–1970) はニューヨークに生まれ、エール大学、米国司法省特別戦争政策部などを経て、ワシントン大学、イリノイ大学で教鞭を執る。メキシコ、キューバ、プエルトリコなどで民族誌の長期調査を重ねた。

　本書（*Five families: Mexican Case Studies in the Culture of Poverty.* Basic Books, 1959）は、1940年代以降のメキシコ市とその近辺に暮らす5つの家庭を対象に、人類学的な手法でフィールドワークをおこなった成果である。伝統的な農村と急激な都市化に見舞われていた当時のメキシコ市周辺のスラムに移住する家族の生活誌を、象徴的にそれぞれ1日に凝集して5日間の物語として描いた。発表された当時大きな反響を呼んだ貧困研究の古典的文献である。

❷本書全体の構成と意義

　本書では、序章で、1821年の独立から1950年代までのメキシコの社会的、経済的変化が淡々と説明される。その後、メキシコ近郊の伝統的農村、寄り合いの慣習が残っているカサ・グランデ、バナデロス通り、メキシコ市の外れ、そして中心地に暮らす5つの家族のある1日の様子が、家族1人ひとりの視点から詳細に記述されていく。朝、起きて食事をつくり、食事を摂り、それぞれの仕事に出かけていく。家に残る者はその日課をこなし、夜寝るまで。それぞれのシーンで登場する家族メンバーが、どのように振る舞い、何を感じ、考えているか。その日の「出来事」が克明に描写されていく。読者はまるで映画を観ているように、困窮する人々の住環境、食生活、衣服の様子から、信仰のスタイル、働き方や労働に対する思い、家族に対する思いなどを、活き活きと理

解することになる。

　これを可能にしたのは、ルイス自身が「民族誌学的リアリズム」と呼んだ手法である。すなわち、共同体研究に用いられる概念的カテゴリーの大半を1つの家族に適用すること、家族メンバー1人ひとりの目を通して家族を捉える「羅生門」式手法、家族が反応する事件や問題・危機などを選択すること、そしてこれら3手法を統合し、普段のある典型的な1日として表象すること、以上の4点である。

　特に、同じ家族のなかで起きている同じ出来事でも、家族それぞれが異なった見方をし、感じ、考え、対処する方法も実に様々であることを示した「羅生門」的手法は、我々がややもすると陥りがちな「均一な貧困観」を痛烈に批判する。困窮する人々の多様さとともに、その人々にとって、いったい何が必要でどのような支援が求められているのか。この基本的な事柄についてこそ、より具体的に知る必要がある、ということを見事に描き出したといえるだろう。

　ルイスは、自身で述べているように、ほかの国や地域にも共通するものとして困窮する人々の生活を取り巻く力関係（＝生活様式）を描き出そうとした。これを「貧困の文化」と表現したのである。貧困問題を正面から取り上げた草分け的な存在であるとともに、貧困の要因を「文化」として表現したことは、後に様々な誤解や論争を招くことになるのだが、多様な個別的事象から貧困という共通する課題を浮き彫りにしようとした開発学における古典中の古典と位置づけられていると考えてよいだろう。

❸開発社会学的な意味

　本書が、貧困問題の「同時代性」を提示するとともに、共通する力関係として貧困を問題化した重要性は高い。「貧困の文化」という「何か本質的なもの」があるのだと誤解してはならない。「彼らと生活を共にし、彼らの言葉と習慣を学び、彼らと問題や希望を共有することが必要不可欠である」とするルイスの姿勢は、開発協力にとどまらず、貧困問題に携わる者すべてに求められる基本的姿勢として、まずは正面から受けとめたい。

　また「民族誌学的リアリズム」としてある1日を描き出す手法は、後に住民参加を重視する農村開発の調査手法として成立する迅速型農村調査（RRA: Rapid Rural Appraisal）や参加型農村調査（PRA: Participatory Rural Appraisal）にも影

響を与えたとも考えられる。参加型手法の基本手法の1つである「1日の時間の使い方」（参加者が起床から就寝までを話し合い、グループで共有していく手法）は、たとえばジェンダーによる労働時間の多様さの理解やその比較、調査者と住民との時間軸の相違とその補正などに活用されている。

そして、貧困をめぐる共通する力関係を、家族やその構成員の複眼的な視点や心理状況などを含めて描写する表象は、ブルデューの『資本主義のハビトゥス』（→Ⅷ-57参照）をも想起させる。さらに、翻訳者の解説が1969年、1985年、2003年と続いていることも貴重である。解説には、アマルティア・センを参照し「剥奪」の概念から貧困を位置づけながら、ピーター・タウンゼントの「相対的剥奪」をも想起させる政治的剥奪、社会的剥奪、文化的剥奪について触れられている。貧困問題に取り組むことは、なにも開発社会学に限られたものではないが、経済学から貧困に迫ったセンと、そのセンが、社会学では古典と言われるタウンゼントの相対的剥奪の概念を補強する形で、絶対的貧困の存在と対処の必要性を主張する過程は、まさに多面的な貧困像を捉えようとする本書の主題と重なる。

❹議論の広がりと関連文献

上記の『資本主義のハビトゥス』や、1983〜1985年に *Oxford Economic Papers* 誌においてセンとタウンゼントのあいだで繰り広げられた「絶対的貧困」と「相対的貧困」をめぐる論争もあわせて読んでほしい。特に、センータウンゼント論争が2000年代に入って日本の福祉研究領域で多く取り上げられていることに注意しておくと、現代の開発問題をより重層的かつ複眼的に捉えることに役立つだろう。

（滝村卓司）

第Ⅴ章　都市・農村の貧困の把握　133

33

北原淳

『共同体の思想
──村落開発理論の比較社会学』

（1996 世界思想社）

❶著者の略歴と本書の位置

　北原淳（1941‐2013）は東京大学経済学部を卒業後、アジア経済研究所研究員（1966～1976年度）、神戸大学文学部助教授・教授（1976～1998年度）、名古屋大学経済学部教授（1999～2004年度）、龍谷大学経済学部特任教授（2006～2011年度）を歴任した。タイの農村社会調査研究を軸としつつも、中国や韓国の農村社会調査を通して比較社会学的な視点をもち続ける農村社会学者である。

　以上のように、海外の特定地域を対象とする「地域研究」から出発した北原は、本書の「まえがき」にて自身の立ち位置を振り返り、「共同体論を考える限りで、経済学、歴史学、社会学などの狭い専門領域の垣根をほとんど無視したが、あるいは学生時代のゼミで学んだ社会経済史の発想を引きずっているかもしれない。ともあれ、かのI・ウォーラステイン氏が社会学者であるならば、足元にも及ばないとしても、私もまた社会学者ではないか、と思う」と述べている。

　北原は、20年あまり継続してきたタイ農村社会調査研究の中間総括として『タイ農村社会論』（1990 勁草書房）を刊行した後、1996年には本書を刊行し、私的な村落プロジェクトのとりまとめとしている。

❷本書全体の構成と意義

　本書の問題提起は、共同体と近代の二項対立的な論理構造に代えて、現実の地域社会としての共同体は、市民社会の不可欠の部分システムをなす、という論理構造であるべきという点である。このためには、村落社会を閉じられた地域共同体としてではなく、国家や社会と関係するなかで不断に変化する可能性をもつ部分システムとして把握すること、自立的な共同体（あるいは農民）とそれを支配しようとする国家・市場とを対決させるような単純な二項対立的な発

想との決別が必要になるというのが北原の主張である。

　そして、タイの事例から北原は、特定の識者が発揮する「民衆の知恵」が「共同体文化」のすぐれたモデルとなるというNGO農村開発運動家たちの考えに対して、この「民衆の知恵」こそが、アニミズム的認識と外部対応に集約されるような「共同体文化」の伝統をこえる革新的な要素をもつと強調する。

　このような主張をする理由を北原は以下のように述べている。タイの「共同体文化論」は、資本主義以前の共同体を理想として措定し、その復活すら主張する理念、目標、戦略を提示しており、もっぱら1970年代末から農村での活動を活発化させたNGOの理論的リーダーやその活動を支持する研究者が信奉している。彼らは、戦略的理論として「大多数の地域住民が賛同しさえすればよい」と考えており、この言説の理論構造が問題である。つまり、市民社会を射程に入れない「近代」を批判し、その裏返しとしての共同体をユートピア化したところに問題がある、というのである。

　そして、このような共同体言説は、私的利害、欲望にもとづく市場的競争など近代社会の問題点を制御する1つの立場、役割を占めるに過ぎないという自覚をもつことが必要となってくると北原はいう。

❸開発社会学的な意味

　本書の背景には、1970年代末から活躍しているタイにおける知識人やNGO活動家たちが、共同体文化論を無条件に信奉していることに対する危惧が横たわっている。同様のコミュニティ信奉者は、現在の日本国内の開発に関わる実践者や研究者においても少なからず存在しているのではないだろうか。社会学者による「共同体」の叙述は、目の前の現象の経験的記述と同時に、こうあってほしいと願う規範的価値を含んでいる。「共同体」やコミュニティにも光と影が存在することを看過してはならない。昨今では、固定したモデルには限界があり、モデルを模倣することでは現代社会の複雑な問題を解決できないことに人々は気づきはじめている。言説信奉の危険性、傲慢な論理展開など易きに流れそうなときにこそ、立ち止まって考えたい。

　本来、北原のめざすべきところは、日本をも含めた村落開発理論の比較社会学であり、そのための課題は以下の2点であると指摘している。第1に、アジアの地域的な特性を踏まえて、しかし同時にそれを超えて、村落社会の理論・

言説を比較社会学的に検討し、現代のアジアの村落社会が国民国家に占める位置を明らかにすること、第2に、実証的な村落社会構造論をふまえて、しかし、同時にそれを超えて、村落社会の開発や変革に寄与する計画論を構築することである。北原は、自身の視野の狭さからタイの村落開発に関する議論の構造的特徴やその理論的検討にとどまってしまったと書いているが、本書は、村落開発理論の比較社会学の発端となるものであり、この領域をより尖鋭化していくことが開発社会学の役割であろう。

❹議論の広がりと関連文献

国内で共同体についてどのような議論がなされてきたのかを知るためには、歴史学・インド史研究者である小谷汪之『共同体と近代』（1982 青木書店）と対峙する必要がある。本書の問題提起の基礎となった書であり、小谷は、近現代の共同体論が共同体と近代との二項対立という宿命的な論理から解放されていないと批判した。

また、本書以降の北原の共同体に対する見解は、日本村落研究学会編『むらの社会を研究する——フィールドからの発想』（2007 農山漁村文化協会）を参照されたい。ここで北原は、二項対立を超える共同体研究の可能性をもつとして、アジアの共同体論の理念的な目標を「開かれた共同体の構築」と掲げている。つまり、個人を過去の不自由な拘束から解放しながら、しかし、個人主義的、大衆社会的な無秩序化、フリーライダー化を防ぐような共同体をどう再構築するか、市民社会、公共社会に開かれた共同体をどう再構築するか、という課題である、と述べている。

（辰己佳寿子）

34

新津晃一編
『現代アジアのスラム
――発展途上国都市の研究』
(1989 明石書店)

❶著者の略歴と本書の位置

本書はアジア4都市での事例研究をもとに、発展途上国の都市スラムに関する議論を体系的に展開した著作である。編者である新津晃一(1940-2010)は生前、国際基督教大学の教授として開発社会学を講じ、アジア諸国のスラムでの実証研究を積み重ねてきた。本書はアジア経済研究所が発行する学術誌『アジア経済』の特集「発展途上国のスラムと社会変動」(1984年4月号)で報告された調査結果を理論的に展開したものであり、執筆陣は当時、国際基督教大学とアジア経済研究所を拠点にしていた若手・中堅の社会学者たちである。

❷本書全体の構成と意義

本書は2部構成からなっており、第1部は編者が東南アジア諸国のスラムで往年取り組んできた事例研究を理論的に体系化したものである。第2部ではマニラの事例（新田目夏実）、ジャカルタの事例（早瀬保子）、バンコクの事例（橋本祐子）、そしてトルコのアンカラの事例（加納弘勝）が配置されている。本書が発刊されるまえの途上国都市に関する社会学的研究は、シカゴ学派都市社会学の伝統の影響を強く受け、スラムの社会解体ないしは近隣組織を軸とした社会秩序に焦点をあてる傾向にあった。その意味で、本書は都市化とスラムの形成を従属理論の文脈で検討し、さらにスラムでの経済活動を社会関係論や社会意識論の見地から理論・実証面で精緻化した体系的な途上国都市社会論である。

本書は、途上国の都市化とスラムの形成について、過剰都市化の概念をてがかりに説明する。過剰都市化は「産業化なき都市化」ともよばれ、雇用吸収能力が都市人口の増加のペースに追いつかない状態を指す。従来の都市理論は、都市化とともに向都移住者を吸収する産業の発展が並行してみられた先進社会

の経験にもとづいており、途上国の過剰都市化を説明できない。本書はその背景となる農村部の貧困と向都移動における「押し出し要因」を中心に説明する。こうした経済的動機に加え、向都移動における「引っ張り要因」としての社会的な紐帯と、移住後のスラムでの相互扶助的な経済関係についても社会集団論の立場から説明する。とりわけ、スラム内部での生活様式が都市適応においてどのような機能をはたすか、また移住者のスラムの外部社会への統合が進展するかしないかについて、逆機能といった社会病理的な側面と順機能といった社会統合的な側面から吟味がなされている。

　本書の第2部ではアジア4都市のスラムでの事例研究が比較検討されている。特筆すべきは、これらの首座都市が経験した経済成長による向都移動の進展や、行政による居住改善事業の実施状況によってスラムの生活環境が説明され、そこから住民の社会経済的特性や社会的態度が検討されている点である。とりわけ、スラム住民の社会的態度については、生活満足度と社会的上昇の志向性や向上意欲との関連で実証されている。そのうえで、以上が各対象都市や国が経験した社会政治変動の文脈で説明されている。

❸開発社会学的な意味

　従来の都市社会学は、伝統的な価値観や家族・仲間・近隣などの集団から「解き放たれた」諸個人が、異質な価値観や集団から構成される都市社会に適応していく過程を描いてきた。本書はこうした視点をこえ、途上国の都市社会研究における地域研究（area studies）や政治経済学的視点の必要性を暗黙裡に説いている。地域研究ないしは比較研究としての視点は、事例調査にも表れており、本書では各国比較が可能なように調査地の選定（新・旧、改善前・後の4類型）や社会経済的属性や社会的態度に関する質問項目の統一がなされている。そこから各都市のスラムにおける生活水準や生活実感を比較し、それぞれの国の社会構造や政治体制の変化を都市貧困層の意識から読み解いている。

　1980年代後半に著された本書は、当時の開発研究の潮流と思想を多分に反映している。たとえば、途上国都市のスラムの一類型として提起されている「絶望のスラム」は住民の政治的態度もその構成要素となっている。従属理論の影響を受けて展開した途上国の都市貧困研究は、住民の政治意識や政治統合に大きく焦点をあてたが、その舞台はおもに債務危機後に世界銀行や国際通貨基金

(IMF)による構造調整政策を受け入れ、格差が進行したラテンアメリカであった。本書では当時、経済危機下にあったトルコの事例がこれに相当する。

　本書が輸入代替工業化から輸出志向型工業化に舵を切り、「離陸」をはたしつつある発展段階に着目し、社会変動の過程でのスラム住民の社会意識を解明することを目的としていたことは、本書の特長でもあり限界でもある。たとえば、膨大な都市貧困人口を抱える南アジア諸国は対象となっていない。とはいえ、途上国を対象に研究をおこなう社会学者が日本では育っていなかった事情を鑑みれば、都市社会学の手法による実証研究と、開発研究の理論的成果から途上国のスラムを比較検討した本書は、日本における開発社会学研究として捉えたとき、その記念碑的成果であることは間違いない。

❹議論の広がりと関連文献

　林武編『発展途上国の都市化』（1976 アジア経済出版会）は日本の社会学者たちによる初の途上国都市論である。同書には比較近代化論の観点から都市化と生活様式の変容を論じた新津ならびに古谷野正伍や中村八郎、都市化やスラム経済を南北問題とのかかわりで説明した駒井洋、本土復帰前の沖縄の過剰都市化について論じた山本英治らによる論考が収録されている。とくに戦後日本の近代化経験にねざす都市社会学と従属理論との対比が興味深い。

　中西徹は『スラムの経済学——フィリピンにおける都市インフォーマル部門』（1991 東京大学出版会）において、マニラのスラムでの住み込みによる参与観察と質問紙調査の知見を展開している。特に、都市経済に占める比重が大きいインフォーマル部門では、家族・親族や同郷者間の「暗黙の」助け合いの論理が機能していることを強調し、スラムでの経済活動の分析に対する社会学や人類学の有用性を指摘している。

（佐藤裕）

35

青木秀男
『マニラの都市底辺層
――変容する労働と貧困』
(2013 大学教育出版)

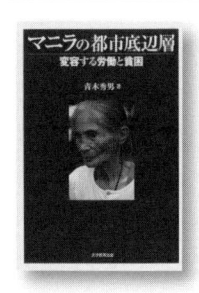

❶著者の略歴と本書の位置
　青木秀男（1943-）は、都市社会学（都市下層研究）、アジア社会論などを専門とし、日本やフィリピンのホームレス、寄せ場、スクオッターなどを研究対象としてきた。このほか部落差別問題、日本軍兵士の精神構造についての調査研究もあり、特定非営利活動法人社会理論・動態研究所所長、広島部落解放研究所所長をつとめている。本書は、著者がはじめてフィリピンを訪れた1985年以来、長年の経験がぎっしり詰まった労作である。

❷本書全体の構成と意義
　従来の途上国都市論は、過剰都市化論にもとづき都市貧困層の発生を説明しようとしてきた。ただし、グローバル化にともなう産業構造の変容により、この図式はあてはまらなくなりつつある。そこで本書は新たに「新労務層」と「新貧困層」という概念を提唱することにより、現在変容しつつある途上国都市の労働の本質を説明しようとするものである。
　青木はまず、途上国において脚光を浴びている都市中間層が、実は劣悪な就業状況下にある労働者によって支えられていることを指摘する。これらの労働者は、従来の都市インフォーマル部門に加え、経済のグローバル化の結果、フォーマル部門において発生した労働者である。このような新しい労働者を統一的に捉える概念が「新労務層」であり、新労務層が営む貧困生活に注目する概念が「新貧困層」である。以上の概念枠組みは、インフォーマル部門のみならずフォーマル部門の下層労働者を含む点で、欧米で論じられる「新しい貧困」より広義の概念である。青木の概念は、工業化・近代化が失業と貧困を解消しないことを示唆する点で、従来の社会・経済開発論と異なる概念枠組み

を提供するものである。さらに、このような貧困生活を理解する上で、貧困の主観的・相対的側面の重要性を指摘する。最後に、フィリピンの政治権力基盤が世界金融や多国籍企業に対抗することのできない「弱い国家」であることが、このような事態を招いたことを指摘する。以上が、著者の現状認識であり、変容著しい途上国都市の実態を統一的に把握するために提出された概念枠組みである（以上、1章）。

　以上にもとづき、青木は「新労務層」が出現する歴史的経緯と、貧困が労働と資本・政府の厳しい闘争のなかで社会的に構築されるものであることを論じた後（2章）、マニラの建設業の過酷な労働実態について、現地調査にもとづき記述する（3章）。また、フィリピンからの海外出稼ぎに注目し、実際に出稼ぎに従事しているのは労働階層の上位層であり、フィリピン政府の出稼ぎ奨励政策が、実際には新労務層の窮状の改善に役立っていない可能性を指摘する（4章）。

　ここからはさらに核心部分に進んでいく。経済のグローバル化にともない、マニラのスラムおよびスクオッター地域（不法占拠地域）では、近年、郊外化・階層分化傾向が生じている。青木によると、フィリピン型市民社会の特徴は、土地の不法占拠（私有・国有財産の侵害）という明らかな違法行為が、住民および支援組織の闘争を通じて容認化されてきたという闘争性と政治性にある。ただし実際には強制撤去は続いており、フィリピン型市民社会の今後は予断を許さない状況にあるとも論じている（以上、5章）。

　最後に、マニラの新労務層・新貧困層のなかでも最底辺に位置するホームレスの実態について、詳細に考察する。ここでは、法的には禁止されているはずのスクオッター地域の撤去がおこなわれ、それがホームレスの増加につながっていることを示唆している（以上、6章）。また終章では、フィールドワーカーの立ち位置に関する深い内省・省察がある。

　以上、本書は理論的であり、かつ記述は詳細、具体的である。最大の魅力は、著者の現地体験にもとづく住民の肉声、著者の感傷が、本書のあちらこちらから漏れ伝わってくる点にあろう。

❸開発社会学的な意味

　本書は、単にフィリピンの都市貧困研究というだけではなく、社会学者なら

ではの視点がいくつもみられる。

　第1に、国家―都市の関係性への注目である。グローバル経済下において「新労務層」「新貧困層」が発生するメカニズムを説明する概念が「弱い国家」概念である。「過剰都市化」に代わる重要な鍵概念でもあり、一般化できるかどうか、今後ほかの東アジア・東南アジア諸国と比較考察してみる必要があるだろう。

　第2に、フィリピンの工場における労働実態の描写である。フィリピンの現地企業、特に日系企業を訪問すれば、一見したところ、「明るく楽しく」働いている風景を目にするだろう。しかし著者が工場調査で発見した「過酷な雇用実態」は、そのイメージを覆すものであり、今後のフィリピンにおける企業調査の分析視点について鋭く再考を迫るものである。

　第3に、出稼ぎ一般ではなく、送出国の労働市場と労働階層を合わせて考察した点も意義深い。今後の社会学的移動（移民）研究においては、政府の海外出稼ぎ奨励政策が、最貧層を豊かにしない可能性を念頭に置きつつ、調査し解釈する必要があろう。

　第4に、スクオッター政策の偽善性についての指摘である。居住権獲得のために戦闘的住民組織や労働組合が果たす役割は、近年日本では論じられることが少なくなってきたテーマである。しかし、本書に示されたように、依然として重要なテーマである。若い研究者にとっても必読であろう。

❹議論の広がりと関連文献

　マニラのスラム研究の必読書としてA. A. ラキアンの一連の著作、特に*Slums are for People*（East-West Center Press, 1971）を挙げておきたい。青木による本書は、統計、各種資料や現地調査にもとづき客観的記述を目指した点に加え、現地の肉声が伝わってくる点で、同書の正しい後継書であるといっても過言ではない。ほかに、マニラのスラム研究の古典として、フィリピン人人類学者であったF. L. ホカノの*Slum as a Way of Life*（University of the Philippines Press, 1976）もある。

　青木の著作では、『現代日本の都市下層――寄せ場と野宿者と外国人労働者』（2000明石書店）、『ホームレス・スタディーズ――排除と包摂のリアリティ』（2010ミネルヴァ書房）が代表的なものである。

（新田目夏実）

36

ジグムント・バウマン
『新しい貧困
―― 労働、消費主義、ニュープア』
(2004=2008 青土社、伊藤茂訳)

❶著者の略歴と本書の位置

　バウマン（Zygmunt Bauman, 1925–）は、ポーランド出身の社会学者である。東欧社会学界のリーダー格の1人であったが、1968年にワルシャワ大学を追われ、イスラエルなどを経て英国に至り、1971年にリーズ大学教授となり社会学を教えた。1990年の退職後は、現代社会理論の著作を意欲的に発表している。著名なのは『リキッド・モダニティ――液状化する社会』(2000=2001 大月書店、森田典正訳)であるが、『コミュニティ――安全と自由の戦場』(2001=2008 筑摩書房、奥井智之訳) も挙げておきたい。「個体的」な段階の近代において個人がローカルなコミュニティから解放され、「液状的」段階の近代へ至ると、個人化が進展し、安心・安全のコミュニティに回帰していくという現代社会の危うさを明確に描いている。

❷本書全体の構成と意義

　本書（*Work, Consumerism and the New Poor: Issues in Society.* Open University Press, 2004)の問いは、人間がどのようにして貧しくなり、貧しいとみなされるようになるのか、彼らが貧しくなり、貧しいとみなされるようになる道筋は、私たち、貧しくない人間と、どの程度関わりがあるのかである。本書は、これらの回答を見出すと同時に、これまでこうした問題が見落とされてきたがために、私たちが貧しい人々のイメージのなかに、私たちの心の奥底にある恐怖心や不安を注ぎ込んでしまう傾向があることを指摘し、私たちの自己認識にも問いかけをしている。

　本書は6章構成となっている。1章から5章では、貧しい人々のおかれてきた立場の変遷をたどっている。近代の英国を例にあげ、貧困問題解決のために

第Ⅴ章　都市・農村の貧困の把握　143

貧しい人々を工場労働へ包摂し、「労働倫理」が確立されたが、労働倫理に導かれる社会は消費の美学に支配される社会へ転換していく。「労働予備軍」であった貧しい人々は、「欠陥のある消費者」となり、さらに、福祉国家の衰退とともに、社会において「純然たるやっかいもの」へと転落した。それだけでなく、現代は、「ニュープア」として、冷戦の終結にともなって消滅した外部の敵に代わって、社会の多数派が心の奥底に抱える不安や恐怖心を外在化した存在として「発見された」アンダークラスと位置づけられるようになる。すなわち、冷戦後のグローバル化の進行にともない、その波に乗っている人々と乗り切れない人々が明確に分かれ、前者は後者に関与するのではなく、撤退を強いるようになる。

これらを踏まえ、秩序と規範のもつ意味やその働きと、さまざまなタイプの逸脱が排除へとつながっていくメカニズムが検討されている。これらを転換することの厳しさを認識した上で、バウマンは、最後に、人間を変えることではなく、人間が変わることの重要性を述べ、「集団自らの意志で誠実さを取り戻すことが、集団が窮乏化することへの唯一の明確なオルタナティブとなっている」という言葉を引用して締めくくっている。

❸開発社会学的な意味

経済格差が取り沙汰されるときには格差解消が常に言及され、開発援助においては「所得向上」「雇用創出」プロジェクトが当然視されているが、それ以前に、当該社会における労働や消費を通して貧しい人々がどう位置づけられているのかを捉える必要がある。本書は、具体的な対応のあり方を学ぶというよりは、労働と貧困をめぐる課題が生じる構造や根本原因を掘り下げる視座を与えてくれる。

❹議論の広がりと関連文献

日本の貧困に関する書籍として、生活困窮者の本質を「経済的困窮」と「社会的孤立」において理解し、伴走型支援を実施しているNPO法人抱樸（元北九州ホームレス支援機構）の奥田知志ほか『生活困窮者への伴走型支援』（2014明石書店）を挙げておこう。本書は、現代日本の貧困の捉え方および社会的弱者への寄り添い方を考える上で示唆的である。

（辰己佳寿子）

37

マイク・デイヴィス
『スラムの惑星
——都市貧困のグローバル化』
（2006=2010 明石書店、酒井隆史監訳、篠原雅武・丸山里美訳）

❶著者の略歴と本書の位置

　本書（*Planet of Slums.* Verso, 2006）は米国の都市社会学者、マイク・デイヴィス（Mike Davis, 1946 –）によるグローバル化と途上国での新しい都市貧困に関する論考である。著者はカリフォルニア大学リバーサイド校人文社会学部の教授を務め、米国を中心に資本主義都市がつくる建造環境と階級、政治権力の問題を研究してきた。代表作である『要塞都市 LA』（2006=2008 増補新版 青土社、村山敏勝・日比野啓訳）では、郊外の宅地開発と土地の資産価値が上昇した 1990 年代のロサンジェルスを対象に、白人上流・中産階級による郊外居住とゲーテッドコミュニティの台頭、貧困地区での麻薬や暴力の蔓延、マフィアの暗躍とそれを監視する警察の権力を描いた。

❷本書全体の構成と意義

　国連人間居住計画（UN-Habitat）の試算によると、2030 年には人類の半数以上が都市に居住することになっており、そのうち途上国の都市人口の占める割合は約 60％である。「都市の世紀」と称される今世紀に入り、途上国都市が抱える階級の二極分化、貧困、雇用問題に取り組んできたのは社会学よりも地理学や都市計画などの領域である。日本では途上国都市に関する社会学的研究は新津晃一編（→Ⅴ-34 参照）以降、体系的になされていない。こうした意味で、本書はグローバル時代の途上国における都市貧困層の労働や雇用、そしてそこから派生する社会関係を理解する上でさまざまなヒントを与えてくれる。
　著者は、過剰都市化が職の供給ではなく貧困の再生産によって推進され、新自由主義的な世界秩序が途上国都市でのこうした問題を強化させている現実に警鐘を鳴らす。カール・マルクスやマックス・ウェーバーは、都市化が先進国

の産業化の足跡となることを予期した。しかしながら、著者は将来の大都市の多くが途上国に集中し、また「巨大都市」の成長は先進国の産業化を辿りえないことを指摘する。

本書は、国際通貨基金（IMF）による構造調整が途上国都市の産業再編と公共サービスの民営化を強化し、その結果、貧困層向けの雇用や生存手段が縮小した点を強調する。向都移動は、移動者が都市で将来的に得られると判断する「期待所得」の所産ではなく、農村部の疲弊がおもな背景となる。しかしながら、その受け皿たる都市では貧困層に裨益しないサービス産業化が進展し、さらに公共サービスの削減が彼／彼女らを社会的・空間的に排除しているのである。

本書の論点は、途上国都市でみられる土地の商品化と階級、貧困層の排除である。著者は多くの途上国都市でみられる不動産投機を新自由主義の結果とみる。たとえば、1980年代の「第三世界債務危機」に対する救済策と引き換えになされた世界銀行・IMF主導の構造調整政策、その後に進められてきた民営化がその背景にある。

グローバル化が著しい途上国都市では私有化された都市空間をめぐる階級抗争のみならず、貧困層が立ち退きを余儀なくされる局面が、オリンピックなどの国際イベントの開催で生じている。著者は都市再生と立ち退きを支える原理を、哲学者のミシェル・フーコーにならい、国家によるスラム住民の一望監視に求めている。そしてこうした監視により、スラム住民が「犯罪者」として定義・分類される諸事例を紹介している。

❸開発社会学的な意味

本書の意義は、途上国都市において「生産力の物神化」が雇用創出や再分配政策ではなく、公共事業の民営化によって進められてきた点を強調したことにあろう。国家が、社会的公正の担い手から市場原理主義の推進役になる過程は、1980年代以降の新自由主義的な開発政策の潮流でもある。本書はこうした傾向が都市という特定の空間で生起し、さらにそれが「受益層」としての民間開発業者やマフィア、「受苦層」としてのスラム住民という構図を尖鋭化させてきたという。

いま1つの意義は、都市貧困層が取りうる生存戦略について考察がなされている点である。庇護－随従関係を通した政治的腐敗や、若年層を統合するかた

ちで進むテロリズムへの参加がその例である。こうした「逸脱」行為は、階級意識の醸成による貧困層の連帯をますます困難にさせている。筆者はその理由を正規雇用の縮小、民営化にともなう低所得層のセーフティネットたる労働組合の解体に求めている。

しかしながら、本書では都市貧困に生きる人々の事例を数多く紹介するあまり、彼／彼女たちの日常的世界が断片的にしか取り上げてられていない。とはいえ、これらの諸事例を手かがりに、グローバル化が著しい途上国都市で深化する階級格差、都市縁辺部での新しい貧困、スラムを舞台に日常的に生起する役人・民間ディベロッパー・住民リーダーとの権力関係を考察することは十分に可能である。

途上国都市の研究が環境問題、気候変動と貧困層の脆弱性といった課題に軸足を移すなかで、グローバル政治と都市貧困の関係、そしてスラムでの社会組織や経済活動を体系的に論じた本書は、日本語で入手可能な最近の著作として重要である。

❹議論の広がりと関連文献

本書のように 21 世紀の途上国都市を体系的に扱った社会学の著書は、日本語では管見のかぎり皆無である。英語では社会学者ヨ・ビールと経済学者のショーン・フォックスが、*Cities and Development*（Routledge, 2009）と題した書を著したが、そこでは途上国都市の住民組織と女性の地域参加、役人とスラム住民のあいだの庇護−随従関係、社会運動に関する章を割いている。

都市社会学者のサッセン（→Ⅵ-40 参照）は、*Cities in a World Economy*（Sage Publications, 2012 4th ed.）においてグローバル都市を舞台に国家や行政に代わり権力を行使する金融・サービス・情報産業の台頭を論じている。そして、先進・途上の別を問わずこれら産業の高度人材に富が集中する傾向を分析している。こうした産業の再編に付随するのが都市再開発であり、衰退した製造業やその裾野産業に従事する低所得層が失業や居住地の撤去などを通じて社会的・空間的に排除される構図も描いている。

（佐藤裕）

38

J. モーダック、S. ラザフォード、D. コリンズ、O. ラトフェン
**『最底辺のポートフォリオ
——1日2ドルで暮らすということ』**
(2009=2011 みすず書房、野上裕生監修／大川修二訳)

❶著者の略歴と本書の位置

　本書は4名の著者からなるので、それぞれの略歴を確認しよう。ジョナサン・モーダック（Jonathan Morduch, 1963–）は、ニューヨーク大学公共政策大学院教授として、マイクロ・ファイナンスと貧困問題に造詣が深い。本書では多くの点で助言・コメントを加える役割を果たした。スチュワート・ラザフォード（Stuart Rutherford, 1943–）はバングラデシュのマイクロ・ファイナンス機関「セーフセーブ」の創設者であり、本書の要諦である「ファイナンシャル・ダイアリー」の構築に貢献した。ダリル・コリンズ（Daryl Collins）はケープタウン大学講師を経てバンカブル・フロンティア・アソシエイツのシニアアシスタントであり、蓄積された定性的データをもとに定量化する過程を主導した。最後に、オーランダ・ラトフェン（Orlanda Ruthven）はオックスフォード大学で国際開発学博士号を取得後、英国開発庁（DFID）とのコンサルタント業務を経験し、金融データに加えて収入と支出に関する詳細なデータを収集した。

　本書（*Portfolios of the Poor: How the World's Poor Live on $2 a Day*. Princeton University Press, 2009）は絶対的貧困線以下の人々の金融行動を、豊富な定性データと定量データで描き、開発経済学において新たな潮流をつくった著作である。

❷本書全体の構成と意義

　貧困層（1日2ドル以下）の人々は、いかにして生存しているのか。これまで明らかにされてこなかったこの基本的な問いに対して、本書は、貧困者は少ない持ち金や不安定な収入を巧みに回転させ、一言でいえば「毎日食卓に食事がのること」に正面から立ち向かっているという事実を、平易な語り口ながらも厳然と回答したものである。

著者らは「貧困者の金融活動のあらゆる側面を一定のあいだ継続的に調査する新たな方法が必要である」というデヴィット・ヒュームらの提案を採用し、困窮家族を何度も訪問して、家計簿（「ファイナンシャル・ダイアリー」と命名）をつけることを頼んだ。そしてインド、バングラデシュ、南アフリカの3ヵ国300世帯のダイアリーを分析した結果、貧困者は単に「所得が低い」だけではなく、不測の事態に常に晒されており、その対応手段をもっていないことが最も問題だと結論づけた。言い換えると、安定した仕事がないことに起因して所得が「少額」「不定期」「予測不可能」というトリレンマに陥っており、毎日「骨の折れる対応」に迫られているのであった。

　本書で次々と明らかになったのは、貧困者は日常の収入に比べて大きな借り入れを頻繁に行っていること、わずかな収入から貯蓄をしていること、借り入れや貯蓄には「マネー・ガード」の意味があり、利子率は（通常考えられているような）一定期間お金を利用することの「対価」ではなく保険商品など金融サービスの利用料金に近いこと、などであった。つまり、年間収支の分析だけでは判らないキャッシュ・フローの大きさを「発見」したのである。

　また、一方では講や貯蓄クラブなどが、冠婚葬祭にまつわる各地域の「保険」としての役割など有効な機能をもつことを認めつつも、他方ではそれらが病気や立ち退きなど、生命や生活基盤を損なうリスクには対応できていない現実を指摘する。そして著者らは、資金調達手段の両輪として、個人レベルでの借り入れ（加速機能＝accelerator）と貯蓄（蓄積機能＝accumulator）の双方を備えたマイクロ・ファイナンスの制度構築を進めるべきであると結論している。

❸開発社会学的な意味

　第1に、エスノグラフィー的手法と信頼関係の構築による当事者性への接近が挙げられる。付録には、定性的調査（定量的データは付随的）から定量的調査（定性的データは付随的）へ転換していった経緯など、両者の相互補完的な関係が記述されている。いうまでもなく、定量／定性の優劣ではなく、両者の融合を主張していることがポイントである。また、信頼構築がなければ貧困者たちは「生存戦略」としての親密な金銭管理の具体的方法などを調査者に教えたりはしないだろう。

　第2に、社会学ではなじみの深い事例を「限定合理性」に基づく分析枠組み

によって、比較可能性、再現可能性、反証可能性を整えることに成功したという点である。講や貯蓄クラブについての現実的な評価とともに「親族に借り入れを行うのは最後の手段」など、贈与交換にともなう返礼の義務に関する心理的な機制を、限定合理性という行動経済学モデルで説明している本書に対し、社会学はどのように呼応するのだろうか興味深い。

第3に、「ダイアリー」は質的調査法の「コーディング・マトリクス」の機能を果たしているという点である。本書はエンコーディングとディコーディングを「貧しい者の金融行動と生活」というフレームワークでおこなった「厚い記述」として読める。付録1、2こそ、社会学者にとって注目すべきものであるといえる。監修を担い解説を書いた野上裕生も、横山源之助『日本の下層社会』(1949岩波書店)に言及しつつこの付録の内容を高く評価している。

❹議論の広がりと関連文献

本書は、バナジー&デュフロ『貧乏人の経済学』(→Ⅵ-46参照)、カーラン&アペル『善意で貧困はなくせるのか？――貧乏人の行動経済学』(2011=2013みすず書房、清川幸美訳)と並んで、2000年代の「開発経済学新3部作」として評され、多くの開発援助機関における政策に影響を与えたといってよい。

たとえば、「金融包摂」(financial inclusion)という言説が主流化され、マイクロ・ファイナンスや「条件付き所得移転」(CCT)プロジェクトの広がりもこの文脈に位置づけることができるだろう。また世銀や米国国際開発庁（USAID）が主導するランダム化比較試験（RCT）やエビデンス・ベースド・アプローチ（→コラム9参照）の広がりとも密接な関連が認められる。平易な言葉で書かれ、社会学と接点も多いので必読書として読んでほしい。

（滝村卓司）

39

C. K. プラハラード

『ネクスト・マーケット──「貧困層」を「顧客」に変える次世代ビジネス戦略』

(2005 英語版初版＝2010 増補改訂版 英治出版、スカイライト コンサルティング訳)

❶著者の略歴と本書の位置

コインバトール・プラハラード（Coimbatore Krishnarao Prahalad, 1941–2010）は経営学者である。インドで技術者として働いた後、1966 年にインドで MBA を、1975 年に米ハーバード大学ビジネススクールで DBA（経営学博士）を取得した。その後、ビジネススクールの客員教授を歴任しつつ多国籍企業のコンサルタントも務め、企業戦略に関する著作等で高い評価を得ている。ミシガン大学ビジネススクールで教鞭をとりながら 2005 年に出版した本書（*The Fortune at the Bottom of the Pyramid: Eradicating Poverty Through Profits.* Wharton School Publishing, 2005）は挑戦的な問いかけをおこない、国際開発の潮流に「ビジネス」の視点を積極的に取り組む起爆剤となった。

❷本書全体の意義と構成

本書名の日本語訳は、著者の主張の一部を的確に示しているが、原題を直訳すれば『経済ピラミッドの底辺に隠れた富』である。プラハラードは本書をはじめとする一連の主張のなかで、従来「貧困層」と呼ばれていた人々をピラミッドの底辺を意味する BOP（Bottom of the Pyramid）と名づけ直したのである。同時に、1 日 2 ドル以下の収入しかないこれらの人々を、慈善事業や援助プロジェクトの対象としてではなく、ビジネスの顧客として捉えるという発想の転換を訴えた。プラハラードの出発点は、巨大な資金と技術力と人材をもつ大企業が、世界の貧困削減に何らかの役割を果たせないか／果たすべきではないかという問題意識と、BOP 層を 1 日 8 ドルのレベルまで広げると世界人口の 7 割（現在では 50 億人ともいわれる）を占めるという圧倒的な数は企業にとって無限の可能

性を秘めているはずであるという認識にあった。

　初版（2005年）が大きな反響を得たことを踏まえて増補された改訂版（2010年）では、大きく分けて「BOPとは何か」「BOP層を対象とするビジネスではどのようなことに配慮しなければならないのか」を系統立てて説明する部分と、世界中でおこなわれている実際のケーススタディの部分から成っている。本書でプラハラードが一貫して訴えているのは、企業の立場から「収益をあげつつ、貧困を撲滅する」ことが可能である、というメッセージである。

　事実、本書の事例にヒントを得て、実際に多くの多国籍企業（日本企業も含まれる）や、国際機関、援助機関がBOPビジネスに着手することになった。多くの資金を提供して慈善事業をおこなうビル＆メリンダ・ゲイツ財団なども含めビジネスアクターが、援助機関に勝るとも劣らないインパクトを「国際開発」業界にもたらしたことは高く評価されるだろう。

❸開発社会学的な意味

　プラハラードは、貧困層が包括的な資本主義システムに組み込まれていくこと自体には問題を見出してはいない。そうではなく、もしそれが不可欠なプロセスであるならばそれをどのように「貧困削減」の営為と結びつけることができるか、という視点から議論をはじめている。これは、1つの「現実主義的」な立場である。

　開発社会学はそもそも途上国社会が市場経済に巻き込まれること（より広く捉えるならば近代化を推し進めること）自体の問題点も、考察の対象にする。しかし同時に、その過程で貧困者がより貧困になるという事態にも問題点を見出し、そうした事態を回避する手立てを考察することも視野に入れる。この意味で、多国籍企業の経営戦略を指南する立場のプラハラードが「民間企業は世界の最貧層の消費者を対象とした、市場原理に基づく解決策の創出に関わることができるし、またそうすべきである」と主張することのインパクトには無関心ではいられない。

　実際、プラハラードは本書で企業の経営者に対して「（貧困削減という）解決策を共創するプロセスは、BOP層の消費者を『個人として尊重する』ことから出発する。ここでは消費者も問題解決に欠かせないプレイヤーとなる」という発言をしている。これは、開発援助における「参加型開発」とも通底する考

え方とみることもできる。また、プラハラードは従来の発想ではBOP層のニーズを捉えることはできないので、企業の側に「イノベーション」と「新しい創造的なアプローチ」が必要であると説く。

　ふんだんに掲載されているケーススタディは興味深いが（付録のDVDで映像もみることができる）、本書の開発社会学的な貢献は「BOPペナルティ」（貧しさゆえの不利益）という概念の発見である。すなわち、消費者としてのBOP層は自分たちがどのような商品を必要としているかを自覚しているし、自らのニーズに適合する商品かどうかを見抜く力ももっているが、これまでそれが消費行動につながらなかったのは彼らに「金がない」からではなく、彼らの生活領域に商品や情報やサービスが届きにくい（劣悪な交通事情、通信事情、マーケットへの物理的・社会的なアクセスの悪さ）からだというのである。したがって、このBOPペナルティを公共事業や援助に頼らず、企業のイノベーションで乗り越えればBOP層は顧客に転換する、というのがプラハラードの卓見であった。たとえば、農村の貧困女性自身に自社製品を販売させるユニリーバ社の「シャクティ・アマ」プロジェクトは、「村に小売店がない」というBOPペナルティを企業の努力で乗り越えた事例とされる。

　さらには、消費者としての村人が商品にアクセスできるという利益を享受するのみならず、販売にあたる貧困女性は「雇用・収入」の機会を得て、自ら貧困からの脱出の機会を得る。このように消費者のみならず、販売者などとして貧困層を巻き込んでいく「インクルーシブ・ビジネス」というモデルも、本書を契機として生まれた。

❹議論の広がりと関連文献

　本書に刺激を受けて「インクルーシブ・ビジネス」の関連書籍が多く出版されたが、なかでも、貧困層の生活実態を的確に把握した上でのビジネスイノベーションに焦点をあてたものとして国連開発計画（UNDP）が編纂した事例集『世界とつながるビジネス——BOP市場を開拓する5つの方法』（2008=2010 英治出版、吉田秀美訳）は事例が豊富である。また、日本企業向けにアフリカのBOP市場を調査した佐藤寛編『アフリカBOPビジネス——市場の実態を見る』（2010 ジェトロ）もある。

（佐藤寛）

【コラム7】
むらの単位

　近年、地域振興政策や開発援助等において、社会的連帯を意味する「絆」「コミュニティ」「ソーシャル・キャピタル」といった用語を頻繁に目にする。これらは「言説」にとどまるものもあれば、地域社会とほぼ同義のこともある。また、場面によって都合よく使い分けられもするが、ここでは「むら」の社会単位を認識する重要性について述べたい。

　「むら」と聞けば、いわゆる市町村の村（行政村）を思い浮かべる人が多いだろう。しかし、日本農村社会学の祖である鈴木榮太郎（→V-31参照）は、「むら」を行政村とは違う意味で捉えた。つまり、生産・生活・信仰が一体となり、生活のあらゆる方面にわたる体系的な行動原理である「村の精神」が存在する社会単位として考えたのである。ゆえに、行政村とは区別され、行政リーダーとむらの長（おさ）が異なることもありえるのである。

　これだけではない。「むら」は、昨今インターネット上の社会関係にも適用されるようになった、いわゆるコミュニティとも異なる。なぜなら、「むら」というのは、一定の土地の上に社会関係が集積される社会単位だからである。さらに、ある目的を掲げて人々が集まる機能集団とも異なる。「むら」は、暮らしの空間として多機能・多面的・多重的なのである。それゆえ、「むら」を舞台になんらかの政策を実施する際には齟齬が生じたり、状況によっては「スポイルとジェラシー」を生み出すことにもなる。

　もちろん、「むら」という社会関係は、国内限定ではない。1930年代の熊本県須恵村を調査した米国の人類学者J. F. エンブリー『日本の村――須恵村』(1978=2005 日本経済評論社、植村元覚訳)は、日本のタイトな社会関係と比較して、タイ農村を「ルースな構造の社会システム」と特徴づけた。また、京都大学の地域研究者は、「捉えどころのない」ほど社会的連帯が弱いというバングラデシュ社会の通説を覆して「むら」の存在を発見し、そのことが開発援助事業へとつながった例もある（海田能宏『バングラデシュ農村開発実践研究――新しい協力関係を求めて』2003 コモンズ）。

　今や「むら」の暮らしも都市化しており、携帯電話やネット環境の普及で社会関係が劇的に変わりつつある。国や地域によって「むら」の構成原理は異なるであろうが、だからこそ、「むら」の社会単位を基点としながら、現代の動態的な社会関係を捉える視座が不可欠だろう。

（辰己佳寿子）

【コラム8】
シカゴ学派の都市研究

　1892年に創立されたシカゴ大学では、翌1893年に世界初となる社会学科が設けられた。創成期の社会学科は、社会学の制度化を進めた初代学科長のアルビオン・スモールや、『生活史の社会学——ヨーロッパとアメリカにおけるポーランド農民』(1918-20=1983 御茶の水書房、桜井厚訳)をフロリアン・ズナニエツキと共に著したウィリアム・トマスらによって牽引されていく。しばらくして、1914年にベルリン大学でゲオルク・ジンメルに学んだロバート・パークが、さらに1916年にシカゴ大学出身のアーネスト・バージェスが教授陣に加わると、彼らは「街へ出ていって諸君のズボンの尻を『実際の』そして『本当の』調査で汚してみなさい」と語っては、学生たちをシカゴの街へと送り出していった。

　たとえば、ネルス・アンダーソンの『ホーボー——ホームレスの人たちの社会学 上・下』(1923=1999-2000 ハーベスト社、広田康生訳)、ルイス・ワースの『ユダヤ人問題の原型・ゲットー』(1928=1993 明石書店、今野敏彦訳)、ハーヴェイ・ゾーボーの『ゴールド・コーストとスラム』(1929=1997 ハーベスト社、吉原直樹ほか訳)など、学生たちのフィールドワークの成果はシカゴ大学出版会から次々に出版されていった。これら1920年代から1930年代にかけての多彩なモノグラフの数々が、シカゴ学派の仕事として後に知られていくことになる。

　こうしたモノグラフを生んだシカゴ学派の研究スタイルには、次のような特徴があった。第1に、シカゴ学派は、都市を生きる人々が織り成す特有の社会的世界を研究対象に据えることで、都市化による旧来の伝統的秩序の解体と、それに代わる新たな秩序の生成とを描こうとした。そのため多くのモノグラフは、「社会問題」がとりわけ尖鋭的に現れるインナーシティの一画や、そこでの特定の施設や仕事、集団などに焦点をあてる研究戦略をとる。こうした研究戦略は、ウィリアム・ホワイトの『ストリート・コーナー・ソサエティ』(1943=2000 有斐閣、奥田道大・有里典三訳)やガンズの『都市の村人たち』(→Ⅳ-26参照)など、シカゴ学派を乗り越えようとした後のモノグラフにも引き継がれていく。第2に、シカゴ学派は、都市化による新たな秩序の生成を、生態学が自然界における動植物の群落を扱うような発想で捉えようとした。つまり、言語や文化などを異にする人々が大規模かつ高密度に集住するな

かで起こる生存競争や環境への適応の結果として、都市の秩序は生み出されるものだと考えた（だが、人間生態学と呼ばれるこのアプローチは、後に多くの批判を招くことになる）。第3に、シカゴ学派は、実証的な研究方法を追究するなかで、今でいう参与観察から各種ドキュメントや統計、地図に至るまで、使える資料と手法を「なりふり構わず」に用いた。未知の出来事にあふれる「実験室としての都市」を前に、新たな研究方法を試行錯誤し続けたこの貪欲な姿勢こそが、シカゴ学派の仕事に今も輝きを与え続けている。

多くのモノグラフの舞台となったシカゴは、19世紀後半以降、米国が農業国から工業国へと転換するなかで、東部と中西部とを結ぶ交通の結節点になったことをきっかけに、米国屈指の大都市へと変貌を遂げた。1837年に人口4000人ほどの小さな港町として出発したシカゴ市の人口は、1920年には270万人を突破し、中心部にはシカゴ派建築の高層ビルが林立するようになる。シカゴ学派が描き続けたのは、まさにゼロから都市が生み出され急成長を遂げていく、未曾有の開発の現場を生きた人々の社会的世界に他ならない。開発され続けるシカゴを舞台に、ますます混沌の度合いを増していく街のリアルな姿を生き生きと描き出し、そこに潜む隠れた秩序を可視化していったことは、シカゴ・モノグラフの真骨頂といえる。しかし、人々が生きた社会的世界をたしかに枠づけていたはずのシカゴの急成長は、一体どこからやって来たのか。都市に生まれる自生的秩序が前景化される一方で、こうしたマクロな文脈は後景化されてしまう。大都市シカゴを生み出した都市開発をめぐる政治経済的力学や構造要因は問われることがないまま、急激な都市化によって引き起こされる様々な問題への処方せんは、人口規模や密度、空間形態のコントロールに求められていった。こうした点は1970年代に入って、カステル（→IV-28参照）やデヴィット・ハーヴェイといった新都市社会学の論者から厳しく批判されることになる。

（植田剛史）

第Ⅵ章
差別や社会的排除を生み出す
マクロ−ミクロな社会構造

▶▶ Overview

　世界には、1日1.25米ドル未満で生活する貧しい人々が12億人いるという。そして、その多くが、サブサハラアフリカ、南アジアに集中している。国連開発計画（UNDP）の各種資料によれば、後発開発途上国全体の国民所得を合計した額の2倍以上に相当する富を世界の資産家上位10名が所有しており、慢性的飢餓状態で暮らす人々のうち60％を女性が占めているのだという。

　なぜ、一部の国や人々に富が集中するのか。ある人にとってあたりまえの選択が、ある人にとってあたりまえではない状況はどのように生み出され、維持されるのか。本章では、個人や集団の行為選択肢が狭められる「社会的排除」を生み出すマクロ-ミクロな社会構造について学ぶことができる文献を扱う。

　1970年代以前は、開発政策の関心は、GDPで測定されるマクロな経済格差にあった。そして、格差の要因を分析する際には、もっぱら資本や人的資本の欠如を生む一国社会内における制度的要因に注目してきたのである。これに対し、社会学が注意を払ってきたのは、ある集団や個人が貧困に陥る状況を創出する国家間関係であった。サッセンの『グローバリゼーションの時代』（1996=1999）、ミースらの『世界システムと女性』（1983/1988=1995）、バラ＆ラペールの『グローバル化と社会的排除』（2004=2005）は、世界規模の経済格差を生み出すマクロな社会構造の理解を促す文献である。サッセンは、市場のグローバルな拡大により、国家による市場の管理、統制能力が弱体化する過程を論じている。ミースらは、本書の2章で扱った世界システム論に依拠して、女性、エスニック・マイノリティの従属を論じた。女性、エスニック・マイノリティの従属的地位は、資本の増殖をその原理とする資本主義の必然であるという仮説を提示している。国家間、一国社会内の格差の双方に焦点をあて、重層的に社会的排除のメカニズムについて論じようとしているのが、開発経済学者のバラ＆ラペールである。国家間の格差、国内での問題現象の現れ方は、世界システムの中心（先進国）、周辺（途上国）、経済移行国で異なるという説を提示している。

　社会的排除を生み出すミクロな社会構造を理解するにあたり、重要な概念になるのがエスニシティであり、ジェンダーである。関根政美の『エスニシティの政治社会学』（1994）は、ときに人々を分断することにつながるエスニシティ

というカテゴリーが政治的に形成されるプロセスに目を向けさせる。社会経済学者カビールの著書である『裏返しの現実』(1994＝邦訳なし)は、「開発とジェンダー」の先駆的な文献に位置づけられる。本書は、男女のあいだの非対称性が、世帯、コミュニティ、市場、国家といった社会関係のなかで生み出され、維持されるという視点を提示し、それらを反映した開発政策への移行を提案する。

　差別や排除を生み出すミクロな過程の理解を促してくれるのが、ターナーの『社会集団の再発見』(1987=1995)である。本書は、社会心理学の実験から特定集団の一員としての認知が、集団の結束を強めるプラスの側面と特定の人々を排除する負の側面の2つをあわせもつことを指摘する。今日注目される社会関係資本のダウンサイドについての議論と共通性をもつ知見といえよう。

　本章では、社会学と同様に人々の行為選択を規定する客観的諸条件に目をむける実験経済学の文献についても扱う。バナジー＆デュフロの『貧乏人の経済学』(2011=2012)は、実証性とリアリティの記述の双方をあわせもつ斬新な開発経済学の入門書として世界で数々の反響を呼んだ。貧困に苦しむ人に焦点をあてて、彼らの問題が何に起因し、彼ら自身で状況を改善できない理由を実証的に論じるという姿勢は、社会学と共通項をもつ。はたして、社会学と何が同じで、何が異なるのか。社会学徒が近接領域の研究動向を知る上で、重要な文献となるだろう。

（佐野麻由子）

Contents

- *40* サスキア・サッセン『グローバリゼーションの時代』(1996=1999) … 161
- *41* マリア・ミース、C. V. ヴェールホフ、V. B. トムゼン『世界システムと女性』(1983/1988=1995) …………………………………… 164
- *42* アジット・バラ＆フレデリック・ラペール『グローバル化と社会的排除』(2004=2005) …………………………… 167
- *43* 関根政美『エスニシティの政治社会学』(1994) ……………………… 169
- *44* ナイラ・カビール『裏返しの現実』(1994) …………………………… 172
- *45* ジョン・ターナー『社会集団の再発見』(1987=1995) ……………… 175
- *46* アビジット・バナジー＆エスター・デュフロ『貧乏人の経済学』(2011=2012) … 177
- 〈コラム9〉ランダム化比較試験（RCT）とエビデンス・ベースド・アプローチ　179
- 〈コラム10〉ジェンダーと開発　180
- 〈コラム11〉開発と海外出稼ぎの複雑な関係　181

40

サスキア・サッセン
『グローバリゼーションの時代
——国家主権のゆくえ』

(1996=1999 平凡社、伊豫谷登士翁訳)

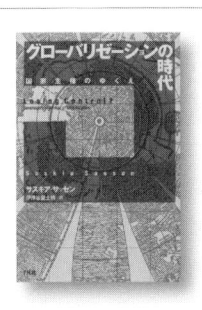

❶著者の略歴と本書の位置

　本書 (*Losing Control?: Sovereignty in an Age of Globalization*. Columbia University Press, 1996) は都市社会学者で、グローバリゼーション研究をリードするサスキア・サッセン (Saskia Sassen, 1949–) による著作である。サッセンの業績は日本でも数多く紹介されているが、その代表的なものは世界都市論である。つまり、経済のグローバル化にともなう金融や情報産業の管理機能をもった「世界都市」の出現と、そこでの生産や労働の再編成を低賃金の移民労働力増大から分析した研究 (*Cities in a World Economy*. Sage Publications, 2012, 4th ed.) であり、それゆえに、サッセンは都市社会学や経済地理学の領域で言及されることが多い。これに対して本書は、グローバル化の影響が著しい途上国における開発／発展の諸課題に、国際社会学的な視点を提供するものである。著者はグローバル化の進展が主権国家の排他的領域を弛緩させつつも、資本主義や人権規範の越境を促し、さらにこれらの動きが国際法で制度化されてきた点を強調する。

❷本書全体の意義と構成

　本書の鍵概念は「経済的市民権」である。それは企業や市場、とりわけグローバル金融市場に属するものである。また、個人や市民ではなく、法人組織などのグローバルな経済行為主体に配置されるものである。

　こうした概念を用いたサッセンの関心は、金融資本主義による支配の拡大にほかならない。これまでは、相互に排他的な領土と主権の国民 (nation) への集中によって構成される近代国家の主権こそが社会科学分析の単位であったが、超国家的組織、民間の越境する法制度などの超国家的権力がグローバル化のもとで経済的市民権を獲得したといえる。こうした組織や制度による権限行使の

具体例として、投資銀行による各国の国債の格づけがある。たとえば、2008年にリーマンショックを嚆矢として、ギリシャをはじめとしたユーロ圏諸国で広がったソブリン危機もこれに該当するだろう。この一連の出来事は、主権国家がグローバル金融市場を構成するIMFなどの国際機関や格づけ会社の意思決定によって、主権国家が翻弄される現実を露呈したのであった。

このように、本書の関心はグローバル金融市場を支えるアクターの意思決定と権力にあり、途上国の開発に直接向けられてはいない。しかしながら、こうした国際的な制度設定が引き起こす社会変動は、途上国においてより顕著にみられ、その負の影響を直接的に受けるのは貧困層である。グローバル金融市場による主権国家の排他的権力を凌駕する権力の行使を、世界銀行を中心とした援助機関が途上国の政府機関やNGOなどに認めさせてきた。本書はこうしたグローバル経済をめぐる国際政治が主権国家の組織化原理に影響を及ぼし、主権国家に生きる市民の諸権利を再定義していく過程を描いている。

本書は、金融市場や人権規範のグローバル化、そして主権国家の排他的権限の弛緩を検証するための試金石として、国際労働移動と高度発展諸国での移民政策を論じている。特に、送り出し国と受け入れ国を結びつける移民システムについては以下の考察がなされている。

1つは、途上国での農業の商業化と輸出志向型産業の発展による伝統的な経済の解体と、それにともなう余剰労働力の地理的移動である。生産の国際化から生じる競争圧力の増大によって、途上国からの安価な輸入品との価格競争力を維持するために、先進国での企業活動は労働組合を犠牲にして低賃金労働力を志向するようになる。こうした低賃金労働力のプールとなるのが途上国からの労働移民である。

2つは、移民を媒介とした受け入れ国と過去の植民地との政治的・経済的結びつきの維持である。移民の受け入れによって多元的な社会が志向され、人権規範が浸透する過程でもある。

3つは、送り出し国と受け入れ国にまたがる移民の社会空間が拡大する一方で、景気の浮き沈みに呼応するかたちで労働移民が雇用の「調整弁」とされる点である。産業の国際競争力強化が主権国家の規範となるなかで、高度技能移民が選好され、労働移民には在留資格の付与などの面で排他的な政策が採られることはその好例である。

❸開発社会学的な意味

　一般的に、市民権は政治的共同体たる国民国家の成員資格や諸個人に対する権利付与という文脈で論じられてきた。しかしながら、分析対象を国民国家から国際社会に移した場合、後者で支配的なグローバル市場経済の意思決定に影響力をもつ多国籍企業や金融機関が、特権を付与されたアクターのように行為をおこなう。

　その際に重要なのが、民営化や説明責任、民主主義の名において市場万能主義を正当化するグローバル化の諸力である。IMFなどの国際金融機関が「小さな政府」の旗印のもと、債務危機に苦しむ途上国に対して市場原理にもとづき政治機構や社会組織を改変させ、経済自由化を促進させたことは、主権国家における権限の弛緩を雄弁に語るものである。本書刊行から約20年が経つが、現在では「周辺」先進諸国、特に南欧諸国で同様の現象が進行中であることを考えれば、本書は先見の明に富んでいたといえるだろう。

　さらに本書で示されているグローバル化と主権国家の諸問題は、そこで取り上げられている国際移民だけでなく、開発の思想と制度の越境に対しても数々の示唆を与えている。たとえば、開発援助は貧困層や社会的脆弱性の高いエスニック集団などの包摂を重視する一方で、こうした層の市場への統合を志向する側面もある。このように、開発規範が作り出す重層的な社会関係の理解は開発社会学にとって有効である。

❹議論の広がりと関連文献

　上述の視点は著者による『領土・主権・諸権利——グローバリゼーション・スタディーズの現在』(2007明石書店、伊豫谷登士翁監修)でさらに展開されている。つまり、グローバル化が主権国家の権力を弛緩するのではなく、主権国家の組織化原理がグローバル経済の論理に対応しながら再編成されるという点である。その過程で、たとえば在留資格を問わず低賃金の移民労働力に一定の権利が与えられることや、ナショナル・アイデンティティをこえて展開する移民と地域住民との連帯などが進展するといった議論にまで発展している。　　(佐藤裕)

41

マリア・ミース、C. V. ヴェールホフ、V. B. トムゼン
『世界システムと女性』

(1983 独語、1988 英語 =1995 藤原書店、古田睦美・善本裕子訳)

❶著者の略歴と本書の位置

　本書（*Women: The Last Colony.* Zed Books 1983）の著者陣はドイツ出身で、マリア・ミース（Maria Mies, 1938 –）と V. B. トムゼン（Veronika Bennholdt-Thomsen, 1940 –）は社会学の博士号を、C. V. ヴェールホフ（Claudia Von Werlhof, 1943 –）は経済学の博士号を取得している。本書は彼女らが 1980 年代に発表した論文の選集であるが、各論文は相互関連性が強く、1 つの著書としてまとまった内容になっている。ただし本書のオリジナルに加え、日本語版ではいくつかの章が新たに書き下ろされている。

　3 人は研究者であると同時に、エコ・フェミニストとして途上国農村における女性たちの地位向上にも尽力してきた活動家でもある。またミースはインド、ヴェールホフとトムゼンは中南米での実証研究に従事してきた。さらに、ミースはオランダのハーグにある開発研究では著名な大学院大学である社会科学研究所（ISS: International Institute of Social Studies）の創始者でもある。1993 年に ISS を退官したミース以外の 2 名は、2000 年代に入るまでドイツやオーストリアの大学で女性学などを講じてきた。

❷本書全体の意義と構成

　本書の意義は、途上国女性をとりまく貧困や従属的な社会的地位がその社会の「後進性」ではなく、世界資本主義の不均等発展の帰結であると指摘したところにある。このことからもわかるように、彼女たちの議論は 1960 〜 1970 年代に脚光を浴びた従属理論および世界システム論の概念をベースにしており、大衆的貧困が残存する国々の実情に根ざしている。そして、貧困を生きる女性たちの個別事象の記述にとどまらず、ネオマルクス主義に影響を受けたマクロ

な社会理論の枠組みを用いて、従属理論や世界システム論とジェンダー論を接合する壮大な試みをおこなった。

本書は大きく3部に分かれて構成されている。第1部は、資本主義経済の途上国農村への浸透と（半）自給自足型経済の解体、そして国家による開発政策の進展と環境破壊などを例に、女性の社会的地位の悪化を過去と現在の事例から説明している。その上で、第2部は女性を世帯などの領域で従属的な立場にとどめる性別役割分業が、実は資本主義経済の浸透により強化されていく点を指摘する。そして、国家が進める近代化とそれを支える資本蓄積において、より多くの「交換」価値を生みだす男性と、無償の家事関連労働などを担う女性との不均等な関係が正当化される過程が論じられる。また第3部は、具体的な国家、あるいは開発機関による政策がどのようなものであり、それに対してどのように女性が闘っているのかが論じられている。

❸開発社会学的な意味

本書は開発とジェンダー論（GAD: Gender and Development）を学ぶ者にとって、基本的な概念を提供するものである。同論の根幹をなすのは、男性と比較して女性が開発政策や近代化の恩恵を受けにくいのは、女性労働が家事労働の延長線上であるとみなされ、無償ないしは低賃金にとどまっているからであるという見方である。現実には、途上国の貧困女性は男性が担う生産労働のみならず、再生産労働をも担うことから、より多くの負担を強いられているという点である。ゆえに、開発の実践には、ジェンダー間の不平等とそれを支える社会関係の分析が必要であると説かれる。本書はこうした日常的なジェンダー不平等が性差別システムとしての世界資本主義システムによって、近代化の歴史のなかで固定化され、かつ強化されてきた点を強調しているが、このようなミクロの関係性とマクロの社会変動をつなぐ点こそが著者らによる開発社会学的な貢献として捉えられるだろう。1960～1970年代のウーマン・リブ運動に端を発し、日常における性差別の是正を求めた第2波フェミニズム以降、「ジェンダー」という男性と女性の性差は社会的構築物であり、身体の相違に起因するものではないという理解が公準となったが、エコ・フェミニズムの活動家でもある著者たちの基本理念もこうした流れと密接なかかわりがあろう。

本書の鍵概念である「主婦化」も開発社会学への貢献として見逃せない。資

本主義に内在するジェンダー不平等は、女性たちが広範に従事する労働（たとえば家事、育児や介護など）が「主婦」の労働であると認識されることによって、その労働は無償ないしは低賃金で利用されることに起因する。そして、こうした女性労働の交換価値が貶められることにより、多くの女性が社会的にも従属的な地位にとどめおかれる社会構造とそれを支える権力を著者らは「主婦化」とよぶ。これを支えているのは、イリイチ（→Ⅱ-10参照）が定義したサブシステンス生産である。フェミニズムは「家事労働」論争や「無償労働」という概念を生みだしたが、サブシステンス生産とは、無償労働とほぼ同義である。そして主婦化は、女性だけでなく、当該社会において隷属的な立場にある男性にもおよぶ場合がある。

本書は「女性の従属」という社会状況を、国家による開発政策とそれをイデオロギー的な側面から支える資本主義世界経済の動態から説明している。このことは、開発とジェンダーの実践において社会学的視点が不可欠であることを示している。

❹議論の広がりと関連文献

本書の理論的支柱はいうまでもなく従属理論や世界システム論、ジェンダー論であるが、生産・再生産労働における女性の負担を開発政策の実践的な立場から捉えたい人には、キャロライン・モーザ『ジェンダー・開発・NGO——私たち自身のエンパワーメント』（1993=1996 新評論、久保田賢一・久保田真弓訳）が参考になる。途上国の貧困と低開発のマクロな構造と変動については、イマニュエル・ウォーラーステイン『近代世界システム——農業資本主義と「ヨーロッパ世界経済」の成立（1・2）』（1974=1981 岩波書店、川北稔訳）、労働をとりまくジェンダー不平等に関心があれば、川崎賢子・中村陽一編『アンペイド・ワークとは何か』（2000 藤原書店）を勧めたい。

（長谷部美佳）

42

アジット・バラ&フレデリック・ラペール
『グローバル化と社会的排除
　――貧困と社会問題への新しいアプローチ』
(2004=2005 昭和堂、福原宏幸・中村健吾監訳)

❶著者の略歴と本書の位置

　アジット・バラ（Ajit Bhalla, 1939–）は、スイスで経営コンサルタントを営む傍ら、ケンブリッジ大学シドニー・サセックス・カレッジで上級研究員を務める。フレデリック・ラペール（Frederic Lapeyre, 1967–）は、開発経済学を専門とするベルギーのカトリック・ルーヴァン大学教授である。

　社会的排除概念とは、1974年にフランスの社会福祉局長のルネ・ルノワールによって用いられた政策的、実践的な概念であるが、本書（*Poverty and Exclusion in a Global World* 2nd edition. Palgrave Macmillan, 2004）は、社会的排除に関連する諸議論を学問的に整理したものである。

❷本書全体の構成と意義

　本書は、人々の生活の質を所得や財といった物質的量からだけではなく、それを用いて達成可能な選択肢（自由）から測ることができるという前提に立ち、生活の質を社会的排除の3つの側面（経済的側面、政治的側面、社会的側面）から捉えることを提案する。

　まず経済的側面における排除とは、生産活動、消費活動からの排除を指す。前者は労働市場への参加機会、後者は貨幣を得て使用する機会からの排除である。次に、政治的な発言をする機会、選挙活動からの排除のほか、法の支配、表現の自由、人身の安全保障からはかられるのが政治的側面における排除である。そして、社会的側面では、公共施設や公共サービス、家族、友人、地域の人々とのつながりといった社会的紐帯からの排除があり、1つ1つの指標として、公園や運動場、文化施設、映画館といった余暇活動の機会の有無等が用いられることもある。これら3つの側面は相互に関連するものである。たとえば、銀

行からの融資を得る際に住居の確保が条件になる社会では、住居へのアクセスの欠如という社会的側面における排除が、経済的側面における排除に帰結するという連鎖が生じる。また、本書後半で論じるように、社会的排除の状態およびそうした状態に陥る過程は、先進工業国、移行経済諸国、発展途上国の各社会の経済状況によって異なる。発展途上国では、経済的側面における社会的排除（特に、再分配における問題）が特徴的であり、国家による福祉サービスの欠如の結果、家族やコミュニティにおける社会的紐帯が強化される傾向にある。他方、先進工業国では社会的側面における社会的排除が特徴的である。家族やコミュニティが担っていたバッファーとしての役割が脱埋め込みされた先進工業国では個人化が進み、社会的紐帯をもたない個々人の脆弱性を高めているという。また、移行経済諸国では、自由化によって恩恵を受けた人とそうではない人とのあいだの不平等の拡大が政治的関心を低下させ、国家統制の弱体化を招き、社会全体の安定を脅かす結果となった。こうした政治的側面における社会的排除は、非行や犯罪の増加といった社会的紐帯の亀裂の要因にもなっている。

❸開発社会学的な意味

社会的排除の概念の開発社会学的な意味は、問題発見のためのツールになるという点だ。ただし、それは比較という方法を用いることによって政策的に意味をもつ。つまり、本書で論じている社会的、経済的、政治的側面における社会的達成状況を異なるジェンダー、階層、年齢間の比較をおこなうことによって、あるグループにおいて達成できていることが、あるグループにおいて達成できないことを発見することができる。そのような点において生活の質を測る指標づくりに応用可能だろう。人間開発報告書のデータ、OECD等が提示している幸福度白書とあわせて是非とも読まれたい1冊である。

❹議論の広がりと関連文献

生活の質を測る指標を検討している文献として、ジョセフ・スティグリッツ、ジャンポール・フィトゥシ、アマティア・セン『暮らしの質を測る——経済成長率を超える幸福度指標の提案』（2012 金融財政事情研究会、福島清彦訳）がある。

（佐野麻由子）

43

関根政美
**『エスニシティの政治社会学
──民族紛争の制度化のために』**
(1994 名古屋大学出版会)

❶著者の略歴と本書の位置

著者の関根政美（1951-）は慶應義塾大学法学部で教授を務める社会学者である。専門は社会変動論、国際社会学である。『マルチカルチュラル・オーストラリア──多文化社会オーストラリアの社会変動』(1989 成文堂)をはじめ豪州関連の著書や共訳書が多い。同書では、欧米の人種・民族・エスニシティ関連の学説史を紹介し、共著書『国際社会学──国家を超える現象をどうとらえるか』(1992 名古屋大学出版会)で「エスニシティの社会学」と題した章を担当したのを契機として、当時日本では研究蓄積の少なかった同テーマでの概説書の必要性を感じ、本書の刊行に至ったという。

❷本書全体の構成と意義

本書は9つの章からなる。1章の概論に続き、2〜5章では主要な人種・民族・エスニシティの学説が紹介されている。6章では諸学説の展開にもとづき、エスニック集団間の関係に関する類型が比較考量されている。7章で多文化主義の可能性と限界が検討された上で、8〜9章では世界各地の主要な事例が取り上げられている。そこでは、欧州共同体（EC）の統合と旧ソ連や東欧の分裂、豪州と日本が抱えるエスニック問題について検討がなされている。

欧米で構築された人種主義は、第2次世界大戦中のナチス・ドイツによるユダヤ人虐殺（ジェノサイド）へと帰結した。戦後は、過去の人種主義への反省もあって、一国内の言語や文化は融合し統一化されるだろう、と考える2つの「同化主義」的な近代化論へと分岐する。第1の近代化論は産業社会論で、工業化が進めば身分や民族のような「属性」を重視する前近代社会は、個人の能力のような「業績」を重視する工業社会へ変化すると考える。第2の近代化論はマ

ルクス主義で、工業化が進み「階級」による分裂が生まれると、資本家によって民族や宗教などの「属性」による分断がはかられるが、労働者階級が勝利して社会主義社会が登場すれば、多様な文化も収斂すると考える。これら近代化論の二大潮流に共通する「同化主義」を批判するのが、1960〜1970年代に登場した「多元主義」学説の展開である。多元主義学説は、大きく文化人類学的アプローチと政治社会学的アプローチの2種類に分けられる。前者の代表はクリフォード・ギアーツらによる「原初的特性重視論」である。エスニシティは原初的愛着や本源的紐帯（仲間意識）にもとづくもので、客観的かつ非合理的なものと考える。一方、後者は、近代化による社会の平準化は幻想にすぎず、近代化のなかでエスニシティはむしろ活性化されると考える。つまり、エスニシティを主観的で合理的なものとする観点である。

　本書の意義は次のとおりである。第1に、格差や不平等をあつかう際に社会科学が拘泥してきた階級ではなく、民族やエスニシティ、つまり「言語、生活様式、宗教や文化的・心理的特性にもとづく人口集団の分類基準」に焦点をあてようとする研究の功績を紹介した点である。社会科学が人種・民族・エスニシティをどのような観点から取り上げてきたのかを網羅的に整理し、国家がエスニシティを動員することで社会統合を図った例や、多文化主義が提唱する「多様性のなかの統一」がうまくいかない例なども示される。

　第2に、当時日本の研究者のあいだで錯綜していた人種・民族・エスニシティの定義にまつわる問題に道筋をつけた点である。つまり、主要学説の位置づけや評価などを幅広く提示することで、諸社会の国民国家形成や政治体制、文化規範によりさまざまな人種・民族・エスニシティが存在しうることを示した。これを基礎として、日本においても事例研究が続々と蓄積されはじめたわけである。

　第3に、1990年代初頭の時代的要請に応えた点である。東西冷戦構造が崩れ、世界情勢が急激に変化するなかで、階級闘争の次に国際政治上の主要課題となるのは民族紛争ではないか、とする議論が登場した。日本でも、人種・民族・エスニシティへの関心が高まった。本書はその時代的要請に正面から応えた解説書であった。一方で、その後も世界各地の「民族紛争」は容易に解決せず、逆に宗教対立という要素が加わることでより深刻化・複雑化した事例も多い。したがって、本書の提示する学説や事例は、2000年代以降の社会状況の

分析においても、いまだ有効である。

❸開発社会学的な意味

　本書が取り上げるのはおもに先進国の事例であるが、近代化と国民統合、そしてその過程での多民族共存の難しさは、多くの途上国が今日にいたるまで抱えている問題である。ゆえに、本書の知見は開発社会学においても応用が十分可能である。

　いうまでもなく、人種・民族・エスニシティは、開発や発展をテーマとする社会学でも重要かつ基礎的な概念である。これらの概念は、ともすれば、それぞれの地域コミュニティに固有に存在すると自明視されることがある。逆に国民国家レベルでは、マジョリティ集団側に都合のよい説明が定着している場合もある。本書が提示する定義や学説の類型化は、ナショナリズム、独裁体制や政教一致、民族・エスニック集団や階級間格差など、途上国の多くを占めるポスト植民地社会が共通して抱える複合的な問題を読み解く上で一助となろう。

❹議論の広がりと関連文献

　本書の理解を深める上で、青柳まちこ編／監訳『「エスニック」とは何か──エスニシティ基本論文選』（1996 新泉社）が重要である。欧米の主要論文集であり、本書が引用する諸論文も掲載されているほか、青柳の概説も参考になる。

　人種・民族・エスニシティの定義の多様性や問題の多層性を知るには、川田順造・福井勝義編『民族とは何か』（1988 岩波書店）や綾部恒雄『現代世界とエスニシティ』（1993 弘文堂）、川田順造編『開発と民族問題』（1998 岩波書店）をあわせて読んでおきたい。

（福田友子）

44

ナイラ・カビール
『裏返しの現実
—— 開発思想におけるジェンダー・ヒエラルキー』
(1994 ヴァーソ出版、邦訳なし)

❶著者の略歴と本書の位置

　本書 (*Reversed Realities: Gender Hierarchies in Development Thought.* Verso, 1994) は、「ジェンダーと開発」分野の第一線で活躍するナイラ・カビール (Naila Kabeer, 1950–) の最初の代表作である。サセックス大学開発研究所 (IDS) と SOAS (ロンドン大学東洋アフリカ学院) を経て、2014 年現在、LSE (ロンドン・スクール・オブ・エコノミクス) の教授を務める著者は、英国国際開発庁 (DFID) 研究員、国連諸機関や NGO のアドバイザー、国際誌『フェミニスト経済学』(Feminist Economics) 編集委員会の顧問などを務めてきた社会経済学者である。

　バングラデシュに生まれ育ったという経緯から、彼女の関心は一貫して女性のエンパワーメント、特にその経済的側面にある。著者はその実現のため、主流の社会科学に対するフェミニストの批判が開発研究においてどの程度応用されうるかを模索してきた。同時に、実践的にも、ジェンダーの視点を開発政策や開発計画の中軸に据えるための枠組みや手法を開発し、政策決定者に変化を促してきた。

❷本書全体の構成と意義

　本書は、およそ 3 つの内容に区分される。1～4 章では、フェミニズムと開発の理論的議論を通して、開発思想に「女性」というカテゴリーが出現した背景と要因が手際よく整理されている。5～7 章では、社会理論の成果を援用しながら、「貧困線」「社会的費用対効果分析」などの政策概念が開発思想の文脈で検討されている。8～10 章では、実例をあげながら観念と実践 (あるいは思考の方法と行動の方法) の相互作用が検証されている。

　現在では多くの開発援助実施機関が「社会分析」の 1 つとしてジェンダー分

析を必須としていることから、ここでは著者が提唱したジェンダー分析の枠組みに焦点をあてよう。10章で、著者は1980年代半ば以降に出現した様々な枠組みのなかから、「ジェンダー役割」と女性の「三重の役割」に焦点をあてたものを「労働分業」「公正とエンパワーメント」という2つの観点から批判的に検討し、「社会関係」に焦点をあてた枠組みの特長を述べている。

著者によれば、いずれの枠組みもジェンダーの視点が欠落していた従来の開発の前提と実践の再考を促し、ジェンダーを意識した政策への移行を計画策定者に求めているが、「役割」に着目する枠組みは、総じて世帯を単位として女性を捉える傾向が強く、また、女性を抑圧している構造の複雑さを見逃している。これに対して、「社会関係」を重視する枠組みは、世帯のみならず、コミュニティ、市場、国家など、女性をより広い制度（ジェンダー不平等を含む社会的不平等を産出・維持するうえで鍵となるもの）のなかで捉えることができ、また、ジェンダーに加え、階級、人種、エスニシティなど女性を抑圧する複合的な構造を分析することを意図している。すなわち、「ジェンダー役割」に焦点をあてた枠組みが主に「労働分業」に関する適切なデータを計画策定者に提供するための道具として開発されたのに対し、「社会関係」に焦点をあてた枠組みは、女性たちの「公正とエンパワーメント」という目的を達成するための手段となることを念頭に開発されたといえる。著者は、女性たち自身のエンパワーメントをジェンダーの公正にいたる主要な経路とみなし、女性たち自身が自分たちの関心を声に出すことが可能となるような空間、資源、時間を効果的に配分することを計画策定者に求めている。

❸開発社会学的な意味

本書は、エンパワーメントに関する分析から、貧困女性の無力化（disempowerment）の分析、さらには権力論へと進んでいく。ギデンズによる「構造の二重性」議論を手がかりに、絶対的貧困に生き、衣食や教育などの諸機会の配分において世帯の最末端に生きる女性たちが、なぜこのような不平等とそれを支える文化規範を自明視するのかを問うている。この点こそ、本書における開発社会学としての価値がもっとも現れている箇所だろう。

また、女性の諦観を裏づけるイデオロギーとしての権力について、ブルデューのドクサ（doxa）概念を援用しており、こうした支配構造を変革する集合的行

為としてインドの貧困女性運動（SEWA：女性自営者協会）の例を挙げ、男性より地位が低いことを自明視する女性自身の認識に変化を促すにはどうしたらよいかを模索している。

❹議論の広がりと関連文献

本書出版後、著者は社会的排除、社会的保護、シティズンシップなど広く様々な論点からジェンダーと不平等について論じているが、本書を理解する上で有用な社会学理論の文献としては、ギデンズ（→Ⅰ-7参照）による『社会の構成』（1986=2015 勁草書房、門田健一訳）や『社会理論の最前線』（1979=1989 ハーベスト社、友枝敏雄・今田高俊訳）、ブルデュー（→Ⅷ-57参照）の『実践感覚1・2』（1972=2001 みすず書房、今村仁司・港道隆訳）がある。

また、本書をてがかりに途上国女性をとりまく開発問題と社会運動の可能性を論じたものとしては、伊藤るりによるいくつかの論文がある（田中由美子・大沢真理・伊藤るり編著『開発とジェンダー——エンパワーメントの国際協力』2002 国際協力出版会所収など）。ほかに、マキシン・モリニューによる *Women's Movements in International Perspective: Latin America and Beyond*（Palgrave Macmillan, 2001）や、彼女の日本語訳論文「〈解放なき動員〉を問う——ニカラグアにおける女性の利害関心、国家、そして革命」（2003『お茶の水女子大学ジェンダー研究年報』6、藤掛洋子訳／伊藤るり解題）も参照されたい。

（兼川千春）

45

ジョン・ターナー
『社会集団の再発見
——自己カテゴリー化理論』
(1987=1995 誠信書房、蘭千壽・内藤哲雄・磯崎三喜年・遠藤由美訳)

❶著者の略歴と本書の位置

著者のジョン・ターナー（John Turner, 1947–2011）は、英国ブリストル大学で社会心理学の博士号を取得し、同大学で教壇にたった後に、豪州のマッカリー大学に籍を移す。本書（*Rediscovering the Social Group: A Self-Categorization Theory*. Blackwell Publisher, 1987）は、集団形成やそのまとまり、社会的ステレオタイプなどの集団現象を包括的に解明した社会心理学の古典である。

❷本書全体の構成と意義

「人々が自分たちをひとつのまとまりとして認知し、定義し、行為するようになり、また、集団の一員としての考えや感情をもち、自己を認識するのはどのようなメカニズムを通してであろうか」。

本書は、いかにして個人が集団として行動できるか、つまり、自分をある集団の一員と捉え、結束して目標を達成する「協同志向」をつくりだす要件を理論化した。人間は、他者と協力し物事を遂行する「協同志向」とともに、ある人々を排除する2つの相反する社会的態度を有する。こうした人間の社会的態度を社会心理学的に読み解くキーワードが「自己カテゴリー化」である。「自己カテゴリー化」とは、個人がある集団や社会的カテゴリーに自己を帰属させ、行為する際の認知的過程および行為遂行を指している。

自己カテゴリー化には、上位レベル、中位レベル、下位レベルの3つのレベルがある。上位レベルの自己カテゴリー化とは、人間としての自己という、「他の生命形態と異なる人類」という共通特徴にもとづいた自己カテゴリー化である。中位レベルの自己カテゴリー化とは、社会的類似性や差異にもとづいた自己カテゴリー化である。たとえば、ジェンダー、エスニシティ、年齢、職業等

にもとづいて自己をある社会的集団のメンバーであり、ほかのメンバーではないとカテゴリー化することを指す。下位レベルの自己カテゴリー化とは、特定の個人として自己をカテゴリー化することを指す。

どのレベルの自己カテゴリー化が顕著になるかは、状況に応じて変化する。中位レベルのカテゴリー化、すなわち、ある特定集団の一員としての認知および行為は、自分の所属するチームとライバルチームとの比較といった場面で顕著になる。また、下位レベルの自己カテゴリー化は、自己と他者を比較する際に顕著になる。一般に、人は自己を肯定的に評価するように動機づけられており、肯定的な社会的アイデンティティを求めるよう動機づけられている。また、集団は他の集団と比較することによって評価される。ゆえに、肯定的な社会的アイデンティティは、自分たちの集団が比較対象となる集団と肯定的に弁別されることを必要とする。仮に、実験者によって任意につくられた集団であっても、上記のような要件を揃えれば、集団の一員としての行為が生じるとされている。

❸開発社会学的な意味

今日の開発援助では、参加型開発の一環として住民グループの組織化に重点がおかれるようになった。本書は、プロジェクト実施地域の住民組織化や資源移転を考える素材となるだろう。たとえば、本書で提示されているのは、個人が集団の一員として行動するように動機づけられるメカニズムである。集団間の競争的場面をつくりだすことで各集団内の人々の結束や協働が促進されるという本書の知見は、住民グループの活動活性化に応用できるだろう。また、ある人がある個人ないし集団を恣意的に社会的範疇に割りあてる単なる行為が、歪められた判断と差別的行動を引き出す十分条件であるという知見は、援助が差別やステレオタイプの引き金にならないよう留意させることにつながるだろう。

❹議論の広がりと関連文献

集団形成メカニズムに関する社会心理学のテキストとして、マイケル・ホッグ『集団凝集性の社会心理学──魅力から社会的アイデンティティへ』(1992=1994北大路書房、広田君美・藤沢等監訳) がある。概念、集団のまとまりを測定する研究方法などがわかりやすい。

（佐野麻由子）

46

アビジット・バナジー＆エスター・デュフロ
『貧乏人の経済学
―― もういちど貧困問題を根っこから考える』
(2011=2012 みすず書房、山形浩生訳)

❶著者の略歴と本書の位置

　アビジット・バナジー（Abhijit V. Banerjee, 1961–）は、ハーバード大学で博士号を取得し、2014年現在、マサチューセッツ工科大学で教壇にたつインド出身の経済学者である。エスター・デュフロ（Esther Duflo, 1972–）は2008年から4年連続で『フォーリンポリシー』誌の影響力の高い思想家100人に選ばれた注目の若手経済学者である。バナジーと同じマサチューセッツ工科大学に籍をおく。

　本書（*Poor Economics: A Radical Rethinking of the Way to Fight Global Poverty*. Public Affairs, 2011）はランダム化比較試験（RCT）を用いて、貧しい人々の視点から貧困を論じた経済学の一般書である。RCTとは、医療などの臨床の現場で1940年代より用いられてきた。本書では、対象者を無作為にプロジェクトの介入群と対照群に割りあて、異なる処置をした両群間で効果を比較する方法として言及されている（→コラム9参照）。

❷本書全体の構成と意義

　本書は全10章で構成される。貧しい人は栄養価の高い食品よりも嗜好品に金を使うのはなぜか（食糧・健康）。貧しい人の子どもは機会があるのにもかかわらず学校に通わないのはなぜか（教育）。貧しい人が貯蓄をしないのはなぜか（貯蓄）。これが各章で問われたあと、最終章で5つの教訓（貧困の罠の要因）が提示されている。すなわち、①情報の欠如ないし非対称性、②リスクの個人負担、③市場からの排除、④制度運用に関わる者の無知、惰性、イデオロギー、⑤貧しい人の将来の悲観ないし諦念である。

　たとえば、安全な水へのアクセス、社会保障の天引き、栄養価の高い食品の配給がデフォルトとして制度化され、誰にとっても所与の選択肢になれば、貧

しい人々がリスクに対処するための機会費用が軽減されるだけでなく、自己責任の重圧から逃れることができる。市場には限界があり、貧しい人々の欲するサービスを提供することができない。だからこそ、政府が一部に介入し制度化を促進する必要がある。貧しい人々の貯蓄に対する動機づけが低いことは、将来に対する希望の低さのあらわれである。安定した予測可能な所得があることで、安心感が生まれ教育・健康への投資額が格段に上昇する。

つまりは、貧しい人々は無知ゆえに非合理的な選択をおこなっているのではなく、非合理的で非効率な制度が、貧しい人々の選択肢を狭め、非合理的な選択をとらせるのである。

❸開発社会学的な意味

本書では、貧しい人々の行為選択肢の集合、制約条件および選好順序を左右する制度的諸条件および具体的な事例を学ぶことができる。貧しい人が採用する一見非合理的な選択（たくさんの仕事の掛けもち、農業管理における保守的な対応等）は、そうした選択を最良のものにする彼らをとりまく制度的環境の帰結であることを理解することができるのだ。

では、本書のアプローチと社会学との違いはどこにあるのか。おそらく第1の違いは、本書にたびたび登場するRCTの評価ではないだろうか。社会学徒は、倫理面でそれに疑問を付すだけでなく、①行為の決定因の特定化、②効果の再現可能性についても疑義を示すだろう。それは、社会学が意図せざる結果を引き起こす行為の集合的帰結にこだわってきたことと無関係ではない。

❹議論の広がりと関連文献

人類学者ヘレナ・ノーバーグ=ホッジによる『懐かしい未来——ラダックから学ぶ』(1991=2011 懐かしい未来の本、「懐かしい未来」翻訳委員会訳)は、開発援助を通じて人々に合理的な選択肢がデフォルトとして提供された結果、コミュニティで生じた負の側面が描かれている。人々の生活に関わる決まりごとを合理化し、それを遂行するための選択肢——行政による争いごとの仲裁、共有資源の管理等——をデフォルトにすることによって、人々は物質的な豊かさを手に入れた反面、自助や自治能力を失った。上記文献は、RCTを相対化する材料を与えてくれるだろう。

（佐野麻由子）

【コラム9】
ランダム化比較試験（RCT）とエビデンス・ベースド・アプローチ

　2010年前後に「開発経済学新3部作」が相次いで日本語に翻訳された。モーダックほか『最底辺のポートフォリオ』（→Ⅴ-38参照）、バナジーほか『貧乏人の経済学』（→Ⅵ-46参照）、そして、ディーン・カーラン＆ジェイコブ・アペル『善意で貧困はなくせるのか──貧乏人の行動経済学』（2011=2013 みすず書房、清川幸美訳）の3冊である。3部作の理論的なブレークスルーは、意思決定行動モデルへの心理要因と社会の制約要因の積極的な取り込みと、手法としてのランダム化比較試験（RCT）の採用だったといえるだろう。RCTとは、医療分野、特に新薬の治験で用いられていた統計学的手法であった。たとえば、こんなクイズがあったら、あなたはなんと答えるだろう？

　日本人で胃がんに罹った人の90％以上の人が、ある食物を日常的に食べていた。その食べ物とはなんだろうか？

　この答えが「お米」だとしたら、米食が胃がんを招いたことになるのだろうか。しかし、これは「擬似相関」の典型だ。RCTはこのような擬似相関や媒介変数による攪乱を排除するよう、統計的な手続きをとって、原因と結果（あるいは投入と効果）の厳密な関係を導き出す手法である。先の新薬の治験の他にも、米国政府が行政・政策評価に用いている。バナジーほか（→Ⅵ-46章参照）以降、開発経済学にも一般的に採用されるようになったとされる。援助実施機関でもRCTに基づくインパクト評価を「エビデンス・ベースド・アプローチ」と呼ぶようになっている。

　たしかに、データが適切に集められ、ランダム化が問題なくなされた場合RCTは強力なツールとなるだろう。しかし課題は依然として残る。はたして統計データが、社会集団のリアリティを表しているか、という問題はどのようにしても残るのである。『最底辺のポートフォリオ』では、徹底した定性データの収集からはじめられ、後に定量データに移行したことを思い出してほしい。定量と定性の不断の呼応が、開発協力の現場では不可欠なのだ。

（滝村卓司）

【コラム10】
ジェンダーと開発

　ジェンダーと開発（GAD：Gender and Development）という用語は、3つの側面を含んでいる。

　1960年代に米国で展開された第2派フェミニズムは、「個人的なことは政治的なこと」と捉え、社会構造的な暴力や権力のアンバランスを問い直した。こうした視点は、レイプや家庭内暴力といった現在でも続く課題に受け継がれている。これが第1の運動の側面である。

　第2の開発実践の文脈では、メキシコシティでの第1回世界女性会議開催の翌年、1976年からの「国連女性の10年」を契機として、経済、社会開発に貢献する各種プログラムの試みがなされてきた。1980年にはコペンハーゲンで第2回会議が開催され、前年に採択された「女性差別撤廃条約」への署名を主たるテーマとした。日本も同年に本条約への署名を果たしている。

　女性のみに焦点をあてることの多かったそれまでの「開発と女性」（WID：Women in Development）という概念に代わり、差別的な社会システムや制度の変革を目指すGADの考え方が登場したのが1980年代である。第4回会議で焦点化されたジェンダー主流化は、女性のエンパワーメントを重視すると同時に男性が置かれた現状や役割（「男性は一家の大黒柱」）を再考することでジェンダー平等が達成されるという立場をとる。

　以上の論点は、第3の側面である「ジェンダーと開発」研究のなかで論じられてきた。ジェンダー研究は、人間が生まれる前（生殖技術や代理出産）から死ぬまで（介護やお墓の問題）を扱う学問分野であり、人々の日常、生き方そのものに密接に関連している。

　またGADに関しては、西欧からの輸入概念であり、各地の文脈を無視しているといった批判がみられる。しかし女性の主体的地位向上を志向する政策や運動という観点からみれば、1940年代から開始された「生活改善運動」は、日本におけるWID/GADの事例として捉えることも可能であろう。

（平野恵子）

【コラム11】
開発と海外出稼ぎの複雑な関係

　開発（development）、特に教育をはじめとする社会開発（social development）の文脈では、そこに暮らす人々のよりよい未来のために、さまざまな社会的な働きかけがおこなわれている。そこには、次世代である子どもや若者に教育や技術を身につけてもらい、自らの力で豊かな社会を実現してもらう、という意図があると考えられる。

　しかし、である。さまざまな教育開発や社会開発の施策をおこない、一生懸命に育てた優秀な若者があるとき、こう言ったら、どうなるだろうか。

　「十分な教育を受けられたので、もっとよい給料で仕事がしたい。なので、海外に働きに行くよ」

　国家の「発展」（development）のために、海外援助を受けながら国内で大切に育てられた優秀な人材が、海外に流出してしまうのである。「頭脳流出」（brain drain）とも称された海外出稼ぎと開発とは、長らくこうした難しい関係にあった。「開発」が、個々人にとっての幸せや豊かさが、ローカルな文脈のなかで活かされていくことを願う取り組みであるとすれば、その成果がある意味で「裏切られて」い

くのが、海外出稼ぎでもあるのだから。

　クロード・メイヤスーやウォーラーステイン（→Ⅱ-9参照）が論じてきたように、そもそも、地球規模の資本主義は、低賃金労働力として常に移民労働者を需要してきた。この議論に従えば、まさに海外出稼ぎは、送り出し社会（多くが途上国）に若者の教育をまかせ、成長した後に、彼ら／彼女らを移民労働者として受け入れた社会（多くが先進国）が、その「労働力」をより低賃金でかすめとっていく、という不平等な構造を再生産し続けることにもなる（→Ⅱ章、Ⅵ章も参照）。

　そのなかでも、個人や家族は、出身社会より少しでもよい賃金と少しでも豊かな生活や消費、あるいは次世代への投資のために海外を目指して行くのだ。それを止めることは、誰にもできない。

　しかしながら近年、こうした海外出稼ぎに対して、開発業界が熱い視線を送るようになってきている。それは、海外に出て行った人たちが故郷に送る「送金」（remittance）の存在である。世界銀行やIMFも2005年ごろから、海外送金の規模や特徴、開発への効果などについてレポートを発表するようになってきた。たとえば2012年では4060億ドルの送金が、先進国から途上国へとなされており、

世界経済の動向から相対的に独立して、安定的に移住労働者が母国に送金し、それが母国の外貨獲得手段となっていることが報告されている。

フィリピンは、人口の約1割が海外在住で、その送金額がGDPの10％にのぼる世界的な「出稼ぎ立国」として知られる。政府が自国民の海外雇用を政策として奨励・管理してきたのだが、フィリピン政府と海外フィリピン人労働者（OFWs：Overseas Filipino Workers）は、これまで長きにわたり、その送金をめぐって攻防を繰り広げてきた。1970年代に海外雇用政策がスタートした際には、送金の一定割合を必ず政府機関を通して送ることを義務づける法律が提案されたが、労働者側からの反対にあい、成立しなかった。最近のフィリピン政府もやはり、「海外労働者の送金や貯蓄を、どのように国家の開発プロジェクトに直接結びつけるか」という関心を強くもっている。具体的には海外労働者にフィリピン国内で投資や起業を奨め、その支援をおこなうほか、海外在住フィリピン人のグループに、フィリピン国内で援助が必要なコミュニティへの支援をマッチングするといった施策をおこなっている。

そもそも、海外フィリピン人は自分の家族はもちろん、出身地域に対しても（たとえば小学校の校舎やバス停などの施設建設などの目的で）送金による援助をおこなってきた。これは「トランスナショナリズム」と呼ばれ、移民が出身社会と移動先社会の双方に帰属をもつという現象・行為・意識の具体例でもある。こうした個々人の取り組みを、国家の開発プロジェクトと直接に結びつけよう、という動きが出てきているのだ。

こうした送金が、海外援助に取って代わられるかどうかは、まだわからない。しかし、「開発」にとっての「損失」とも思われがちだった海外出稼ぎが、その「送金」を通して再度国家の開発に結びつけられようとしていることは間違いない。このことは、個々の国家に海外援助に頼らない一種の「自助努力」を求める動きとも読めるし、他方で、個々の移民労働者の送金が母国の政府に「狙われる」対象になっているともいえる。今後の動向に注目していく必要があるだろう。

（小ヶ谷千穂）

第VII章
人々の福祉向上のための開発実践

▶▶ Overview

　1949年のハリー・トルーマン米大統領のポイント・フォア演説によってはじまった「低開発地域の発展」のための開発援助は、1990年代にはいるとGDPで測定される経済的豊かさの追求から人々の生活の質の向上や自由の拡大という点から測られる人間開発へと舵が切られた。戦後70年にわたって続けられてきた開発の成果は、極度の貧困の改善、水へのアクセスの改善等のミレニアム開発目標の達成にもあらわれている。他方で、すべての開発援助が福祉の向上に寄与しただけではなく、人々の生活を脅かすという負の帰結をもたらすこともあった。日本のODAや関連企業がダム建設予定地の住民によって訴えられたニュースは記憶に新しいだろう。本章では、人々の福祉向上につながる地域開発を考える際の参考となる文献を取り上げる。

　まず、松原治郎『日本の社会開発』(1968)における社会開発論は、高度経済成長期を迎えた日本における「社会開発」の導入過程、政治的欺瞞を明らかにした批判的論考である。この松原の時代以降、日本の社会学は人々の福祉向上へ向けたさまざまな試みをおこなってきたが、こうした研究蓄積を整理し、公共政策論として社会学における政策貢献を視野に収めたのが武川正吾・三重野卓編『公共政策の社会学』(2007)である。刊行年代は異なるが、この2冊を通じて計画がいかに策定されるのかを理解し、よりよい社会を築くための社会計画モデルの道筋を考える上での示唆を得られるだろう（本書IV章で取り上げたいくつかの研究とも関連が深い）。

　次に、社会に変化があらわれるまでの行為者の動き、その集合的帰結を理論的に捉えるための枠組みを提示する佐藤嘉倫『意図的社会変動の理論』(1998)、ロジャーズ『イノベーションの普及』(1995=2007)に触れる。佐藤の意図的社会変動論は、行為者（ミクロ）レベル、集合的（マクロ）レベルの2つの位相を入れて社会の生成、存立、変化を捉える枠組みを提示した理論書である。ロジャースのイノベータ論は、イノベーション、すなわち、新しい知識や技術が社会成員に伝達される過程とその促進・阻害要因の解明を一般理論の形式にして提示している。両文献からは、計画が失敗する要因、失敗のリスクを軽減するための方策についてのヒントが得られよう。

　『反政治マシーン』(1990)のファーガスン、『開発を切り拓く』(2005)のモ

スは、ともに開発援助の内側でフィールドワークをおこなった人類学者である。ファーガスンは、援助機関、国家・行政機関、農民とのあいだでの利害関係やニーズの相違を民族誌的に明らかにする。モスは、英国国際開発庁（DFID）に実務者として関わった経験から、開発計画をとりまく特定の知識が権威を獲得し、こうした知識を所有する援助関係者が不平等な国際関係のレジームを作りだす過程を批判する。両文献からは、援助を含めた計画を所与とせず、その政治性、権力性を批判的に検討することの重要性を理解することができる。

　最後に、参加型開発を扱ったチェンバースの『第三世界の農村開発』（1983=1995）、クーク＆コタリの『参加』（2001=邦訳なし）、ヒッキー＆モハン編著の『変容する参加型開発』（2004=2008）を取り上げる。参加型開発の重鎮であるチェンバースは、アウトサイダーである開発専門家が、地域をみる際に必要な視点や姿勢を教示する。後述の2冊の文献は、開発の負の側面を軽減する参加型開発が「専制」になりつつあることを痛烈に批判する。これらの文献は、開発援助に内包された非対称的な関係を克服し、社会的弱者が被る負のインパクトを軽減する制度のあり方とは何かについて考える契機を与えてくれよう。

　　　　　　　　　　　　　　　　　　　　　　　　　　（佐野麻由子）

Contents

47 松原治郎『日本の社会開発』(1968) ……………………………………… 187

48 武川正吾・三重野卓編『公共政策の社会学』(2007) ………………… 190

49 佐藤嘉倫『意図的社会変動の理論』(1998) …………………………… 193

50 エベレット・ロジャーズ『イノベーションの普及』(1995=2007) … 196

51 ジェームズ・ファーガスン『反政治マシーン』(1990) ……………… 198

52 デイヴィッド・モス『開発を切り拓く』(2005) ……………………… 201

53 ロバート・チェンバース『第三世界の農村開発』(1983=1995) … 204

54 ビル・クーク＆ウマ・コタリ編『参加』(2001) ……………………… 207

55 サミュエル・ヒッキィ＆ジャイルズ・モハン編著
　　『変容する参加型開発』(2004=2008) ………………………………… 210

47

松原治郎
『日本の社会開発』

(1968 福村出版)

❶著者の略歴と本書の位置

　松原治郎 (1930-1984) は東京学芸大学、東京大学教育学部に勤めた社会学者であり、福武直(→Ⅳ-23参照)グループによる「地域開発」研究の主要メンバーの1人であった。松原はその研究成果のなかから、1964年11月にはじまる佐藤栄作政権の代名詞として強調された「社会開発」に焦点をあて、この用語が展開されるようになった背景とその政策的欺瞞性について1964～1967年に諸論文を発表した。それらをとりまとめ、再編成したのが本書である。

❷本書全体の構成と意義

　本書は、佐藤政権でキャッチフレーズとなった「社会開発」の導入過程とその帰結を、社会学の観点から鋭く分析している。序章を含め全7章で構成されているが、松原はまず第1章、第2章において福武直編(→Ⅳ-23参照)でも論じた「地域開発」を概観する。すなわち、戦後の開発政策を「資源開発中心主義の段階」(1950～1955年)、「工業開発中心主義の段階」(1956～1960年)、「地域格差是正主義の段階」(1961～1964年)という段階に分類し、「社会開発」が議論されたのはこの3番目の段階として位置づけている。第3章で地域開発と地方政治についてさらに論じた後、社会開発論の系譜を整理し分析した第4章が本書の中核的部分である。また、第5章、第6章で教育問題を扱い、のちに展開するコミュニティ研究の萌芽を示している。

　なぜ、佐藤政権で「社会開発」が中心的な政策課題となったのか。それは、それまでの経済開発優先によって生じた「歪み是正」にほかならない。また松原は、社会政策とは呼ばずに、あらたに「社会開発」と呼ぶからには問題が生じて事後的に対処する対症療法ではなく、あらかじめプログラムのなかに織り

込んだ積極的な意義を「社会開発」はもっているのだと捉えている。しかし、「社会開発」がもたらした帰結はどうだったか。松原が問題視したのは、「社会開発」が実際には骨抜きにされてしまう、その脆弱性にあった。つまり、「経済開発」と併置して「社会開発」が目的とされる場合、「福祉が目的といいながら経済開発はそれ自身、資本・技術・労働の効率の次元で計算され、遂行され、完結してしまう性質のものであることが忘れられているか、粉飾されて」しまい、「社会開発とは名ばかりのものになってしまいがち」なのであった。

❸開発社会学的な意味

日本で展開された「社会開発」の経験と、松原によるその分析は、現代でも決して色褪せることのない豊富な知見と教訓を我々にもたらしてくれる。まわりを見渡せば、「持続可能な開発」、「人間の安全保障」、「参加型開発」、「調和のとれた社会」（和諧社会）、「循環型社会」など耳障りのよいスローガンにあふれているが、そうしたスローガンの下で進められる政策が、現実にどのような帰結をもたらしているのか。地方、地域社会の視点から丹念な現実把握を通じて、政策を批判的に検討した本書は社会学のすぐれた業績である。

また今日、「社会開発」といえば、途上国の貧困問題や国際協力に関係する方々にとってなじみ深い概念であろう。そこでは、それまでのインフラ整備一辺倒の開発援助から、教育、保健衛生、住民主体の村落開発へといった質的な転換として意味づけられており、国連ミレニアム開発目標（MDGs）でも「人間の安全保障」が謳われているのは周知の通りである。しかし、援助に関わる人々のなかでも、「社会開発」が早くも1950年代から1960年にかけて国連で議論されており、その流れを受けて日本社会でも東京五輪開催直前の1962〜1963年ごろに議論されるようになり、特に五輪後に誕生した佐藤栄作政権においては「社会開発」こそが重要な政策課題となったことを知る人は少ないのではないだろうか。

❹議論の広がりと関連文献

本書との関連で、より入手しやすいものとして松原治郎編『社会開発論』（1973 東京大学出版会）があるので、あわせて参照いただきたい。また、松原には家族社会学や青少年教育の領域での業績もあるが、青井和夫・松原治郎・副田義也

編『生活構造の理論』(1971 有斐閣)、松原治郎・似田貝香門編『住民運動の論理——運動の展開過程・課題と展望』(1976 学陽書房)、松原治郎『コミュニティの社会学』(1978 東京大学出版会) などは、本書で指摘している地域社会の問題克服のために住民運動やコミュニティをクローズアップして論じたものでもある。

　これら運動やコミュニティの主体形成をめぐっては、1980 年代以降さらに都市社会学や地域社会学において焦点化していく研究課題であるが、松原の著作はそれらの原点になるものである。ほかにもコミュニティ論は多数あるが、国内の都市社会学者によるものとして、奥田道大『都市コミュニティの理論』(1983 東京大学出版会)、金子勇・森岡清志編『都市化とコミュニティの社会学』(2001 ミネルヴァ書房) を挙げておきたい。　　　　　　　　　　（浜本篤史）

48

武川正吾・三重野卓編
『公共政策の社会学
――社会的現実との格闘』
(2007 東信堂)

❶著者の略歴と本書の位置

　編者の2名は、いずれも福祉国家論を中心とする福祉社会学（社会政策）が専門であり、武川正吾（1955-）は、社会保障制度や福祉国家の国際比較などの業績も多い東京大学大学院教授である。三重野卓（1949-）は、「生活の質」(quality of life) を重視した提言をおこなうほか、社会指標の体系化に携わってきた。防衛大学校および山梨大学で長らく教鞭をとり、2014年現在、帝京大学教授である。本書は、社会学においてこれまで疎かにされてきた公共政策という領域に対し「一石を投じよう」と、若手社会学者のほか法学、社会福祉学の研究者も執筆陣に加わり、「社会学のアクチュアリティ」シリーズの第11巻として刊行された。

❷本書全体の構成と意義

　政策志向性の弱い日本の社会学のなかにおいて、社会政策（social policy）、福祉社会学は政策に近い取り組みが多い。それゆえに本書でも福祉領域の議論が中心となるが、本書の議論は、社会学からの政策貢献を考える上で、普遍的な材料を提供している。とりわけ、編者2名が担当している序章「公共政策と社会学」（武川正吾）と終章「政策評価と社会学」（三重野卓）のほか、2章「社会計画と社会指標」（神山英紀）を一読すれば、これまでの社会計画論、公共政策論における社会学の立ち位置を把握することができるだろう。

　武川がまず指摘するのは、これまで社会学が公共政策に対して及び腰だった「公共政策からの逃走」と呼ぶべき姿勢である。そして、その理由として社会学研究における3つのバイアスを挙げる。すなわち、社会変革への高邁な理想を掲げてしまう「理想主義のバイアス」、価値判断に立ち入らず客観性を保

とうとするウェーバー以来の「価値中立のバイアス」、現実との緊張関係をもたないまま批判に終始する「批判主義のバイアス」である。これらはたしかに、社会学者が政策に関与しないことの正当な理由であり、また同時に「言い訳」でもあろう。もっとも、社会学的知見が政策に生かされない理由には、日本の社会全体や官僚制のなかに、一種の反知性主義やシニシズムがあることも武川は指摘するが、にもかかわらず、本書は全体的に社会学者側の努力が不足しており、社会学者はもっと政策に貢献していくべきだというメッセージを発信している。

　本書はほかに、「社会サービスの割当」(岡田哲郎)、「権利・裁量・参加」(秋元美世)、「介護サービスの分配の公正と政策評価」(鎮目真人)といった各章も福祉政策に関する重要な論点を説明している。また、「貧困の測定」(菊地英明)、「ジェンダー・エンパワーメント」(下夷美幸)では、先進国の福祉だけでなく、国際開発論における主要な議論が論じられており、初学者にとっての入り口としても読みやすい。

❸開発社会学的な意味

　政策といえば、多くの読者は、1990年代後半以降、海外事例を参考に日本の行政でも導入されるようになったニュー・パブリック・マネジメント (NPM) 手法を思い浮かべるだろう。すなわち、民間企業のマネジメント手法を行政に取り入れ、効率化を図る取り組みである。ここにおいて、社会学者の関与は薄かった。しかし、そうした潮流よりずっと前の1970年代に、まさに高度成長の歪みを是正するための試みが、当時の社会学者によっておこなわれていたことは今や忘れられている。それらは、経済計画に対置する社会計画論として、また、社会的データを分析するための社会指標の考案として展開されたのであった。本書はこうした過去の蓄積を示しながら、社会学による今後の政策貢献を唱えている点で重要である。

　また、国際開発に従事する人々のあいだでは、国連開発計画 (UNDP) が1990年以降発表している「国連人間開発指数」(HDI) およびそれに続く指数の改良は、社会的データの量的把握を目指したものであることはよく知られているだろう。しかし、日本社会においても指標化の取り組みが1970年代を中心におこなわれ、現在に至るまで、一定以上の影響力をもっていた。これらの

蓄積からは、社会学による政策貢献を目指そうとする人も、国際協力において社会開発に携わろうとする人も、ぜひ一度学んでおきたい。

❹議論の広がりと関連文献

　1970年代の社会計画論および社会国民生活審議会調査部会編『社会指標——よりよい暮らしへの物さし』(1974 大蔵省印刷局)、青井和夫・直井優編『福祉と計画の社会学』(1980 東京大学出版会)、三重野卓『福祉と社会計画の理論——指標・モデル構築の視点から』(1984 白桃書房) がある。また近年では、米国社会学会、世界社会学会の会長も歴任しているマイケル・ブラウォイによる演説 "For public sociology" が議論を呼んでいるほか、2012年には東京大学出版会から、「公共社会学」シリーズが盛山和夫・上野千鶴子・武川正吾の編集により刊行されている。社会学の政策貢献という文脈でいえば、長谷川公一『環境運動と新しい公共圏——環境社会学のパースペクティブ』(2003 有斐閣) も参考になるほか、チェルネア編『開発は誰のために』(→ II-14 参照) とも通じている。

(浜本篤史)

49

佐藤嘉倫
『意図的社会変動の理論
　——合理的選択理論による分析』

(1998 東京大学出版会)

❶著者の略歴と本書の位置

　佐藤嘉倫（1957-）は、東北大学で教壇にたつ日本の社会学者であり、社会変動論、社会階層論、合理的選択理論、信頼研究を専門とする。本書は、著者の博士論文をもとにしている。

　政府や地方自治体の実施する社会計画が失敗することがあるのはなぜか。逆に、行政当局よりも動員できる資源が少ないと思われる住民運動が成功することがあるのはなぜか。

　本書は、政府なり、自治体なり、市民団体なり、何らかの意図や目的をもって社会のあり方を変革しようとする試みのことを「意図的社会変動」と呼び、失敗や成功に至るメカニズムを、社会全体の改革を仕掛ける主体、それに反応する主体（ミクロ・レベル）、社会全体での改革の帰結（マクロ・レベル）との関係を視野に入れて論じた。

❷本書全体の構成と意義

　本書は全5章で構成されている。全体を通して検討されているのが、主体が意図するように政策や社会運動が実現されないメカニズムである。本書のポイントとなるのが、制度導入とその結果に至る3つの過程である。著者は政策導入とその結果を、(A) 行為選択肢の集合の縮小・拡大／行為選択肢に対する選好順序の変化、(B) 新しい制約条件下での行為選択、(C) 行為者の反応の集積／複数の選択肢がそれぞれ生起する結果、の3つの過程にわけて捉える。

　新しい制度は人々の行為選択肢を増やしたり、逆に、制限したりするものとして位置づけられる。また、制度は、人々の行為選択肢に対する選好順序、すなわち、どの行為選択が自分にとって最適なのかを、リスクやコストを踏まえ

図1　制度導入とその結果に至る過程

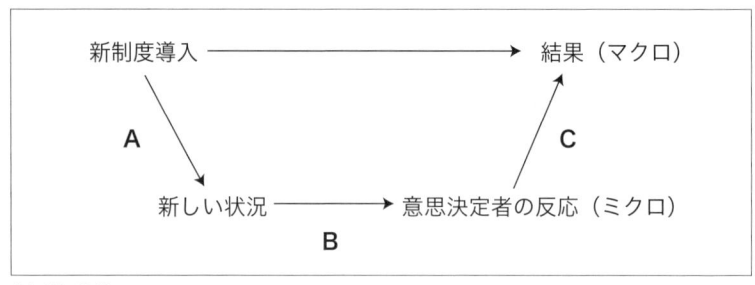

```
新制度導入 ─────────────→ 結果（マクロ）
         ＼              ↗
          A            C
           ↘          ／
         新しい状況 ──→ 意思決定者の反応（ミクロ）
                  B
```

(出所) 佐藤 1998

ながら順序づけることにも影響を与える。これが矢印のAの状況である。

このような新しい状況下での行為選択を示すのが矢印Bである。ここでは行為者が最適だと信じる行為が選択される。また、他者の行為選択をみながら行為選択がなされることもある。たとえば、社会運動については運動に参加するというコストを負わずして運動の成果を享受する「フリー・ライダー」になる選択肢もあれば、他者と連携をとって目的達成を目指す「協力選択」、あるいはその逆の「非協力選択」といった選択肢もある。

多様な行為者の反応の集積を示すのが、矢印Cである。新制度導入によって許される選択肢は複数存在するゆえに生起される結果は、社会全体の変革を企図した主体が思い描いた結果と同じとは限らない。それはまた、新しく制度が導入された社会の仕組み自体が内包する予測できない新制度の阻害要因や制度の正当性の欠陥によっても左右されるのである。

❸開発社会学的な意味

本書のモデルは、制度構築やルールづくりを行う開発援助プロジェクトの計画、実施、評価に応用可能だろう。たとえば、プロジェクトの評価についていえば、制度導入の効果を、①プロジェクト対象者の制約条件がどのように変更されたのか、②制約条件が変更された上で、人々の実際の選択肢にどのような影響を与えたのか、③上記①と②が確認された上で、それが制度導入の本来の目的とどのように関連しているのか、という点からはかることができる。

また、失敗の問題分析にも応用可能である。マイクロ融資の普及に困難が生じたインド・ハイデラバードの事例（→Ⅵ-46参照）を本書のモデルにそってみ

てみよう。当該地域では、マイクロ融資へのアクセスがあるにもかかわらず、貧困層の7割強が金利の高い金貸しや友人、近所の人から融資を受けたという結果になった。まず、制度導入と行為選択肢についてだが、マイクロ融資銀行ができることで、借金する側の選択肢に、金貸し、親族、友人、近隣住民からの融資のほかに、マイクロ融資という選択肢が加わった。では、その人にとって最適な選択を決める際のリスク、コストについてはどうだったのか。マイクロ融資には、金貸しや親族、友人からの融資よりも金利が低いという比較優位があった。他方で、融資の審査に時間がかかる、融資に際してグループをつくらなければならないという比較劣位もあった。互いをよく知らない人ともグループをつくらなければならないという状況が、借金する側のマイクロ融資に対する選好順序を下げ、実施者が意図したような普及につながらなかったと推測できる。

❹議論の広がりと関連文献

　本書に登場するミクロ理論とマクロ理論との理論的接合についてより学びたい読者には、ジェフリー・アレグザンダーほか編『ミクロ-マクロ・リンクの社会理論──「知」の扉をひらく』(1987=1998 新泉社) をお薦めしたい。また、「ある計画を達成に導くのに必要なことは何か」という本書と同様の問いを、所眞理雄編著訳『オープンシステムサイエンス──原理解明の科学から問題解決の科学へ』(2009 NTT 出版) は、社会の自己組織性をキーワードに論じている。つまり、社会は環境条件に応答しながら組織を生成し、その構造を変化させる性質をもつという視点に立った議論である。複数の領域（経済・政治・社会・文化等）、次元（ミクロ・メゾ・マクロレベル）、時限（未来のアウトプットのための現在のインプット）という点から総合的に援助政策・計画を考えたい人にお薦めの1冊である。

（佐野麻由子）

50

エベレット・ロジャーズ
『イノベーションの普及』

(1995=2007 翔泳社、三藤利雄訳)

❶著者の略歴と本書の位置

エベレット・ロジャーズ（Everett M. Rogers, 生年不明）は農村社会学を専攻し、社会的ネットワークの観点から農業イノベーションの普及過程について研究をおこなった米国の社会学者である。ミシガン州立大学、スタンフォード大学、南カリフォルニア大学の教授を歴任した。イノベーションとは、個人あるいはほかの採用単位によって新しいと知覚されたアイディア、習慣、対象物である。本書（*Diffusion of Innovations.* Free Press, 1995）は、「イノベーションが普及していく過程」を解明するイノベータ理論の基礎文献である。1962年の第1版以降、2014年現在、第5版が出版されている。

❷本書全体の構成と意義

本書は、イノベーションが普及する条件、過程を論じた古典であり、全9章で構成される。本書によれば、イノベーションの採用者は採用の速さに応じて、①最初の採用者であるイノベータ、②流行に敏感で他者にも影響力をもつ初期採用者、③冒険的な性向をもち平均よりも早くにイノベーションを採用する初期多数派、④変化をあまり好まずイノベーションの採用には対人的ネットワークによる後押しが必要となる後期多数派、⑤保守的な層であるラガード、以上の5つのカテゴリーに分類される。

個人が新しい情報・知識を獲得してから受容するまでの過程は、①個人がイノベーションの存在を知り、その機能を理解する知識段階、②個人がイノベーションに対して好意的・非好意的な態度を形成する説得段階、③個人がイノベーションを採用するか否かの選択に至る決定段階、④個人がイノベーションを使用する導入段階、⑤個人がすでにおこなったイノベーションの採用の継続を決

定する確認段階にわけられる（5段階モデル）。

イノベーションの普及にかかわる主要な要素は、イノベーション、コミュニケーション・チャンネル、時間、社会システムである。そして、イノベーションの認識、採用、他成員への伝播の如何にかかわるのがイノベーションそれ自体のもつ特性、すなわち、採用効果や従来のものに対する比較優位性だけでなく、採用する人々の慣習や規範・賞罰（サンクション）、彼らのネットワーク構造なのである。たとえば、病気の感染を防ぐために導入が検討された「煮沸イノベーション」の普及の失敗で示されたのは、煮沸がもつ効果ではなく、それを認知する際に影響を与える知識体系や規範、賞罰（サンクション）であった。

❸開発社会学的な意味

本書は、技術移転を成功させるのに必要な社会的要因は何か、そのヒントを与えてくれる。たとえば、「煮沸イノベーション」の普及に失敗した南米ペルーのロスモリノス村には、熱いもの／冷たいものと病気か否かという状況とを結びつける知識体系があり、「病人でなければ湯を飲んではいけない」という規範がある。多くの村人は、煮沸の細菌学的な効果よりも旧来の知識体系に依拠し、行為選択をおこなった。人々は、規範を破ることで批判の目に晒されることを回避するために「煮沸イノベーション」を採用しなかったのだ。もし、普及に携わった人が、本書で書かれている知識体系／規範と行為選択との関係や他者に影響力をもつオピニオン・リーダーとイノベーション採用との関係についての知識をもっていれば、異なる結果が出たのかもしれない。実務者にも読まれたい1冊である。

❹議論の広がりと関連文献

人々のもつネットワークの特性を理解しながら、イノベーションの普及を考えたい人にお薦めしたいのが、増田直紀『私たちはどうつながっているのか──ネットワークの科学を応用する』（2007 中央公論新社）である。少数の人を介して、見知らぬ他者同士がネットワーク上でつながっている「スモールワールド性」、一部の人に知人数の多さが集中する「スケールフリー性」等、人々のつながり方を解明するネットワーク科学が、わかりやすく説明されている。

（佐野麻由子）

51

ジェームズ・ファーガスン
『反政治マシーン
——レソトの「開発」・脱政治化・官僚の権力』
(1990 ケンブリッジ大学出版局、邦訳なし)

❶著者の略歴と本書の位置

開発援助の営為と現地住民の生活の齟齬はどうして生起するのか。本書(*The Anti-Politics Machine: "Development," Depoliticization, and Bureaucratic Power in Lesotho.* Cambridge University Press, 1990) は、スタンフォード大学文理学部人類学科の教授であるジェームズ・ファーガスン (James Ferguson, 1959–) が 1981 年から 1983 年にかけて南部アフリカの小国レソトの農村部でおこなったフィールドワークにもとづく民族誌である。

本書は当時、世界銀行やカナダ国際開発庁 (CIDA) が進めた総合農村開発計画の「意図せざる」結果に着目し、援助する側とされる側、そしてその中間で計画を実施する側との価値や利害関係の齟齬を描いた。筆者は本書以後、近代化や合理化といった価値が開発援助においていかに制度化され、それが国際機関、国家・地方行政、住民のあいだに横たわる権力関係をいかに再生産させるかについて、南部アフリカ諸国をフィールドに議論を展開している。

❷本書全体の構成と意義

本書の出発点は、レソトの「辺境性」にまつわる言説がどのように生産されてきたのかである。著者は世界銀行が 1975 年に同国に関してまとめた報告書を手がかりに、レソトの地理的隔離、人口圧、農業の停滞がどう問題視されてきたのかを分析する。そこでは国土の約 10％ のみが耕作可能であること、資源小国であることを背景に、レソトは伝統的自給自足型小農社会であると規定された。

こうした「前近代性」は多数の家畜の所有にみられる。しかしながら、家畜の所有は本書が「ウシの神秘性」と述べるように、世帯の資本蓄積に直接つな

がるわけではない。それは男性にとってコミュニティでの威信の源泉であり、婚資（bride wealth）であり、世帯の生存維持手段であり、老後の財産でもある。それだけに、家畜の取引は村落での庇護－随従関係を強化する。また、男性が隣国南アフリカに出稼ぎで不在のあいだには、家畜を世話する社会的紐帯も存在する。もちろん、家畜と貨幣の所有をめぐっての男性－女性、老年層－若年層との見解の差異はみられる。家畜所有が文化的なルールであるかぎりにおいて、それがいかに貨幣に比べて便益が低いと揶揄されても、伝統として維持されていくのである。

国土の約90％が牛、羊、山羊の放牧にしか適さないレソトでいかに「開発」が展開したのか。本書は、1970年代後半に世界銀行とCIDAが施行した畜産開発計画の事例を詳細に検討している。この計画では放牧者協会が設置され、そのもとで「進歩的で商売が上手な」農民たちが組織された。そして、定められた土地のなかで改良された純血種の家畜が生産され、農民たちは現金収入を得るとともに、互いに商品向け家畜の生産を競い合うような仕掛けづくりがなされた。

また、牧畜の効率的な商品化と現金収入手段の向上に向けて分権化が推進された。そして、総合農村開発計画では畜産開発のみならず農村開発・教育・保健医療プログラムが並行して進められ、省庁の統合・再編が進んだ。しかし、その帰結は役人たちの福利厚生の促進や、省庁や行政機関間の利害対立であった。

本書ではCIDAや政府の役人たちに対して農民たちが畜産開発プロジェクトに対して協力的な態度をみせつつも、開発計画の対象地である牧場に自らの牛を連れてこず、牧場の管理もままならなくなった様子が描かれている。その背後にあるのが、自給自足の手段だけではなく、社会的威信としての家畜という財産なのである。

❸開発社会学的な意味

本書は開発計画の「意図せざる結果」が、援助機関、国家・行政機関、農民とのあいだでの利害関係やニーズの相違から生じる過程を見事に描いている。本書は開発の政治社会学としての価値も高い。その意義の1つは、援助する側が「生計手段の多様化事業」と称して貧困の構造的な原因を隠蔽しながら、開

発問題を当該社会が内包する問題に回収してしまうメカニズムを解明した点にある。そこには、商品化と生産性の向上を軸にした経済開発を処方せんとして、「遅れた」社会を改良しようとする援助機関の思考様式がある。これは、経済開発や技術発展をもとにしたグローバルな権力構造の根幹をなす。

著者によると、総合農村開発計画は行政がサービスを供給するマシーンに終始した。同計画が生みだす利権やポストに依存する集団がいる一方で、各層や利害がほかの層がとりうる行動や選択を制御することはなかった。ゆえに、従来の官僚組織が変革されることもなかった。「現状を内発的に打破する」企図を有していた同事業は、「社会変動」を引き起こすすべをもたなかったのである。こうした開発計画の「脱政治化」の結末が、先述の農民たちによる開発計画への「非協力」であったといえる。

本書のもう1つの意義は、援助機関や行政による文書や議事録の吟味、そして農村での長期にわたる参与観察とインタビューにあるだろう。本書は人類学がリードする「脱開発論」や、国際政治学が論じる開発援助をめぐるグローバルな権力構造という文脈で言及・引用されてきた。こうしたなかで、開発援助の資本主義的な論理が現地行政の分権化や農民の自助組織化という形で実践される点や、こうした計画が農民の経済実践を支える文化になじまない点などは、本書の知見としていっそう評価されるべきだろう。

❹議論の広がりと関連文献

本書はモス（→Ⅶ-52参照）をはじめとした開発研究の著作にも影響を与えた。日本語の著作では社会学者の小倉充夫による『南部アフリカ社会の百年――植民地支配・冷戦・市場経済』(2009 東京大学出版会) が参考になる。同書はアフリカ社会の従属的構造を、ザンビアでの長年にわたる断続的な調査から紐解いている。特に、1980〜90年代の経済危機を嚆矢とする構造調整の社会的影響に関する分析が本書の主張に重なる。つまり、市場経済化による農民の貧窮化、生存維持を目的とした出稼ぎと副業の拡大、特定地域での商業の発展と格差による小農のあいだでの悲観的な態度の蔓延、呪術の流行などである。これらは、国際機関などによる市場原理の推進と統治の力学がもたらした意図せざる結果であり、ファーガスンによる論考の核でもある。

（佐藤裕）

52

デイヴィッド・モス
『開発を切り拓く
——援助政策と実践の民族誌』
(2005 プルト出版、邦訳なし)

❶著者の略歴と本書の位置

　本書（*Cultivating Development: An Ethnography of Aid Policy and Practice.* Pluto Press, 2005）は、ロンドン大学東洋アフリカ研究院（SOAS）社会学・人類学科教授のデイヴィッド・モス（David Mosse, 生年不明）による著作である。著者は1990年代に英国国際開発庁（DFID）の社会開発コンサルタントを務めた。本書は著者がDFIDの専門家として、のちに社会人類学のフィールドワーカーとして10年以上にわたり記録した、いわば「内部者」による民族誌である。対象はインド西部、ラージャスターン州のビール族（the Bhils）コミュニティでDFIDの援助を受けて展開した参加型農村開発プロジェクト、「印英天水農業計画」である。筆者の関心は土地所有や労働過程、政治的機会などの局面で階級、カースト、ジェンダー間で不均等に配分されている機会とそれを再生産する社会制度や社会構造にある。

❷本書全体の意義と構成

　本書の論点は、開発計画の「成功」が実は社会的に構築されたものであり、それが成功として認証されるためには、援助業界のさまざまなアクターから構成される「解釈コミュニティ」が必要となることである。開発問題がより複合的になり、開発の成果がより不確実なものになる一方で、開発援助をいかに「成功」に導くのか。著者によると、その回答は開発計画では企画から管理運営にいたるまでのモデルを単純化することである。開発計画を支える発想は「科学技術」として万能とされるがゆえに特権を有している。ところが、計画がひとたび実践された場合、計画側の知識や制度がどうもち込まれ、彼／彼女らの価値が地域社会にどう受け入れられるのか。また、在地の人間関係はどう再編成

第Ⅶ章　人々の福祉向上のための開発実践　201

されるのか。

　以上についてモスは、開発プロジェクトの計画・実施・評価にいたる各段階で記録した民族誌データをもとに、援助実務者－住民、現地の行政官－「部族」に属する村民、男性－女性のあいだで生まれる非対称な関係性を以下のように検討する。

　まず「開発の辺境」としての部族による生存維持の実態である。英領インド時代から「野生の」部族として分類されてきたビール族は平地ヒンドゥー社会に同化し、カーストの最下層に位置づけられてきた。また、政府による庇護を受けながらも土地なし農民として搾取されつづけてきた。そして、多くが都市部の日雇い建設労働などを目的に還流移動している。このように、農村での非対称な社会関係や出稼ぎが常態化しているなかで、DFIDによる参加型農村開発が実施されたわけである。

　つぎに「計画」段階である。ここでの焦点は、NGOとの共同で実施された当事者参加型調査におけるコミュニティ・オーガナイザー（CO）の役割である。とりわけ、COたちが実施予定の計画が住民のニーズを代表しているような回答を導いたり、村落のリーダーたちが自らの利害にあわせて調査を利用したりする様子が描かれている。

　さらに「実施」段階では、国営の肥料組合が同計画において影響力を行使した様子が描かれている。ビール族は政治的・経済的に力をもつカースト集団に従属してきたが、同計画でも同様の庇護－随従関係が展開した。さらに政治的なコネを利用し、DFIDの援助を生活向上や特定政党でのキャリア構築に用いる住民も存在した。

　最後に「評価」段階である。本書は事業を評価する人材、たとえば女性たちが特定の社会的出自をもつこと、農林業の技術者たちが抱く計画の方向性が農民たちのニーズに合致しないこと、DFIDのコンサルタントがもち込む開発計画のフレームが現地で無批判に重宝される傾向を指摘する。その上で、同計画を「成功」と評価することに対する制度的圧力を批判的に検討している。

❸開発社会学的な意味

　本書は特定の知識が権威を獲得し、こうした知識を所有する援助関係者が不平等な国際関係を作りだしていると強調する。こうした開発援助の考え方と実

践を支えるのが新経営管理論（NPM）である。同論は、一方では開発の「目的」を貧困・病気・非識字の削減といった数量化可能なターゲットに絞る傾向があり、他方では開発の「手段」を広げる傾向がある。1980年代までは技術移転による成長や市場メカニズムの整備が開発援助の中心であったのに対して、今日では良い政府、緊縮財政、政治的多元主義、活発な市民社会と民主主義の醸成となっている。こうした新しい国際公共政策が浸透するなか、途上国住民の社会生活は「手段」として道具化されている。たとえば、社会関係資本、市民社会、良い統治などのドナー主導型の発想が、社会や文化の「合理化」であるとされ、開発計画に応用されていくわけである。

　合理化を推進する技術的言説が、その背後にある官僚的な権力や支配を隠蔽するという論点は、ファーガスン（→Ⅶ-51参照）にも通じる。しかしながら、ファーガスンは農民を開発計画の受動的な担い手として捉えていたのに対して、本書はNGOの活動家が天水農業計画の「成功」を謳うDFIDや行政から距離をおこうとした点、計画をてこに生計手段を得た一部住民が消費を通して自らの「近代性」をアピールし、他の住民との差異化を図っていた点などを指摘している。こうした多様なアクターによる交渉や被抑圧者の主体性は、構造決定論に陥りがちな従属理論はもちろんのこと、脱開発論とも一線を画している。行為主体に軸足をおく開発援助の「意図せざる結果」の分析において、筆者がもつ複眼的思考、つまり開発援助をめぐる知識のグローバルな非対称性と、現地社会の複雑な人間関係の透徹した理解が功を奏している。

❹議論の広がりと関連文献

　モスらとともに『変容する参加型開発』（→Ⅶ-55参照）の執筆を分担した真崎克彦は、『支援・発想転換・NGO——国際協力の「裏舞台」から』（2010 新評論）を著した。同書は貧困・災害・紛争・環境破壊などで困難な状況におかれている人々が、主体的に生活向上を図っていく「地域社会開発支援」を取り上げている。そこでは、こうした支援事業が「成功」と判断されたケースとは裏腹に、事業のシナリオには描かれない現地社会の複雑な関係性のもとで政策立案・実施者が把握できない、または報告しない諸事実を報告している。　　　（佐藤裕）

53

ロバート・チェンバース
『第三世界の農村開発
　——貧困の解決　私たちにできること』
（1983＝1995 明石書店、穂積智夫・甲斐田万智子監訳）

❶著者の略歴と本書の位置

　ロバート・チェンバース（Robert Chambers, 1932-）は生活者の視点に立った「開発学」を一貫して主導してきたオピニオン・リーダーである。生物学で博士号を取得後、ケニアで携わった援助事業を振り出しに、多くの開発援助関連の調査に関与し、英国サセックス大学開発研究所（IDS）に籍をおき、次々と開発援助業界における検討課題を提示し続けてきた。アカデミズムに身をおきながらも実務と理論・学術とのコミュニケーションのために尽力し、研究手法は社会人類学的、文明批評的でもある。IDS を定年退職した後も週末に学生や NGO の人々を招いた参加型ワークショップの演習を継続するなど、エネルギッシュに活動している姿は「参加型開発のドン」という異名に恥じない。本書（*Rural Development: Putting the Last First*. Longman Scientific & Technical, 1983）はチェンバースの一連のシリーズの最初の１冊であり、代表作といってよいだろう。

❷本書全体の構成と意義

　本書は参加型開発実践者にとってのバイブルとも目されるが、「参加型ツール」のノウハウ本ではない。本書を貫くメッセージは「逆転」（Reverse）の必要性である。
　第１章「見えない農村の貧困」では、「開発の専門家」は現状の構造的・制度的・予算的制約の下では農村の貧困の本質をみることができない、と指摘する。第２章以降はこれを前提として、アウトサイダーである「専門家」の役割と心構えについて考察する。農村の貧困問題を「否定的」にみる学者と、「肯定的」にみる実践者の２つの「アウトサイダー」の文化があるが、いずれも「中心から周辺へ」「上から下へ」という共通の知識バイアスがあり、求められて

いるのはこれを逆転して下から上へ、周辺から中心へという理解の仕方であると主張する。

　第3章ではアウトサイダーが何かを教えるのではなく、人々から「学ぶ」ための心構えについて述べ、通常おこなわれている調査の罠について指摘する。第4章では「近代的科学知識を身につけているアウトサイダーの専門家たちが、彼らが現在立っている高みから降りて地べたに腰を下ろし、農村の人々に耳を傾け、彼らから学ぶこと」が重要であると指摘し、アウトサイダーの知識がもつ権力性を指摘し、人々の知識を理解することの大切さを主張する。第5章では「人々が貧しいのは彼らが怠け者で、計画性がなく、運命論者で、無知で愚かだからだ」というアウトサイダーの理解の仕方の間違いを指摘し、人々が彼らの努力にもかかわらず窮乏化（deprivation）の罠から抜け出せない理由を、物質的貧困、身体的弱さ、孤立化、不測の事態への脆弱性、交渉力の欠如という5つの状態に求め、説明する。

　こうした認識の「逆転」の上で、第6章ではアウトサイダーがどのように介入すべきなのかを考察するが、その際、コストと政治的環境にともなう現実性にも配慮することを求めている。ここでもチェンバースはアウトサイダーが貧しい人々の願いをまず考えるという「逆転」の発想を強調している。「アウトサイダーが現状分析や問題解決策の中に、自分たちのイデオロギーや価値観を取り入れてしまうことは避けられない」と認めた上で、この弊害を最小化するための努力として「貧しい人自身が何を望んでいるかについて繰り返し問いかけ、熟考する」ことと、「容認できない（すべきでない）具体的な（貧窮）状況に立ち戻り理論的な抽象論に終始するのではなくこれらを分析する」ことの必要性を指摘している。

　第7章ではさらに進めて、いかにこの「逆転」を実現するかを "Putting Last First" という本書の副題に即して展開している。第8章は具体的な手法のヒントも含めて、この「逆転」を実現する道筋について展望する。ただ、主役が現地の人々であるとしても、彼らを取り巻く政治的・社会的現実に配慮することを求め、彼らを危険にさらすこと（何らかのリスクのある行動に追い立てること）に対する倫理についても触れている。

❸開発社会学的な意味

　チェンバースはアカデミックな立場に身をおきながらも実務を志す。しかし、盲目的に「理想」や「理念」実現のために邁進するのではなく、そのことがもつ「罠」「権力性」について十分に自覚するところからはじめようとする。ここに、研究者としての開発社会学者の1つのロールモデルがあるといえよう。

　チェンバースは途上国の貧困層を対象とするプロジェクトを計画・立案・実施・評価する際の心構えをあくまでも「アウトサイダー」の立場から述べる。彼の自己認識の原点は「悩めるぎこちない中流階級出身のイギリス人（白人）」である。このことは、開発援助に情熱をもって取り組んでいる多くの先進国の人々、途上国のエリートにあてはまる。すなわち開発援助の対象となる人々にとっては完全に「異質な」「よそ者」である。これを前提としつつ、それでも貧困問題、開発問題にコミットしたいのであればどうすべきかが、チェンバースの出発点である。

　また、調査手法・情報収集の方法についてもチェンバースはその長いキャリアを通じて繰り返し発言している。専門家が思い込みの質問票に基づいて機械的に集めたデータは、それをいかにエレガントな方法で加工しても意味がないと、統計調査を批判する。ただし「数字」それ自体を毛嫌いするのではなく、いかに「人々の生活のリアリティ」を数字によって表現するのかということに関心を持ち続けている。この姿勢には学ぶべき点が多い。

❹議論の広がりと関連文献

　チェンバースは、本書のメッセージ "Putting the Last First" を一貫して追究しているが、これはチェルネア編『開発は誰のために』（→Ⅱ-14参照）と通底する主題である。チェンバースはのちに、アウトサイダーの心構えを再度強調する意味で "Putting the First Last" の副題をもつ『参加型開発と国際協力——変わるのはわたしたち』（1997=2000 明石書店、野田直人・白鳥清志監訳）を出している。力関係、視線の「逆転」についての思考をまとめた集大成ともいうべき『開発調査手法の革命と再生——貧しい人々のリアリティを求め続けて』（2008=2011 明石書店、野田直人監訳）もチェンバースの思想がコンパクトにまとまっている。

　　　　　　　　　　　　　　　　　　　　　　　　　　　（佐藤寛）

54

ビル・クーク＆ウマ・コタリ編
『参加──新しい専制を問う』

(2001 ゼッドブックス、邦訳なし)

❶著者の略歴と本書の位置

本書（*Participation: The New Tyranny?* Zed Books, 2001）の編著者はそれぞれ社会学の立場から開発理論を研究してきた英国出身の研究者である。組織社会学や人的資本論が専門のビル・クーク（Bill Cooke, 1957–）は、英国のヨーク大学マネジメントスクールの教授を務めている。社会学者であり地理学者でもあるウマ・コタリ（Uma Kothari, 1961–）は開発コンサルタントとしての職歴をもち、現在ではマンチェスター大学開発政策・マネジメント学部にて移民研究・ポストコロニアル研究を講じている（ともに 2014 年現在）。

本書は 1990 年代以降、国際開発の研究や政策で主流となった参加型開発の概念や手法が、貧困層の利害関係を省みることなく開発現場でいかに一人歩きするかを批判的に検討した 1 冊である。社会学、社会人類学、社会心理学などを専門とする本書の執筆陣はそれぞれのフィールドから「専制」（tyranny）の過程、つまり地域住民が担い手になるはずの参加型開発が政策立案者の利害関係を色濃く反映させ、地域社会の権力関係を尖鋭化させる過程を描いた。

❷本書全体の構成と意義

本書で取り上げられている事例は、南アジア諸国と南部アフリカ諸国にて展開する農村開発事業、小口融資事業、社会林業プロジェクトなどである。そして、これらのじつに多くが世界銀行や英国国際開発庁などの二国間援助機関の支援を受けたものである。筆者らは参加型開発の概念そのものが欧米発であること、そして同概念を支える「知」が開発をめぐる不公平な国際政治を体現していることを問題視する。そして、本書で「専制」という言葉が用いられる根拠として、筆者らは以下の 3 点を指摘する。

まず参加型開発における「専制」は、意思決定過程において現存する外部者による権力の行使を意味する。参加型開発という言葉はあくまでも各国の援助機関や国際機関の意図や介入行為を正当化するためのレトリックであり、国際開発にかかわるアクター間のグローバルな力関係はむしろ強化されているわけである。

つぎに、「専制」は地域社会に存在する力関係の捨象を意味する。地域社会でのカースト、階級、ジェンダーにもとづく根強い不均等な権力関係が解決されないまま参加型開発がもち込まれても、住民間の協働や参加から得られる利益は少数の住民リーダーやエリートに集中し、既存の力関係をさらに存続・強化する可能性がある。なお、参加型開発で提唱され、「地域固有の知」を意味するローカル・ノレッジ（local knowledge）は、実際の現場では少数エリートの知識に限られる場合が多い。ゆえに、開発援助は彼／彼女らの利益を代弁する手段に終始しかねないのである。

最後に、「専制」は参加型開発という概念自体がもつ権力性を意味する。開発援助に関する研究や実践において同概念が主流になって以来、この用語をめぐる言説が無批判に生産され、再生産されてきた。それにより、開発研究において別のすぐれた理論や手法が生成する議論の場が失われる結果を招いたというのが、筆者らの主張である。

❸開発社会学的な意味

参加型開発の概念が生まれた背景に、従来のトップダウン型開発に対する反省がある。参加型開発に関する議論の流れを俯瞰すると、1980年代に国際開発の主体が専門家中心である点が批判され、現地住民が開発の計画・実施・評価において中心的な意思決定をくだす主体として位置づけられることが主張された。1990年代に入り、住民参加を手段としてではなく目的として捉え、そこから「エンパワーメント」の意味を追究したり、参加そのものを「エンパワーメント」のための学習プロセスとして重視したりする動きもあった。いいかえれば、住民参加の議論は、「エンパワーメント」の議論と一体となって発展を続けてきたのである。

その一方で、参加型開発の概念が発展したもう1つの背景として、1980年代の先進諸国での福祉国家の危機や、途上国での債務危機に端を発する開発援

助の停滞が指摘できる。すなわち、低コストで効率のよい社会サービスを提供するために、住民による費用負担と地域社会での協働プロジェクトへの参加の必要性が提唱されたのである。

このように、同概念とその手法は開発援助をとりまく国際関係の構造変容、そして住民が主体となる社会開発に呼応するかたちで定着したのである。開発援助では規範的概念としての参加型開発が適用されつづけている。こうしたなかで、その政治性に注目した研究が数少なかったことが、本書が開発研究に対して果たした最大の貢献である。とはいえ、本書が提示した批判的な問題意識は開発援助に携わる実務家や研究者のあいだではすでに共有されており、散発的に提起されたものであった。本書は、こうした批判に応えるかたちで、参加型開発が大義名分とする「参加」とはいったい誰のためであり、誰による参加なのかという疑問を、哲学者ミッシェル・フーコーをはじめとした権力論にもとづき体系化した先駆的研究である。

❹議論の広がりと関連文献

本書が投げかけた問題群は、開発研究に大きな波紋を呼んだことはいうまでもない。その一方で、本書の執筆者らによって提起された問題は、開発の担い手となる現地住民の主体的行為がみえない構造決定論であるとの批判も受けた。その1つに、佐藤寛編『参加型開発の再検討』(2003 アジア経済研究所)がある。その後、現地住民が外部者の手による参加型開発を通じて、自らの理に適うような主張を集合的に進める過程に着目したヒッキィ＆モハンらによる『変容する参加型開発』(→Ⅶ-55参照)と題した著書が出版された。このように、参加型開発に関する議論はいまだ進行中である。　　　　　　　　　　　（権慈玉）

55

サミュエル・ヒッキィ＆ジャイルズ・モハン編著
『変容する参加型開発
――「専制」を超えて』
（2004=2008 明石書店、真崎克彦監訳）

❶著者の略歴と本書の位置

本書（*Participation: From Tyranny to Transformation? Exploring New Approaches to Participation in Development.* Zed Books, 2004）の編著者であるサミュエル・ヒッキィ（Samuel Hickey, 1972–）はマンチェスター大学開発政策・マネジメント学部に、ジャイルズ・モハン（Giles Mohan, 1966–）は英国のオープン大学に所属している。

本書は、参加型開発を「専制」という概念を用いながら批判的に論じた前著（*Participation: The New Tyranny?*）（→Ⅶ-54 参照）を反省的にとらえた論文集である。編著者を含めて総勢 14 名が執筆した本書は、前掲書で提起された「専制」、つまり外部支援者の独善を支える権力の概念を評価しつつも、外部者が主導する参加型開発の枠組みで弱者が自らの権利を主張し、権力に抗する過程を描くとともに、その分析に向けた枠組みを提示している。

❷本書全体の構成と意義

本書では地域住民の開発過程への参加がもたらす社会変容を論じる際に、いくつかの事例を検討している。つまり、ペルーの小農コミュニティで展開した援助にともなう伝統的な共同体意識の弛緩、ネパールの洪水対策事業における労務提供、エチオピアの農村－都市をまたぐ氏族・親族内での相互扶助規範に支えられる道路建設への参加、ジンバブエのホームレス連合による土地・住宅へのアクセス推進と「市民」としての社会的包摂、英国の NGO によるアフリカでの参加型学習プロジェクトと住民による政治的権利意識の醸成などである。

本書は以下 3 つの点において「専制」論とは異なる。第 1 に同論が提示した参加型開発の批判に縛られず、多様な角度から参加を議論すること、第 2 に同論が提示した住民参加の過程での権力や政治的側面への批判をさらに深めるこ

と、第3に「国家主導の開発」対「草の根レベルの参加型開発」という二元論を乗り越え、地域住民が参加型開発を通じて政策決定にどのような影響を及ぼすのかを議論することである。なお、18章から構成される本書の全体を貫く重要なテーマは、次の3点である。

第1のテーマは社会変容（transformation）である。社会変容とは、参加型開発が契機となって社会変革につながる潜在的な可能性のことを意味する。すなわち、社会変容は既存の政治構造や力関係のみで説明しきれないところがあるため、各アクターの行為主体（agency）に注目することを提案する。その上で、上述の諸事例から参加から生まれた制度的・構造的な変革や政治変動、また逆に参加が既存の政治構造の維持・強化につながった過程などを総合的に検討し、参加と社会変革との多様な相互関係に注意を喚起している。

第2のテーマは参加型開発の時空間的側面である。時間的な側面とは、参加型開発が展開する社会の歴史的背景の理解、ローカルな権力構造や政治的駆け引きによって歪められる参加型開発の「意図せざる結果」、そして社会変容につながる参加の時間的な条件への認識を意味する。空間的な側面とは、空間をつねに変化しつつある政治的なコミュニティとして捉えること、社会経済活動が継起する場であること、異なる空間での多様な政治や権力の波及効果に注目することを意味する。

第3のテーマは、表象／代弁（representation）である。ここでは、既存の参加型開発の議論において誰が参加するのかという問題が十分に検討されてこなかったことを受けて、新たな問題を提起している。つまり、参加型開発においては貧者を包摂することが不可能であるケースが往々にしてあることから、彼／彼女らの利益や意見を代弁する概念構築が新たな課題として浮上するのである。参加型開発が社会的周縁層を表象・代弁する機能を果たすとすれば、その分析的・戦略的基盤としてのシティズンシップに着眼する必要がある。シティズンシップとは、国家に付与される法的権限や責任を意味する狭義の市民権のみならず、地域社会での個人の意思決定やそのフォーマルな政治での承認を含む多層的な概念である。本書は、こうした社会変革につながる参加を制度化させる試みこそが、ガバナンスを考える上で有益であると指摘する。

❸開発社会学的な意味

　本書はその前身とは異なり、参加型開発をとりまく政治経済構造のなかで発動される権力関係を批判するのではない。むしろ、そのような構造に拘束されながらも、援助機関やNGOによる参加型開発がいかに貧困住民の「市民」としての意識を醸成しているのか、また参加を通じて地域住民が伝統的に紡ぎだしてきた相互扶助や紐帯をどう再現してきたかを描いている。このように、住民自身が集合的に自らの権利を開発過程で主張し、また政治的共同体の主体として開発援助を活用した諸事例は、参加型開発の議論を政治社会学的に発展させた点で評価できる。著者の1人であり、訳者でもある真崎克彦がミッシェル・フーコーにならって指摘するように、人々は社会規範に従うばかりではなく、さまざまな反応や抵抗を試みるのである。さらに、開発援助の舞台で貧困住民が外部支援者の独善を自らの理に適うように集合的に利用していく過程は、社会変容への布石ともなりうる。そして、こうした試みが社会運動などを通じてなされうる点は、本書が提示する社会の「変容」への可能性を示すものである。こうした点は政治社会学的視点による開発研究への貢献ともいえよう。

❹議論の広がりと関連文献

　本書とその前著での議論を整理した文献には佐藤寛編『参加型開発の再検討』（2003 アジア経済研究所）がある。また、貧困住民の選択や行為を拘束する社会構造や、こうした制約のなかでの人々の変革能力を社会学的に捉えるには、ギデンズ（→Ⅰ-7参照）『社会理論の最前線』（1979=1989 ハーベスト社、友枝敏雄訳）が参考になる。

（権慈玉）

第Ⅷ章
目にみえない資源の活用

▶▶ Overview

　開発援助の実践において開発の持続性、効果を高めるために必要な「資源」ないし「資本」に目が向けられるようになったのは、経済開発から社会開発、持続可能な開発へと援助政策がシフトする1980年代後半であるといわれる。ここでの「資源」ないし「資本」とは、インフラや金融資源、物的資源ではなく、また、従来の経済学の発展理論において経済的資本と並ぶ重要な資本に位置づけられていた人的資本でもない、制度や文化といったソフトな資源である。たとえば、1992年にチェンバース（→Ⅶ-53章参照）やゴードン・コンウェイによって提唱された持続可能な生計アプローチでは望ましい生活状態の達成に関わる資本として、ソフトな資源を含む次の5つが挙げられている。すなわち、自然資本（Natural Capital）、金融資本（Financial Capital）、物的資本（Physical Capital）、人的資本（Human Capital）、そして、社会関係資本（Social Capital）である（DFID [Department for International Development] 1999, Sustainable Livelihoods Guidance Sheets）。

　2000年代に入ると、キャパシティ・ディベロップメント（Capacity Development）、つまり、発展途上国が自ら課題対処能力を発展させる援助方針において、個人、組織、社会のパフォーマンスを向上させる制度づくりに目が向けられるようになった。こうした政策の動向は、これまで不可視化されてきた、あるいは、重視されてこなかった途上国社会の人間関係や制度・規範の活用こそが、開発援助には重要であるという認識の転換を表しているのである。ここに人々の行為選択に影響をあたえる諸要因に注目する社会学と開発援助との接点が生まれたのである。

　本章ではまず、比較的早い時期に「経済資本とは異なる資本」に注目してきたコールマン「人的資源の形成における社会関係資本」（1988=2006）、ブルデュー『資本主義のハビトゥス』（1977=1993）を取り上げる。コールマンとブルデューはともに社会学者であり、経済資本に対し、社会関係資本、文化資本概念を提示した。コールマンは、「恩義、期待、構造の信頼性」「情報チャネル」「規範と効果的な制裁」を社会関係資本として捉え、ブルデューは、経済資本では説明できない価値志向、身体的所作、人間関係を広く文化資本として提示した。

　1990年以降、国際機関において注目を集める社会関係資本（SC）概念を整

理し、援助効果を高めるための社会関係資本（SC）の操作可能性を検討したのが、佐藤寛編『援助と社会関係資本』(2001)であった。

　対して、本章で唯一の経済学者の宇沢弘文『社会的共通資本』(2000)では、自然環境、社会的インフラストラクチャー、制度資本が「社会的共通資本」として提示される。これらは、豊かな経済生活の達成に必要な資本なのである。本書からは社会を持続的発展に導く社会的装置とは何であるのかについてその理念も含めて学び取ることができる。

　本章では、人々の行為の客観的諸条件を構成する「文化」を中心的に論じたホール編『表象』(1997=邦訳なし)も取り上げている。文化は人々の目的達成に影響を与える資本である。ホールの提示する「文化の回路」モデルからは、時に行為を規定するサンクションとして機能する文化とその変容の契機について、体系的に捉えることができる。

　本章で紹介するこれらの文献は、先に述べた今日の援助アプローチを理論的に補強するものとなるだろう。

（佐野麻由子）

Contents

56　ジェームズ・コールマン「人的資源の形成における社会関係資本」(1988=2006) … 217
57　ピエール・ブルデュー『資本主義のハビトゥス』(1977=1993) … 220
58　佐藤寛編『援助と社会関係資本』(2001) …………………………… 223
59　宇沢弘文『社会的共通資本』(2000) ………………………………… 226
60　スチュアート・ホール編『表象』(1997) …………………………… 229
　〈コラム12〉誰を開発するのか──ある大学教授のつぶやき　232

56

ジェームズ・コールマン
「人的資源の形成における社会関係資本」
『リーディングス ネットワーク論』

（1988=2006 勁草書房、野沢慎司編／監訳）

❶著者の略歴と本書の位置

ジェームズ・コールマン（James Coleman, 1926-1995）は20世紀後半の米国の社会学者である。米国教育省の研究で作成した教育機会の平等に関する「コールマン・レポート」（Equality of Educational Opportunity, 1966）は米国の教育政策と教育社会学に大きな影響を与えた。理論社会学者としての代表的著作には『社会理論の基礎（上・下）』（1991=2004 青木書店、久慈利武監訳）がある。

コールマンの今1つの業績は、社会システムの分析に、経済学的な合理的行為の原則を取り入れながら、同時に社会的・制度的組織を排除しない方法を模索する作業の一環として「社会関係資本」（social capital）概念を導入したことである。これはシカゴ大学において経済学者ゲーリー・ベッカーとともに学際的な合理的行為理論を展開した成果であり、本論文（"Social capital in the Creation of Human Capital" in *The American Journal of Sociology* 94: s95-s120, 1988）はその代表作である。「各行為者は特定の資源を支配している」という前提から出発する合理的行為理論に「社会的なもの」「社会関係」を「資本」として導入したことが画期的であった。コールマンは、社会関係資本も他の資本形態と同様に生産的であり、それなしでは不可能な一定の目的の達成を可能にすることができる点に注目した。したがって、行為者に利用可能な独自の資源とみなせるという判断に基づき「資本」として概念化したのである。

❷本書全体の構成と意義

本論文の冒頭でコールマンは社会行為の説明における（社会学的な）「社会決定論」と、（経済学的な）「功利性最大化論」を対比し、前者は行為者が「行為のエンジン」をもたないという欠陥をもち、後者は経験的事実として認識される

「規範、信頼、ネットワーク」などの重要性を捉えきれないという弱点をもつとする。新制度学派経済学はこの弱点を克服する試みだが、社会学者のマーク・グラノヴェターは、信頼や規範を生み出すのは「具体的な人間関係と関係のネットワーク（埋め込み）」であることを新制度派経済学も見逃している、と批判している。

こうして提起されるのが社会関係資本の概念である。たとえばユダヤ人のダイヤモンド卸のコミュニティで高価なダイヤを保証なしに貸し借りするのは、そこに密接な社会関係資本があるからだ、とする。この社会関係資本の概念を導入することで、同様な行為が生み出す結果が社会によってなぜ違うのかを説明しやすくなると主張する。社会関係資本の形態として「恩義、期待、構造の信頼性」「情報チャネル」「規範と効果的な制裁」を挙げ、こうした社会関係資本を促進するのは「閉鎖的な社会的ネットワーク」であるとする。

コールマンはもともと教育分野での研究が多いので、論文の後半では学校での人的資本形成における社会関係資本の役割について論じ、家庭環境、周囲のコミュニティなどの「閉鎖的社会的ネットワーク」が人的資本形成に寄与することを実証的に示している。

最後に社会関係資本の公共財的な側面についてふれ、社会関係資本を創出する行為によってもたらされる利益の多くが、その行為者以外の人々によって享受されるという公共財的性格があるという点で他の形態の資本と異なっていることを指摘している。

❸開発社会学的な意味

開発事業において、社会学的な知見がもっとも活用しやすいのはいわゆる「社会開発」と呼ばれるカテゴリーの事業である。たとえば、教育、保健医療、農村開発など社会サービスの提供に関わるプロジェクトでは同様のアプローチが用いられても、国ごと、地域ごとに成果が大きく異なる。その理由づけを求めるときに非常に便利なのが、この社会関係資本の概念である。

社会開発はそもそも公共的な性格が強いので、事業の成果は当該社会における「公共性」のあり方に大きく依存する。このため開発事業を計画する援助者（ドナー）が、自らとは異なる社会の「公共性」をどのように理解、測定できるのかは大きな関心事である。しかし、それは単に文化・宗教・風俗などの違い

を記述的、定性的に理解するだけでは十分ではないと考える世界銀行が1990年代に入ってこの社会関係資本に注目し、経済学者を動員してその計測に着手したことも手伝って開発業界全体に社会関係資本が流行した側面もある。

それはさておき、本論文には開発の現場に妥当する重要な指摘がいくつかある。たとえば「ある行為を推進する上では価値のある社会関係資本形態であっても、他の行為の促進には役立たなかったり、むしろ有害であったりする」ことは、計画者がしばしば見落とす点である。また「ボランタリーな組織は、ひとたび何らかの目的のために作られると、他の目的にも転用されることで、利用可能な社会関係資本となりえる」という点は、いわゆる住民参加型プロジェクトにおいて形成された単機能組織（保健委員会、マイクロファイナンスグループなど）が、その後ほかのプロジェクトの受け皿組織となったり、自発的な改善活動に展開したりする事例を想起させる。さらに社会関係資本の公共性から「ほとんどの社会関係資本は、他の活動の副産物として作り出されたり、壊されたりする」という指摘は、社会性を配慮しない開発プロジェクトによって社会関係資本が浸食される危険性があることを意味している。

❹議論の広がりと関連文献

米国の社会学者ロバート・パットナムは『哲学する民主主義——伝統と改革の市民的構造』(1993=2001 NTT出版、河田潤一訳)で社会関係資本の定義として有名な「信頼、互酬性の規範、ネットワーク」という整理をしており、やはり社会関係資本の公共財的政策を強調している。また世界銀行がこの概念に着目したことで、特に経済学での注目が高まり社会関係資本の計測という側面で大きな貢献をしたが、他方、その結果この概念が経済学者に乗っ取られたという批判もある。測定に関心がある人は、世界銀行による "Understanding and Measuring Social Capital" (2002 The World Bank) を参照されたい。　　　　（佐藤寛）

57

ピエール・ブルデュー
『資本主義のハビトゥス
――アルジェリアの矛盾』
(1977=1993 藤原書店、原山哲訳)

❶著者の略歴と本書の位置

本書（Algérie 60: structures économiques et structures temporelles. Editions de Minuit, 1977）は、フランスを代表する社会学者、ピエール・ブルデュー（Pierre Bourdieu, 1930-2002）によるものである。ブルデューはアルジェ大学、パリ大学、リール大学にて助手・講師を務めたのち、社会科学高等研究院教授、コレージュ・ド・フランス教授を歴任した。

ブルデュー社会学の最大の特徴は、階級が世代をこえて再生産される構造に着目し、その背後に諸個人のとる趣味や慣習行動がはたす役割を強調した点である。ゆえに、彼の著作は教育社会学や社会階層論などの領域で数多く言及されてきた。一方、『実践感覚Ⅰ・Ⅱ』（1988/1990 みすず書房、今村仁司・港道隆訳）などの著作は社会人類学にも影響を与えた。後者のうち、開発研究に影響を与えた概念の1つに、ドクサ（doxa）がある。これは、被支配者が権力を正当化する社会秩序を自明視することを指したものである。本書はこうした理論のさきがけになる作品である。その土台は、著者が1958年のアルジェリア戦争への徴兵、同戦争後にアルジェ大学での助手を務めた際に従事した民族学的研究である。

❷本書全体の構成と意義

本書はブルデュー社会学の核となる概念であるハビトゥス、つまり内在化された性向の総体を実証的に展開したものである。その論点は、近代化による経済構造の変化に対して、諸個人がどのように経済的態度や実践を変化させていくのか、そしてこうした態度類型が、各自がおかれた階級的な状況によってどう異なるのかについてである。以上を通じて、近代化にともなう文化的価値の

変容のみならず、各階級にみられる経済的意識がどのように創りだされるのか、その社会的条件を析出する。

著者は1962年に独立直後のアルジェリアを対象に、都市移住者たちの近代化への適応を、未来の生活設計に対する態度と経済的実践を軸に論じている。たとえば、前資本主義的社会における経済的実践は、自給自足経済の確立、つまり財の生産を確保することで集団の生存と生物学的再生産を目的とする。そこでは寛容や名誉などの倫理にもとづいて物の儀礼的な交換が、また社会的結合や価値・信念を通して財産・土地の共有がなされ、集団の凝集性が再生産されることになる。

ところが、独立後の近代化と都市化は、こうした社会関係を支える交換や贈与、労働に対する価値観を大きく変えた。都市社会において特徴的なのは、近代生活の秩序とリズムを律する時間に対する考え方である。著者は農村から移住したスラム住民のあいだでの「合理化」を、労働と生活周期の変化、貯蓄性向、近代的住居と核家族などを手がかりに描出している。たとえば、アルジェリアの農民社会においては農業生産の周期の長さゆえに生産物は「神の賜物」であり、食料が自給のために備蓄され、家族の連帯が維持されていた。ゆえに、貨幣交換の普遍化にともなう「合理的な」収益活動としての労働と、生存のための生産性向上は近代化の産物であるといえる。

しかしながら、労働と生産性に対する近代的態度は階級によって異なる。たとえば、「失業」という近代市場経済のもう1つの産物が意識されない農民社会では、労働は社会的義務であり、怠惰は道徳的損失である。しかるに、非識字者が多くを占める都市の下層プロレタリアートにとっての労働とは、収益をもたらす活動ではなく、生き残りのための行為であるとともに、「非労働」に対置される、社会での自己の正当性を担保する行為ともいえる。そして、予測や計算をもとにした経済行動で将来を切り拓くことのない下層プロレタリアートの生活世界は、現存の秩序への反逆または諦観によって特徴づけられるというのが、本書の結論である。

❸開発社会学的な意味

本書の意義はつぎの2点にある。まず、途上国が近代化していくなかで生活様式と価値観がどのように変化し、こうした社会変化が社会階級によってどう

異なるのかに対する洞察である。筆者によれば、前近代的な経済が近代的な資本主義的体制に移行していた1960年代初頭のアルジェリアは「社会学の実験室」である。そこでは、スラムに定住した農村からの移住者たちが近代的経済に適応した精神構造を築き上げていく条件とともに、文化的に遅滞する条件を析出している。この差を説明するのはプロレタリアと下層プロレタリアがそれぞれ有する経済的性向である。前者は生活設計に対して現実主義的であるのに対し、後者は計算や合理性、合理的予測のもとに置くための物的・文化的な手段をもち合わせていないことから、呪術的な願望などに翻弄されやすくなる。

つぎに、階層によって異なる将来展望、特に下層階級の諦観に対する理解である。これは冒頭で述べたブルデューのドクサ概念のもとになる。著者は移住によって親族集団の社会的なネットワークから切り離された下層プロレタリアート、特に失業者たちは将来の生活設計に対して終末論的な回答を用意することがあることを指摘する。それに対し、一定の職をもつプロレタリアートにあっては複数の世帯構成員による就労（収入源泉の多様化）や倹約が認められる。

以上から、著者は社会学が前提としがちな近代的経済に適応した精神構造が、資本主義システムの到来以降に形成されてきたものである事実を再確認している。そのため、前近代社会からの移行期にある途上国をみることで、資本主義経済とその社会的基盤を科学的に理解できると主張する。

❹議論の広がりと関連文献

本書の論点を実証的に理解されたい人には、ボストンのインナーエリアにおける再開発や貧困層の社会組織などを論じたガンズ『都市の村人たち』（→Ⅳ-26参照）が参考になる。ガンズの著作はブルデューのように植民地支配により規定される人間類型や、近代化のなかで下層階級の性向を規定する資本主義システムについて論じることはないが、下層階級の生活様式がその社会経済的条件への適応形態であることを実証した点では、本書と大いに関連しよう。

（佐藤裕）

58

佐藤寛編
『援助と社会関係資本
——ソーシャルキャピタル論の可能性』
(2001 アジア経済研究所)

❶著者の略歴と本書の位置

　本書は、佐藤寛（→Ⅱ-13参照）を編者として、アジア経済研究所や大学に籍をおく研究者のほか、国際協力事業団（現国際協力機構）の職員が参加した社会関係資本の研究書である。2003年に国際開発学会賞を受賞している。

　社会関係資本概念が途上国の開発問題との関連で語られるようになるのは、1990年代のことである。世界銀行は1993年に学者とNGO代表で構成される「環境の持続可能な開発に対する副総裁諮問委員会」のなかで、社会関係資本に関する議論を開始し、1996年には「ソーシャル・キャピタル・イニシアティブ」ワーキング・グループを組織した。ここにおいて社会関係資本は、自然資本（天然資源等）、物的資本（インフラストラクチャー等）、人的資本（人間の技能等）を相互に結びつける「つなぎ」として評価され、経済活動の活発化に欠かせない資本の1つであると位置づけられたのである。

　こうした海外の動向を踏まえて、日本の開発援助研究でいち早く社会関係資本を取り上げたのが、本書であった。

❷本書全体の構成と意義

　本書の意図は、⑴社会関係資本概念を整理し、⑵援助効果を高めるための社会関係資本の操作可能性を検討することにある。本書で社会関係資本の定義は統一されていないが、それは「開発援助プロジェクト（協調行動）の成否に影響を与える途上国社会の人間関係、それをかたちづくる制度・規範」とひとまず提示されている。

　本書によれば、社会関係資本には、異なる権力間の関係性である「縦の社会関係資本」と社会的立場や権力関係を同じくする「横の社会関係資本」がある。

また、その形態には、社会組織、制度といった「構造的社会関係資本」のほか、規範や価値といった「認知的社会関係資本」がある。社会関係資本が共同体構成員に協調行動を促す働きをした際にそれは「結束型社会関係資本」と呼ばれ、共同体と外部を結びつける働きをした際に「接合型社会関係資本」と呼ばれる。

　援助を効果的に達成するための社会関係資本の操作方法には、(1)プロジェクト達成に必要な社会関係資本が存在する地域を選定して介入を行う「活用アプローチ」、(2)プロジェクトの阻害要因になる社会関係資本を特定化し、これを除去する「除去アプローチ」、(3)プロジェクトを成功させる社会関係資本の欠如を特定化し、プロジェクト実施と同時にそれを醸成するような介入をおこなう「醸成アプローチ」がある。

　上記の視点を用いた際に、開発援助プロジェクトはどのような行為として位置づけられるのか。

　たとえば、5章で言及されているインドネシア・スラウェシ貧困対策支援村落開発プロジェクト（1997～2001）は、貧困削減や地域活性化につながるような住民・行政・NGOの協働を可能にする制度が構築され、それを理想とする価値観（認知的社会関係資本）が醸成された「醸成アプローチ」型プロジェクトだといえる。当該地域では、1）住民による経済社会開発事業の計画・実施、2）それを可能とするための行政による財政的・技術的支援システムの構築、3）制度の運用に従事する行政官への研修モジュールの開発がなされた。上記1）と2）に関わる項目として、国際協力機構（JICA）は県行政に対しては住民による小規模ビジネスや村内の小規模インフラの整備支援のための年間予算と公募制度確立の支援を、住民に対してはNGOと連携してファシリテーター役となるフィールド・オフィサーを派遣し、地域住民のグループ活動の促進、問題発見および解決手段の考案、申請手続きの支援を実施した。3）については、ハサヌディン大学と連携し住民から提出された事業内容を精査する行政官に対する研修の実施や研修モジュールの開発をおこなった。つまり、住民と行政との協働を柱に、NGOと大学も包含した地域の連携制度が構築されたことになる。

　本書ではほかに、持続可能な資源管理においては村と政府、外部組織といった「縦の社会関係資本（関係等の異なる権力間の関係）」と共同体のような「横の社会関係資本（社会的立場や権力関係が同じ関係）」の組み合わせが有効であるといった指摘があった（第3章）。また、援助におけるシナジー（政府と市民の協働）

構築には横の社会関係資本蓄積が有効である。逆に、縦の社会関係資本を体現する「援助機関から NGO への業務委託型パートナーシップ」はシナジー構築を阻害するといった知見も提示された（第 7 章）。

❸開発社会学的な意味

本書の開発社会学的な意味は、経済学者や実務者のアプローチとの比較を通して、社会学における社会関係資本の捉え方を熟考できる点にある。

本書で紹介されているように世界銀行が、「社会関係資本は看過されていた重要な資本の1つ」という認識を示したことは、人々の行為に注目してきた社会学者にとっては意外性をもって受け止められるかもしれない。しかし、経済学が社会関係資本を重視することによって、社会学と開発援助を牽引してきた経済学との対話可能性が広がったことはたしかだ。

社会関係資本概念について留意すべき点は、「社会関係資本＝信頼、制度や規範、ネットワーク」と機械的に捉えてはならないという点である。社会学の論客であるナン・リンは、社会関係資本を「個人や集団が目的的行為を遂行する際に関係性の中から動員され投資される資源」と定義する。つまり、信頼、制度や規範、ネットワークは、目的的行為達成の際に利用されることにより、はじめて社会関係資本となるのである。場合によっては、「社会関係資本」概念をもち出すまでもなく、援助プロジェクトの成否を左右する制度や規範は何で、どのような関係性が構築されているのかの分析で事が足りることもあるだろう。

❹議論の広がりと関連文献

社会関係資本の理解を深めるために、先述したナン・リンの『ソーシャル・キャピタル――社会構造と行為の理論』（2008 ミネルヴァ書房）、健康・政治・犯罪・情報通信等のトピックごとに社会関係資本を論じたテキストである稲葉陽二ほか編『ソーシャル・キャピタルのフロンティア――その到達点と可能性』（2011 ミネルヴァ書房）をお薦めしたい。

（佐野麻由子）

59

宇沢弘文
『社会的共通資本』

(2000 岩波書店)

❶著者の略歴と本書の位置

　宇沢弘文（1928-2014）は、東京大学で数学を専攻していたが、河上肇『貧乏物語』（→Ⅴ-30参照）との出会いで経済学に転向した。数理経済学を専門とし、シカゴ大学へ留学。意思決定理論、2部門成長モデル、不均衡動学理論などで高い評価を受け、ノーベル経済学賞の候補とも目された。効率優先の市場競争を重視した新自由主義に対して、格差拡大や社会不安が増大すると反論した。

　帰国後の宇沢は、高度経済成長期の日本においても経済優先主義の横行を危惧し、これらが必ずしも真の豊かさをもたらさないことを、『自動車の社会的費用』（1974岩波書店）で実証した。同書は、自動車所有者・運転手が本来負担すべき費用を歩行者・住民に転嫁したとき、社会全体としてこうむる被害を尺度化したものであり、宇沢は実生活においてもランニングで移動するなど自動車文明を批判したのであった。

　もともと理論派だった宇沢は水俣病問題との出会いを契機に研究室を飛び出し、現実的課題に取り組むようになり、成田空港建設問題では国と住民の調停役も担った。この背景には、理論と現実を往復しながら、その根底には公正な分配や貧困解消という経済学本来の立場を問う理論的枠組みの構築が、新しいパラダイムの形成に不可欠であるという一貫した問題意識が流れている。

❷本書全体の構成と意義

　宇沢が定義する「ゆたかな社会」とは、各人がその多様な夢とアスピレーション（熱望、抱負）に相応しい職業につき、それぞれの私的、社会的貢献に相応しい所得を得て、幸福で安定的な家庭を営み、安らかで文化的水準の高い一生を送ることができるような社会を意味する。それはまた、すべての人々の人間的

尊厳と魂の自立が守られ、市民の基本的権利が最大限に確保できるという、本来的な意味でのリベラリズムの理想が実現される社会でもある。

宇沢は、これを可能にする社会的装置が社会的共通資本（social overhead capital）であると主張する。社会的共通資本は、3つの大きな範疇にわけられる。自然環境、社会的インフラストラクチャー、制度資本である。自然環境は大気、水、森林、河川、海洋、土壌などで、社会的インフラストラクチャーは道路、交通機関、上下水道、電気・ガスなど、ふつう社会資本と呼ばれている。制度資本は教育、医療、金融、司法、行政等の諸制度である。本書では、社会的共通資本を概念枠組みとし、農業・農村、都市、学校教育、医療、金融制度、地球環境といった事例を取り上げている。それぞれの分野の主張は以下のとおりである。

農業・農村の考察では、農村を1つの社会的共通資本と考え、人間的に魅力のあるすぐれた文化、美しい自然を維持しながら、持続的発展が可能なコモンズの形成が必要であるとし、プロトタイプとして三里塚農社（The Sanrizuka Commons）を管理する組織集団が提案されている。この農社は、日本農業の再生の道を探るという本質的な課題と、成田空港建設問題の平和的解決を求めるという世俗的な要請から生み出されたものである。農社における生産活動が工業部門に対して比較優位をもち、安定的な経済的、経営的主体として存続し、そこにおける生活様式が文化的、環境的な観点から望ましいものであると同時に、自然環境を安定的に維持するという構想である。

都市の考察においては、先述した自動車の社会的費用が提示され、米国の作家・ジャーナリストであるジェイン・ジェイコブスのいう4大原則（街路の幅は狭く、古い建物の存在、都市の多様性、人口密度の高さ）を基本とする。すなわち、人間的な魅力を備えた都市がつくられるべきであり、今こそジェイコブス的転換が必要であると強調している。

教育では、1人1人の子どもがもつ先天的・後天的能力、資質をできるだけ伸ばし、個性豊かな人間として成長することが目指される。医療は病気や怪我によって正常な機能を果たせなくなった人々に対して、医学的知見にもとづいた診察・治療が重要であると強調されている。

社会的共通資本は、職業的専門家による規範にしたがって管理・維持されなければならないが、高度に専門化し、経済的・社会的・政治的要素がきわめて

複雑に交錯している金融の場合、それが困難になる現状を注視すべきと警告が発せられている。そして自然環境の特質は、その再生産プロセスが生物学的ないしはエコロジカルな要因によって規定されるため、環境の果たす経済的役割を考察するとき、自然環境を構成する諸要素のあいだに存在する錯綜した相互関係を無視することができない点に留意すべきと述べられている。

このような社会共通資本は、人間が人間らしい生活を営むために重要な役割を果たすもので、決して市場的基準によって支配されてはならず、官僚的基準によっても管理されてはならないと宇沢は主張するのである。

❸開発社会学的な意味

宇沢が定義した社会的共通資本を、社会関係資本（social capital）と混同してはならない。前者は自然環境、社会的インフラストラクチャー、制度資本を示し、本来のリベラリズム思想を実現させる経済体制を特徴づけるものである。背景には、経済学者自らが従来の経済学を批判し、現代的要請に応じて社会的要素に着目している実情がある。後者は、資本という経済学になじみ深い概念を社会的行為に適用したものである。いずれの概念も経済学と社会学との歩み寄りがおこなわれるなかで生まれてきた。さて、これらに対して開発社会学はどう対応していくのか。「開発」という両者に共通する課題において学際的な対話の場を作り出すことは開発社会学の役割の1つであろう。

❹議論の広がりと関連文献

宇沢が1978年から2010年に書いた20編が収められている『経済学は人びとを幸福にできるか』（2013 東洋経済新報社）を挙げておこう。全編に経済学に対する宇沢の不全感が貫かれている。経済学が社会的領域に踏み込まざるを得ない状況把握を通して、経済学と社会学の役割を明確にする契機がつかめるだろう。

（辰己佳寿子）

60

スチュアート・ホール編
『表象——文化的表象と意味づけること』

(1997 セージ出版、邦訳なし)

❶著者の略歴と本書の位置

本書の編者であるスチュアート・ホール (Stuart Hall, 1932-2014) は、ジャマイカ出身の英国の文化理論家、社会学者であり、カルチュラル・スタディーズの先駆者として知られる。ポピュラー文化を、政治的、社会的変容を理解するための題材として学問の俎上に載せたことが評価されている。

ホールは 1951 年に渡英し、バーミンガム大学の現代カルチュラルスタディーズ・センター (Centre for Contemporary Cultural Studies) のディレクター (1964-1979) を務めた後、オープン大学 (1979-1998) で活躍した。また、1995～1997 年にかけて英国社会学会 (British Sociological Association) の会長を務めた。2008 年には、欧州の様々な地域において新しい考えや価値観を喚起した人に与えられる欧州文化財団の the European Cultural Foundation's Princess Margriet Award を受賞した。本書 (*Representation: Cultural Representation and Signifying Practice.* Sage publications, 1997) は、メディアや表象を批判的に検討するための方法論として、また、学生のテキストとして広く読まれている。

❷本書全体の構成と意義

文化をどのように捉えるのか。「文化」ほど、多様に定義がなされるものはない。「行動パターンとしての文化」、「小説、絵画、テレビ番組、漫画などといったモノ」、「人間がつくりあげた知恵」、「慣習」、「意味世界」等々。その姿は、様々な知見から描出されている。これらの議論のなかで、文化の形態や文化の果たす機能、その変化の契機を 1 つのモデルに示したものが、「文化の回路」である。

ホールは、文化を 1 つの社会あるいは集団における成員たちのあいだの「意味のやりとり」に関わる実践として定義する。「意味のやりとり」には、既に

共有された意味を交換する過程と新しく意味を生成する過程の2つがある。文化とは、自らの周りに起きていることを解釈し、自身を取り巻く世界を「理解する＝意味を作る（make sense）」人々によって成立する過程である。ある人々が同じ文化に属するということは、彼らが世界を同じように解釈していて、お互いが理解しあえるような仕方で、表現することができることを意味する。

社会における意味の交換と生成には、表象、規制、アイデンティティ、消費、生産の5つの契機（moment）が相互に関わる。

表象とは、ある対象を記述する・描出する・思い起こす際に具現化される像である。そこには人々の社会的な位置や属性（階層、民族、地域、性別、世代、時代背景）がなんらかの形で反映されている。たとえば、"猫"という対象について想起される像は、地域によって様々だろう。日本の招き猫のように幸福と絡めて想起されることもあれば、魔女の化身として想起されることもある。それは、その社会の来歴とは無関係ではないのだ。事象の記述や描出、心に呼び起こすという行為は言語を介してはじめて可能となる。私たちは言語を介してはじめて、自己を取り巻く世界を認識できるという点において、表象は「文化の回路」の中核を占める。

規制とは、行為者にある行為やモノを受容ないし拒絶するよう導く賞罰や行為の障害のことである。多くの人に正統であると表象されることに反する行為や振る舞いには負のサンクション（罰）が及ぶ。逆に、ある商品の流入（生産）を契機に行為の規制が外れることもある。

「私たちは何者で、私たちはどこに属しているのか」といった自己認識（アイデンティティ）と意味とは切り離せない関係にある。それは社会集団間の差異を定め、社会集団の内部のアイデンティティを維持することに寄与する。

しかし、意味は不変ではない。様々なメディア媒体やグローバル・コミュニケーション、複雑なテクノロジーによって生成され、塗り替えられたり、強化されたりする（生産）。また、それは、文化的な「モノ」において自らを表現し、それを利用し、消費し、あるいは流用するときにも生成されるのだ（消費）。ウォークマンは音楽を聴くための機器であると同時に、"イケテル"という表象をつくりだす。その意味を消費するためにウォークマンを購入するということもある。

❸開発社会学的な意味

さて、「文化の回路」を開発援助にひきつけて考えてみたい。「文化の回路」は、開発援助を契機とした当該地域の行動原理・価値認識の変化における複雑な過程を捉える枠組みを提供するという点で意義をもつ。それは、援助の評価や失敗した要因の分析にも活用できるだろう。たとえば、援助を介して普及された医学的知識の効果については、知識の普及（生産）、知識の利用（消費）がどのように人々のタブーを変え、行為の規制を外すことにつながったのかといった点から反証可能な形で記述することができる。同様に知識の普及の失敗についても、普及が試みられた知識に対するイメージ（表象）、規範と賞罰（規制）、アイデンティティとの関係から、その要因を分析することができるだろう。

❹議論の広がりと関連文献

ホールが著者として参加した『実践カルチュラル・スタディーズ——ソニー・ウォークマンの戦略』（1997=2000 大修館書店、暮沢剛巳訳）は邦訳が利用可能である。同書では、ソニーのウォークマンの流行が事例として用いられ、本書の核となる「文化の回路」モデルを用いた分析手法が記されている。文化の回路を実践に活用したい人にお薦めしたい。

（佐野麻由子）

【コラム12】
誰を開発するのか──ある大学教授のつぶやき

　大学で学部生相手に「開発社会学」を教えている。最初は発展途上国の社会問題の解決方法を中心に教えていたのだが、そのうち受講する学生自体の「開発」に関心が移ってきた。

　まず、私の勤める学部は社会学部ではないため、ほとんどの学生は「社会学入門」を履修していない。そこで、まず最初の何回かの時間をさいて、社会学の歴史と社会学の概念のいくつかや、社会学と社会病理・社会福祉の関係等について解説する。次に、「心理学」や「経済学」とは違い、社会学は「総合的」学問であることを説明する。しかし、ここが難しい。社会学を学んだものの多くが、結局よくわからないまま卒業していく理由の１つがここにある。最後に「開発社会学」が社会発展の歴史・社会開発の理論のみならず、対象に働きかけ、何らかの変化を期待する学問であることを伝えようとする。そこで、もう一度「総合性」を強調する。対象とする社会は、人間によって構成されている以上、未開であれ文明であれ、「総合的」であるからである。「複雑な社会を複雑なまま理解してほしい」というのが「開発社会学」の先輩としての私の願いである。

　ただし、教えながら気がついたことであるが、社会経験の薄い学生は、対象社会の複雑性を知的に理解できないことはいうまでもなく、気持ちとして入り込むことができない。開発社会学の対象は、多くの場合異文化であり、生活水準やライフスタイルがまったく異なっていることを考えれば、それは当然である。ストリート・チルドレンをみたことも、そのような現象を生み出す社会的矛盾を実感したこともない学生が、ストリート・チルドレンに対し共感することは困難である。はじめて途上国に行った学生が、手を差し伸べながら追いかけてくる子どもたちに、「怖かった」という感想を述べることが多いが、それはきわめて当然の反応であろう。

　教師としては、対象社会・人々に対する感受性（sensitivity）を育て、「上から目線」といわれても、最低、同情心（sympathy）をもてるようになってほしい。できるならば、共感能力（empathy）を獲得してほしいと願っている。そのために、少人数に分け、途上国の家族を演じるロールプレイを取り入れてみたり、最近では、あえて日本のホームレス問題を取り上げてみたり、特に東日本大震災

以来、災害とボランティア活動について、より多くの時間をさいている。まず彼らが接点をもちやすい社会的状況のなかで、現実は複雑であることを実感させたいからである。そして、そのなかの人々の役割を理解させるとともに、彼らが何を願っているのか、対象社会の人々の気持ちを、少しでも内在的に認識させたいからである。

　実践的学問としての「開発社会学」の授業を通じて願っていることは、対象社会の人々が何を感じ、何を考えているか理解できるようになること（エミック的理解－個別内在的理解）と同時に、観察者である「われわれ」（社会学者）の一般理論の役割について理解できるようになること（エティック的理解－普遍的・体系的理解）である。この感覚がわかってくれば、「現地」に入って複雑な社会の迷路に迷った際も、一般理論を海図としながら、しかし現地の人々の気持ちを反映したような、本当に役立つ開発理論を自ら構築することができるようになるのではなかろうか。

（新田目夏実）

索引

●人名（海外）

〈あ〉
アペル（Appel, Jacob） 150, 179
アポフ（Uphoff, Norman） 64
アレグザンダー（Alexander, Jeffrey） 195
アンダーソン（Anderson, Nels） 155
イリイチ（Illich, Ivan） 43, 51-53, 166
応星（Ying Xing） 40
ウェーバー（Weber, Max） 17, 34, 145, 191
ヴェールホフ（Werlhof, Claudia Von） 164
ウェルマン（Wellman, Barry） 108
ウォーラーステイン（Wallerstein, Immanuel） 43, 48, 166, 181
エスコバール（Escobar, Arturo） 68
エンブリー（Embree, John Fee） 154

〈か〉
カーラン（Karlan, Dean） 150, 179
カステル（Castells, Manuel） 97, 112, 156
カビール（Kabeer, Naila） 159, 172
ガンズ（Gans, Herbert） 96, 107-109, 155, 222
カント（Kant, Immanuel） 81
ギアーツ（Geertz, Clifford） 170
ギデンズ（Giddens, Anthony） 17, 35-37, 173, 174, 212
クック（Cooke, Bill） 185, 207
郭継光（Guo Jiguang） 40
グラノヴェター（Granovetter, Mark） 218
ケネディ（米大統領 Kennedy, John F.） 42
ケリー（Kelly, Erin） 81
コールマン（Coleman, James） 214, 217, 218
コタリ（Kothari, Uma） 185, 207
コリンズ（Collins, Daryl） 148
コンウェイ（Conway, Gordon） 214
コント（Comte, Auguste） 16, 19-21, 38
コンリー（Conley, Amy） 88

〈さ〉
サーリンズ（Sahlins, Marshall） 85
サイード（Wadie Said, Edward） 74, 77, 78
ザックス（Sachs, Wolfgang） 32
サッセン（Sassen, Saskia） 147, 158, 161
サンデル（Sandel, Michael） 75, 80-82
ジェイコブス（Jacobs, Jane） 227
沈原（Shen Yuan） 40
シャイン（Schein, Edgar） 75, 89, 90
ジンメル（Simmel, Georg） 155
スコット（Scott, James） 97, 115, 116
スタヴェンハーゲン（Stavenhagen, Radolfo） 68
スティグリッツ（Stiglitz, Joseph） 168
ズナニエツキ（Znaniecki, Florian） 155
スピヴァク（Spivak, Gayatri） 93
スペンサー（Spencer, Herbert） 16, 19-21, 23
スミス（Smith, Adam） 16, 20
スミス（Smith, Neil） 109
スモール（Small, Albion） 155
孫立平（Sun Liping） 40
セン（Sen, Amartya） 133, 168

〈た〉
ダーウィン（Darwin, Charles） 16, 20, 22, 23
ターナー（Turner, John） 159, 175
タウンゼント（Townsend, Peter） 133
チェルネア（Cernea, Michael） 43, 63-65, 192, 206
チェンバース（Chambers, Robert） 64, 65, 90, 185, 204-206, 214
チャン（Chang, Leslie） 127
周飛舟（Zhou Feizhou） 40
デイヴィス（Davis, Mike） 123, 145
デューイ（Dewey, John） 27
デュフロ（Duflo, Esther） 150, 159, 177
デュベ（Dubet, Francois） 111
デュルケーム（Durkheim, Émile） 83
トゥレーヌ（Touraine, Alain） 47, 96, 110, 111
トマス（Thomas, William） 155
トムゼン（Thomsen, Veronika Bennholdt-） 164
トムリンソン（Tomlinson, John） 34

235

トルーマン（米大統領 Truman, Harry） 42, 52, 184

〈な〉
ノーバーグ＝ホッジ（Norberg-Hodge, Helena） 178

〈は〉
ハーヴェイ（Harvey, David） 109, 155, 156
バーガー（Berger, Peter） 71
パーク（Park, Robert） 155
バージェス（Burgess, Ernest） 155
パーソンズ（Parsons, Talcott） 26
バウマン（Bauman, Zygmunt） 123, 143, 144
パットナム（Putnam, Robert） 219
バナジー（Banerjee, Abhijit V.） 150, 159, 177, 179
バラ（Bhalla, Ajit） 158, 167
ピーテルス（Pieterse, Jan Nederveen） 43, 66, 68
ビール（Beall, Jo） 147
ヒッキィ（Hickey, Samuel） 209, 210
ヒューム（Hume, David） 149
ファーガスン（Ferguson, James） 184, 185, 198, 200, 203
フィッシャー（Fischer, Claude） 107
フィトゥシ（Fitoussi, Jean-Paul） 168
フーコー（Foucault, Michel） 78, 146, 209, 212
フォックス（Fox, Sean） 147
ブラウォイ（Burawoy, Michael） 192
プラハラード（Prahalad, Coimbatore Krishnarao） 123, 151-153
フランク（Frank, Andre Gunter） 43, 45, 46
ブルデュー（Bourdieu, Pierre） 133, 173, 174, 214, 220, 222
ブレア（英首相 Blair, Anthony） 35
フレイレ（Freire, Paulo） 53
ベッカー（Becker, Gary） 217
ベンサム（Bentham, Jeremy） 81
ホカノ（Jocano, F. L.） 142
ボゾラップ（Boserup, Ester） 50
ホッグ（Hogg, Michael） 176
ポランニー（Polanyi, Karl） 51, 53
ホワイト（Whyte, William） 155

〈ま〉
マルクス（Marx, Karl Heinrich） 45, 145
ミース（Mies, Maria） 50, 158, 164
ミッジリィ（Midgley, James） 75, 86-88
メイヤスー（Meillassoux, Claude） 181
モーザ（Moser, Caroline） 166
モース（Mauss, Marcel） 75, 83-85
モーダック（Morduch, Jonathan） 123, 148, 179
モス（Mosse, David） 184, 185, 200-203
モハン（Mohan, Giles） 185, 209, 210
モリニュー（Molyneux, Maxine） 174

〈や〉
于建嶸（Yu Jianrong） 40

〈ら〉
ラキアン（Laquian, A.A.） 142
ラザフォード（Rutherford, Stuart） 148
ラトフェン（Ruthven, Orlanda） 148
ラペール（Lapeyre, Frederic） 158, 167
李強（Li Qiang） 40
李培林（Li Peilin） 40
李路路（Li Lulu） 40
リッツア（Rizer, George） 17, 33, 34
リン（Lin, Nan） 225
ルイス（Lewis, Oscar） 122, 131, 132
ルックマン（Luckmann, Thomas） 71
ルノワール（Lenoir, René） 167
ルフェーブル（Lefebvre, Henri） 114
ロールズ（Rawls, John） 75, 80, 81
ロジャーズ（Rogers, Everett M.） 184, 196
ロック（Locke, John） 81
ロング（Long, Norman） 43, 69, 70

〈わ〉
ワース（Wirth, Louis） 107, 108, 155
ワトソン（Watson, James） 34

● 人名（国内）

〈あ〉
青井和夫 99, 188, 192
青木秀男 122, 140
青柳まちこ 171
秋元美世 191

綾部恒雄　171
新田目夏実　137
飯島伸子　102, 104, 119
石岡丈昇　32
石川達三　117, 118
石原裕次郎　118
磯村英一　130
伊藤るり　111, 174
稲葉陽二　225
井上真　59
今田高俊　91, 174
今西錦司　17, 22
岩崎正吾　117
上野千鶴子　192
宇沢弘文　53, 215, 226
梅棹忠夫　24
大沢真理　174
太田裕美　38, 39
岡真理　75, 76
岡田哲郎　191
奥田知志　144
奥田道大　155, 189
小國和子　71
小倉充夫　43, 54, 200
恩田守雄　26

〈か〉
海田能宏　154
梶田孝道　96, 102, 105, 110
勝田晴美　102
金子勇　189
加納弘勝　47, 137
鎌田哲宏　101
鎌田とし子　101
神山英紀　190
川勝平太　24, 29
河上肇　127, 226
川崎賢子　166
川田順造　171
川田侃　27
姜尚中　79
菊地英明　191
紀田順一郎　127
北島滋　101
北原淳　122, 134

木本正次　118
倉沢進　99
古賀邦雄　118
小谷汪之　136
後藤新平　27
小橋康章　91
小林正弥　82
駒井洋　47, 139
古谷野正伍　139

〈さ〉
佐藤栄作（首相）　187, 188
佐藤寛　5, 8, 9, 43, 60, 153, 209, 212, 215, 223
佐藤正幸　119
佐藤嘉倫　184, 193
鎮目真人　191
島崎稔　101
清水幾太郎　19-21
下夷美幸　191
東海林太郎　118
城山三郎　117
末廣昭　32
杉田英明　77
鈴木榮太郎　122, 128, 130, 154
関根政美　158, 169
副田義也　188
曽野綾子　117
園田恭一　99

〈た〉
高井ジロル　94
高橋明善　99
滝澤秀樹　47
武川正吾　184, 190, 192
田中由美子　174
鶴見和子　17, 27, 53
鶴見良行　57
徳富蘇峰　125
徳野貞雄　130
所眞理雄　195
富永健一　17, 25

〈な〉
直井優　192
中西徹　139

索引　237

中村八郎　139
中村陽一　166
夏目漱石　28
新津晃一　122, 137, 145
西川潤　29
似田貝香門　101, 189
丹羽美之　118
野上裕生　148, 150

〈は〉
萩原好夫　117
橋本祐子　137
蓮見音彦　99, 101
長谷川公一　96, 98, 102, 104, 106, 192
畠中宗一　102
浜本篤史　8, 117
早瀬保子　137
福井勝義　171
福武直　96, 99, 101, 103, 130, 187
藤田恵　117
布施鉄治　101
舩橋晴俊　96, 102, 104-106
古城利明　99
辺見庸　127
細井和喜蔵　39, 127

〈ま〉
真崎克彦　203, 210, 212
増田直紀　197
増山たづ子　118
町村敬志　17, 30, 31
松下竜一　117
松田素二　56, 116
松原岩五郎　122, 125
松原治郎　99, 101, 184, 187-189
松村和則　32
三浦洸一　118
三重野卓　184, 190, 192
三島由紀夫　117
三船敏郎　118
宮内泰介　43, 57, 59
宮本憲一　103
三輪公忠　27
武者小路公秀　27
村井吉敬　57

村田周祐　32
室原知幸　117
森岡清志　108, 189
盛山和夫　192

〈や〉
矢澤澄子　101
安原茂　101
山岸俊男　106
山本英治　99, 139
横山源之助　126, 150
吉見俊哉　118
吉村昭　117

〈ら〉
蠟山道雄　27

〈わ〉
若山芳枝　117

● 地名（海外）
〈あ〉
アフリカ　28, 43, 48, 49, 56, 64, 153, 158, 172, 198, 200, 201, 207, 210
アメリカ　→米国
アラブ　77, 92
アルジェリア　220-222
イエメン　60
イギリス　→英国
イスラエル　143
イタリア　51, 96, 107
インド　29, 136, 149, 151, 164, 174, 177, 194, 201, 202
インドネシア　29, 71, 224
英国　16, 19, 35, 36, 42, 45, 66, 69, 143, 148, 172, 175, 185, 201, 204, 206, 207, 210, 229
エチオピア　210
オーストラリア　→豪州
オーストリア　164
オランダ　66, 69, 164

〈か〉
韓国　47, 48, 134
キューバ　131

ギリシャ　162
ケニア　204
豪州　169, 175

〈さ〉
ザンビア　54, 56, 200
ジャマイカ　229
ジンバブエ　210
スペイン　48, 112, 113
ソ連　35, 36, 40, 169
ソロモン諸島　57-59

〈た〉
タイ　28, 29, 122, 134-136, 154
台湾　48
タンザニア　54, 55
チェコ　89
中国　18, 26, 28, 29, 40, 99, 118, 119, 127, 134
中東　64
チリ　45
ドイツ　45, 89, 128, 164, 169
トルコ　137, 139

〈な〉
南米　42, 43, 164, 197
ネパール　44, 72, 210

〈は〉
パレスチナ　77, 92
バングラデシュ　61, 127, 148, 149, 154, 172
フィリピン　29, 47, 139-142, 182
プエルトリコ　51, 131
フランス　19, 21, 83, 102, 110-112, 167, 220
米国　27, 33, 42, 43, 48, 51, 77, 80, 83, 88, 89, 107, 113, 122, 128, 129, 131, 145, 150, 154-156, 179, 180, 192, 196, 217, 219, 227
ペルー　69, 197, 210
ベルギー　167
ポーランド　143, 155
ポルトガル　48

〈ま〉
マレーシア　97, 115
南アフリカ　86, 149, 199
メキシコ　51, 69, 113, 122, 131, 180

〈ら〉
ラテンアメリカ　28, 45, 47, 49, 51, 70, 97, 110, 113, 114, 139
ルーマニア　63
レソト　198, 199
ロシア　89

●地名（国内）
〈あ〉
足利（栃木県）　126
伊奈（埼玉県）　103
江戸　38, 39, 125, 126
大坂　38, 39
大宮（埼玉県）　103
沖縄　139
奥多摩（東京都）　117

〈か〉
川崎（神奈川県）　101, 166
清里（山梨県）　117
桐生（群馬県）　126
倉敷（岡山県）　101
久留米（福岡県）　117
神戸（兵庫県）　101, 134

〈さ〉
佐久間（静岡県）　30, 31, 101, 118
白川（岐阜県）　117
新湊（富山県）　99
須恵（熊本県）　154

〈た〉
高岡（富山県）　99
東京　30, 38, 39, 104, 117, 122, 125-127, 188
富山　99

〈な〉
名古屋（愛知県）　103
成田（千葉県）　226, 227
新潟　104

〈は〉
八戸（青森県）　99
福山（広島県）　101

索引　239

富士（静岡県）99, 100

〈ま〉
水俣（熊本県）29, 104, 120, 226
室蘭（北海道）101

〈や〉
夕張（北海道）101
四日市（三重県）100

〈ら〉
六ヶ所（青森県）104

●研究機関・援助機関など
〈あ〉
アジア経済研究所　→日本貿易振興機構アジア経済研究所（IDE-JETRO）
イースト・アングリア大学　45
英国国際開発庁（DFID）172, 185, 201, 207
オランダ社会科学研究所（ISS）164

〈か〉
カナダ国際開発庁（CIDA）198
国際協力機構（JICA）61, 62, 223, 224
国際協力銀行（JBIC）61
国際通貨基金（IMF）49, 64, 138, 146
国連開発計画（UNDP）153, 158, 191
国連教育科学文化機関（UNESCO）99
国連人間居住計画（UN-Habitat）145

〈さ〉
サセックス大学開発研究所（IDS）54, 172, 204
世界銀行　36, 49, 63-65, 138, 146, 150, 162, 181, 198, 199, 207, 218, 219, 223, 225

〈な〉
日本貿易振興機構アジア経済研究所（IDE-JETRO）60, 62, 134, 137, 209, 212, 223

〈は〉
米国国際開発庁（USAID）150

〈ら〉
ロンドン・スクール・オブ・エコノミクス（LSE）35, 86, 172
ロンドン大学東洋アフリカ学院（SOAS）172

●学問領域
〈か〉
カルチュラル・スタディーズ　229, 231
環境社会学　6, 57, 59, 96, 102, 104, 106, 119, 130, 192
経済学　6, 16, 23, 43, 45, 51, 63, 68, 75, 84, 85, 103, 112, 123, 130, 133, 134, 138, 139, 147, 148, 150, 158, 159, 164, 167, 172, 177, 179, 214, 215, 217-219, 225, 226, 228, 232
経済社会学　25
国際関係論　27, 28, 54
国際社会学　47, 54, 56, 66, 105, 161, 169

〈さ〉
産業社会学　110
社会心理学　89, 106, 159, 175, 176, 207
社会政策　86-88, 187, 190
社会病理学　122, 130
人口学　107
人類学　6, 22, 24, 51, 53, 56, 63-70, 83, 97, 115, 116, 131, 139, 142, 154, 170, 178, 185, 198, 200, 201, 204, 207, 220
政治学　84, 92, 97, 115, 116, 200
生物学　19, 21, 22, 204, 221, 228

〈た〉
地域研究　6, 47, 54, 56, 123, 134, 138, 154
地域社会学　30, 96, 99, 106, 130, 189
地理学　109, 130, 145, 161, 207
哲学　19, 20, 36, 51, 75, 80, 82, 83, 119, 146, 209, 219
都市社会学　6, 30, 97, 107, 108, 122, 130, 137-140, 145, 147, 156, 161, 189

〈な〉
農学　130
農村社会学　99, 122, 124, 128, 130, 134, 154, 196

〈は〉
比較社会学 122, 134-136
福祉社会学 74, 190
文学 77, 92, 117

〈ま〉
民俗学 125, 130
民族学 24, 83, 220

〈ら〉
理論社会学 25, 35, 217
倫理学 80, 84
歴史学 51, 54, 134, 136
歴史社会学 48, 55
労働社会学 101, 110

●概念・キーワード

〈あ〉
アイデンティティ 6, 67, 68, 97, 163, 176, 230, 231
アウトサイダー →外部者
イノベーション 153, 184, 196, 197
移民 49, 51, 96, 107, 113, 116, 142, 161-163, 181, 182, 207
インタビュー 114, 117, 127, 200
インナーシティ 109, 155
インフォーマル部門 49, 114, 139, 140
インフラ（ストラクチャー） 38, 39, 49, 96, 103, 105, 125, 188, 214, 215, 223, 224, 227, 228
ウォークマン 230, 231
エコ・フェミニズム 165
エスニシティ 66, 93, 105, 158, 169-171, 173, 175
エスノグラフィー →民族誌
エンパワーメント 166, 172-174, 180, 191, 208
オリンピック 39, 146, 188
オルターナティブ 66, 67

〈か〉
カースト 201, 202, 208
開発主義 17, 30-32
開発と女性（WID） 180
外部者 60, 61, 185, 204-206, 208-210
核燃料サイクル施設 104

ガバナンス 211
官僚制 26, 34, 108, 191
規範 39, 49, 66, 80, 115, 135, 144, 161-163, 170, 173, 197, 209, 210, 212, 214, 218, 219, 223-225, 227, 231
キャパシティ・ディベロップメント 214
共同体 80, 122, 124, 129, 132, 134-136, 163, 169, 210, 212, 224
近代化（理）論 17, 23, 25, 27, 40, 45, 55, 66, 70, 139, 169, 170
空港 226, 227
グローバリゼーション 30, 36, 37, 40, 66, 69, 81, 158, 161, 163
ケイパビリティー 23
ゲットー 113, 155
原子力 102, 111
講 99, 149, 150
公害 26, 42, 96, 100, 102, 103, 105, 119, 120
公共政策 148, 184, 186, 190, 203
鉱山 49
構造-機能理論 26
構造調整（政策） 34, 49, 64, 65, 87, 139, 146, 200
構造分析 96, 100, 101, 112, 130
高度経済成長 17, 25, 38, 42, 105, 130, 184, 226
功利主義 80, 81
合理的選択理論 193
コスモポリタニズム 36
コミュニティ 75, 81, 86, 87, 105, 107-109, 135, 143, 145, 154, 159, 168, 171, 173, 178, 182, 187, 189, 199, 201, 202, 210, 211, 218
コモンズ 57, 59, 227
五輪 →オリンピック
コンサルタント 4, 34, 89-91, 148, 151, 167, 201, 202, 207

〈さ〉
再開発 96, 107, 108, 113, 114, 147, 222
再帰性 35
細民 125, 127
サブシステンス 57, 166
参加型開発 59, 61, 62, 64, 65, 71, 90, 152, 176, 185, 188, 203, 204, 206-212
参加型農村調査（PRA） 132
参与観察 107, 139, 156, 200

ジェラシー　61, 154
ジェンダー　39, 48, 50, 67, 75, 93, 111, 133, 158, 159, 165, 166, 168, 172-175, 180, 191, 201, 208
ジェンダーと開発（GAD）　50, 172, 180
ジェントリフィケーション　108, 109
シカゴ学派　96, 107, 108, 122, 130, 137, 155, 156
持続可能な生計アプローチ（SLアプローチ）　214
実証主義　19, 25
資本主義　35, 36, 42, 43, 45-50, 67, 68, 71, 112-114, 116, 122, 133, 135, 145, 152, 158, 161, 164-166, 181, 200, 214, 220-222
ジャーナリスト　125, 227
社会運動　47, 67, 96, 97, 105, 110-116, 147, 174, 193, 194, 212
社会化　49
社会階層　25, 100, 193, 220
社会開発　36, 63, 64, 68, 75, 76, 86-88, 101, 180, 181, 184, 187, 188, 192, 201, 203, 209, 214, 218, 224, 232
社会学的介入　97, 110, 111
社会関係資本　62, 89, 154, 159, 203, 214, 215, 217-219, 223-225, 228
社会主義　35, 36, 55, 64, 126, 170
社会調査　62, 134
社会的共通資本　215, 216, 226-228
社会的ジレンマ（論）　106
社会的排除　158, 167, 168, 174
社会変動論　27, 54, 55, 169, 184, 193
社会民主主義　35-37
社会林業　60, 64, 207
従属（理）論　27, 28, 40, 42, 43, 45, 47, 48, 55, 66, 67, 70, 114, 137-139, 164-166, 203
受益圏・受苦圏　96, 105, 106
昭和　20
新幹線　96, 102-105
新古典派経済（理論）　63
新制度学派　218
迅速型農村調査（RRA）　132
親密性　35
信頼　149, 193, 214, 217-219, 225
スクオッター　114, 140-142
ストリート・チルドレン　232
スポイル　90, 154
スラム　26, 38, 47, 113, 122-124, 130, 131, 137-139, 141, 142, 145-147, 155, 221, 222
生活改善（運動）　7, 60, 69, 180
生活構造論　130
生態学決定理論　107
青年海外協力隊　63
セーフティネット　147
世界システム論　43, 48, 66, 158, 164-166
世界都市論　30, 161
絶対的貧困　133, 148, 173
全国総合開発計画　102
専門家　61, 63, 78, 90, 120, 185, 201, 204-206, 208, 227
相対的貧困　133
ソーシャル・キャピタル　→社会関係資本
ソーシャルワーク　86, 88

〈た〉
大正　39, 126, 127
立ち退き　65, 146, 149
脱開発（論）　66-68, 200, 203
ダム　17, 30, 31, 96, 101, 117, 118, 184
中範囲理論　55
貯蓄クラブ　149, 150
ディベロッパー　114, 147
出稼ぎ　39, 141, 142, 181, 182, 199, 200, 202
ドクサ　173, 220, 222
ドナー　64, 203, 218

〈な〉
内発的発展論　17, 27-29

〈は〉
剥奪　46, 133
発展段階論　28, 54
ハビトゥス　133, 214, 216, 220
非政府組織（NGO）　4, 36, 67, 68, 81, 90, 135, 162, 166, 172, 202-204, 210, 212, 223-225
ピラミッドの底辺（BOP）　151
貧困線　123, 148, 172
貧困の罠　177
フィールドワーク　22-24, 58, 115, 131, 155, 185, 198
フェミニズム　92, 111, 165, 166, 172, 180
福祉国家　35, 144, 190, 208
不法占拠　→スクオッター

フリーライダー　136
ブルジョアジー　46, 114
文化相対主義　70
ポイント・フォア　42, 52, 184
ポスト・コロニアリズム　92

〈ま〉

マージナリティ　114
マイクロ・ファイナンス　148-150
マイクロ融資　194, 195
マクドナルド　17, 33, 34
マルクス主義　27, 28, 43, 109, 164, 169
ミレニアム開発目標（MDGs）　36, 184, 188
民族誌　43, 57, 58, 122, 131, 132, 149, 185, 198, 201, 202
明治　6, 21, 28, 38, 39, 125-127
明治維新　21, 28, 38, 125, 126

〈や〉

寄せ場　122, 140, 142
よそ者　61, 206

〈ら〉

ランダム化比較試験（RCT）　150, 160, 177, 179
リベラリズム　80, 81, 227, 228

●略語

BOP　→ピラミッドの底辺
CIDA　→カナダ国際開発庁
DFID　→英国国際開発庁
GAD　→ジェンダーと開発
IDS　→サセックス大学開発研究所
IMF　→国際通貨基金
ISS　→オランダ社会科学研究所
JBIC　→国際協力銀行
JICA　→国際協力機構
LSE　→ロンドン・スクール・オブ・エコノミクス
MDGs　→ミレニアム開発目標
PRA　→参加型農村調査
RCT　→ランダム化比較試験
RRA　→迅速型農村調査
SOAS　→ロンドン大学東洋アフリカ学院
UNDP　→国連開発計画
UNESCO　→国連教育科学文化機関
UN-Habitat　→国連人間居住計画
USAID　→米国国際開発庁
WID　→開発と女性

● 執筆者紹介

【編集チーム】（＊印は主編者）

＊佐藤　寛（さとう・かん）
　日本貿易振興機構アジア経済研究所　上席主任調査研究員
　専門：開発社会学、イエメン地域研究
　主要業績：『テキスト社会開発――貧困削減への新たな道筋』（共編、2007 日本評論社）、『開発援助の社会学』（2005 世界思想社）、『援助と社会関係資本』（編著、2001 アジア経済研究所）。
　担当：はじめに、Overview-Ⅰ、Ⅰ-1、Ⅰ-2、Ⅰ-4、Ⅰ-7、コラム1、Overview-Ⅱ、Ⅱ-14、Overview-Ⅲ、Ⅲ-17、Ⅲ-18、Ⅲ-21、コラム4、Ⅴ-30、Ⅴ-39、Ⅶ-53、Ⅷ-56

＊浜本篤史（はまもと・あつし）
　名古屋市立大学大学院人間文化研究科　准教授
　専門：開発社会学、環境社会学、中国地域研究
　主要業績：『発電ダムが建設された時代――聞き書き 御母衣ダムの記憶』（2014 新泉社）、"Social Impacts of Dam Projects: A Case Study of Tokuyama Dam in Japan" in T. Utagawa (ed.), *Social Research and Evaluation of Poverty Reduction Project* (Harvest-sha, 2013)、「開発事業と非自発的移動――三峡ダム住民移転はいかなる社会的文脈の下、遂行されようとしているのか」（根橋正一・東美晴編『移動する人々と中国にみる多元的社会――史的展開と問題状況』2009 明石書店）。
　担当：Ⅱ-12、Ⅱ-13、Overview-Ⅳ、Ⅳ-23、Ⅳ-24、Ⅳ-25、コラム5、Ⅶ-47、Ⅶ-48

＊佐野麻由子（さの・まゆこ）
　福岡県立大学人間社会学部　准教授
　専門：開発社会学、ジェンダー論、ネパール地域研究
　主要業績：「身体経験にみるジェンダー秩序とその変容」（鈴木紀・滝村卓司編『国際開発と協働――NGOの役割とジェンダーの視点』2013 明石書店）、「北の女性と南の女性――相対化と判断停止」（伊藤陽一他編『グローバル・コミュニケーション――キーワードで読み解く生命・文化・社会』2013 ミネルヴァ書房）、「開発・発展におけるジェンダーと公正――潜在能力アプローチから」（宮島喬・杉原名穂子・本田量久編『公正な社会とは――教育、ジェンダー、エスニシティの視点から』2012 人文書院）。
　担当：Ⅰ-6、コラム3、Overview-Ⅵ、Ⅵ-42、Ⅵ-45、Ⅵ-46、Overview-Ⅶ、Ⅶ-49、Ⅶ-50、Overview-Ⅷ、Ⅷ-58、Ⅷ-60

＊滝村卓司（たきむら・たくじ）
　名古屋市立大学大学院人間文化研究科　研究員
　専門：開発社会学、国際協力論、内発的発展論
　主要業績：『国際開発と協働――NGOの役割とジェンダーの視点』（共編、2013 明石書店）、「社会関係資本と参加型開発援助プロジェクト――JICAプロジェクトのレビューを通して」（佐藤寛編『援助と社会関係資本』2001 アジア経済研究所）、「第三世界の社会経済構造と内発的発展」『国際関係学研究』創刊号（1988 東京国際大学大学院国際関係学研究科）。
　担当：Ⅴ-32、Ⅴ-38、コラム9

佐藤　裕（さとう・ゆたか）
都留文科大学文学部　准教授
専門：開発社会学、国際社会学、インド地域研究
主要業績："Exploitation versus 'going back' to the field: The ethics of doing participatory research in India's urban slums", in I. Paoletti, M. I. Tomás and F. Menéndez (eds.), *Practices of Ethics: An Empirical Approach to Ethics in Social Sciences Research* (Cambridge Scholars, 2013)、「グローバル化と慢性的貧困——開発社会学の視点から」『国際開発研究』(Vol.21. Nos.1-2, 2012)、"Urban change, gender and the limits of social transformation: Evidence from Ahmedabad slums", in S. R. Ahlawat (ed.), *Economic Reforms and Social Transformation* (Rawat Publications, 2008).
担当：Ⅱ-8、Ⅱ-9、Ⅱ-15、Ⅳ-28、Ⅴ-34、Ⅴ-37、Ⅵ-40、Ⅶ-51、Ⅶ-52、Ⅷ-57

辰己佳寿子（たつみ・かずこ）
福岡大学経済学部　教授
専門：開発社会学、農村社会学、ネパール地域研究
主要業績：「居場所づくりを始めたネパールの女性たち」（福原裕二・吉村慎太郎編『現代アジアの女性たち——グローバル化社会を生きる』2014 新水社）、『国境をこえた地域づくり——グローカルな絆が生まれる瞬間』（共編、2012 新評論）、「『開発社会学』の挑戦」（下村恭民・小林誉明編『貧困問題とは何であるか』2009 勁草書房）.
担当：Ⅰ-3、Ⅱ-10、Ⅲ-19、Overview-Ⅴ、Ⅴ-31、Ⅴ-33、Ⅴ-36、コラム 7、Ⅷ-59

【執筆者】（50音順）

新田目夏実（あらため・なつみ）
拓殖大学国際学部　教授
専門：都市社会学、人口学、フィリピン地域研究
担当：Ⅴ-35、コラム 12

于建明（う・けんめい）
中国民政部政策研究センター　研究員
専門：家族社会学
担当：コラム 2

植田剛史（うえだ・たけふみ）
愛知大学文学部　助教
専門：都市社会学
担当：コラム 8

小ヶ谷千穂（おがや・ちほ）
フェリス女学院大学文学部　教授
専門：国際社会学、国際労働力移動論、フィリピン地域研究
担当：コラム 11

兼川千春（かねかわ・ちはる）
立教大学大学院社会学研究科 博士課程修了
専門：開発社会学、ジェンダー論、イエメン地域研究
担当：II-11、III-22、VI-44

権慈玉（くぉん・じゃおく）
ハイデルベルグ大学マックス・ウェーバー社会学研究所東アジア研究センター 研究員
専門：開発社会学、ジェンダー論、韓国現代史
担当：II-16、IV-29、VII-54、VII-55

長谷部美佳（はせべ・みか）
東京外国語大学世界言語社会教育センター 特任講師
専門：移民研究、ジェンダー論、多文化社会論
担当：VI-41

林浩一郎（はやし・こういちろう）
名古屋市立大学大学院人間文化研究科 准教授
専門：都市社会学、地域社会学
担当：IV-26

平野恵子（ひらの・けいこ）
北海道教育大学教育学部 特任准教授
専門：ジェンダー論、国際労働力移動論、インドネシア地域研究
担当：III-20、コラム10

福田友子（ふくだ・ともこ）
千葉大学大学院人文社会科学研究科 助教
専門：国際社会学、移民研究
担当：VI-43

堀川三郎（ほりかわ・さぶろう）
法政大学社会学部 教授
専門：環境社会学、都市社会学、町並み保存論
担当：コラム6

村上一基（むらかみ・かずき）
パリ第4大学社会学専攻 博士課程
専門：国際社会学、都市社会学、フランス地域研究
担当：IV-27

森 明香（もり・さやか）
高知大学地域連携推進センター 助教
専門：環境社会学
担当：I-5

開発社会学を学ぶための60冊
——援助と発展を根本から考えよう

2015年 7月25日　初版第1刷発行
2017年10月20日　初版第2刷発行

編著者　佐　藤　　　寛
　　　　浜　本　篤　史
　　　　佐　野　麻由子
　　　　滝　村　卓　司
発行者　石　井　昭　男
発行所　株式会社 明石書店
　　〒101-0021 東京都千代田区外神田 6-9-5
　　　　電　話　03 (5818) 1171
　　　　ＦＡＸ　03 (5818) 1174
　　　　振　替　00100-7-24505
　　　　http://www.akashi.co.jp
　組版／装丁　明石書店デザイン室
　印刷　株式会社文化カラー印刷
　製本　協栄製本株式会社

ISBN978-4-7503-4221-4

[JCOPY] 〈(社)出版者著作権管理機構 委託出版物〉
本書の無断複写は著作権法上での例外を除き禁じられています。複写される場合は、そのつど事前に、(社)出版者著作権管理機構(電話 03-3513-6969、FAX 03-3513-6979、e-mail: info@jcopy.or.jp)の許諾を得てください。

開発調査手法の革命と再生
貧しい人々のリアリティを求め続けて
ロバート・チェンバース著　野田直人監訳
●3800円

参加型ワークショップ入門
明石ライブラリー104　ロバート・チェンバース著　野田直人監訳
●2800円

開発の思想と行動
「責任ある豊かさ」のために
ロバート・チェンバース著　野田直人監訳
●3800円

参加型開発と国際協力
変わるのはわたしたち
ロバート・チェンバース著　野田直人・白鳥清志監訳
●3800円

開発援助と人類学
冷戦・蜜月・パートナーシップ
佐藤寛・藤掛洋子編著
●2800円

正義のアイデア
アマルティア・セン著　池本幸生訳
●3800円

議論好きなインド人
対話と異端の歴史が紡ぐ多文化世界
アマルティア・セン著　佐藤宏・粟屋利江訳
●3800円

開発なき成長の限界
現代インドの貧困・格差・社会的分断
アマルティア・セン、ジャン・ドレーズ著　湊一樹訳
●4600円

新版 グローバル・ガバナンスにおける開発と政治
文化・国家政治・グローバリゼーション
笹岡雄一
●3000円

マイクロファイナンス事典
ベアトリス・アルメンダリス、マルク・ラビー編　笠原清志監訳　立木勝訳
●25000円

グローバル・ベーシック・インカム入門
世界を変える「ひとりだち」と「ささえあい」の仕組み
クラウディア・ハーマンほか著　岡野内正著／訳
●2000円

激動するグローバル市民社会
「慈善」から「公正」への発展と展開
重田康博
●2400円

多国籍アグリビジネスと農業・食料支配
明石ライブラリー162　北原克宣・安藤光義編著
●3000円

グローバル時代の「開発」を考える
世界と関わり、共に生きるための7つのヒント
西あい、湯本浩之編著
●2300円

持続可能な生き方をデザインしよう
世界・宇宙・未来を通していまを生きる意味を考えるESD実践学
高野雅夫編著
●2600円

持続可能な未来のための知恵とわざ
ローマクラブメンバーとノーベル賞受賞者の対話
名古屋大学環境学叢書5　林良嗣、中村秀規編
●2500円

〈価格は本体価格です〉